教育部产学合作协同育人项目（项目编号：221005875105523）成果
江苏省高等教育教改研究重点项目（项目编号：JGZZ19_054）成果
21世纪经济管理新形态教材·金融学系列

金融风险管理与监管科技

主　编◎石岿然　冯　蛟
副主编◎谷　政　梁焕磊
参　编◎朱健齐　肖振宇　杨　芳　李志斌
　　　　罗　琰　张瑾玉　李　丹　宋　文
　　　　杨源源　李　杰　杨光艺　时芳泉
　　　　陈　冰

清华大学出版社
北京

内 容 简 介

本书内容主要包括：金融风险与金融监管概述，金融创新、金融科技与监管失灵，监管科技概述，监管科技的内容框架与技术依托，监管科技在法定数字货币中的体现，监管科技在银行业、证券业与保险业的应用，监管科技在国家审计中的应用，其他国家的监管科技实践，监管科技面临的挑战与展望。

本书注重增加鲜明的课程思政元素，突出监管科技在金融中的应用，汲取最新的金融知识，紧密结合我国金融的最新实践，关注国际上金融监管科技的新发展及新变化。

本书可作为高等院校金融科技专业的教学用书，也可作为金融机构与企业的岗位培训和自学用书。

本书封面贴有清华大学出版社防伪标签，无标签者不得销售。
版权所有，侵权必究。举报：010-62782989，beiqinquan@tup.tsinghua.edu.cn。

图书在版编目（CIP）数据

金融风险管理与监管科技 / 石岿然，冯蛟主编 .—北京：清华大学出版社，2023.4（2025.1重印）
21世纪经济管理新形态教材 . 金融学系列
ISBN 978-7-302-62354-0

Ⅰ.①金… Ⅱ.①石…②冯… Ⅲ.①金融风险—风险管理—高等学校—教材②金融监管—高等学校—教材 Ⅳ.① F830

中国国家版本馆CIP数据核字（2023）第 009445 号

责任编辑：徐永杰
封面设计：汉风唐韵
责任校对：王荣静
责任印制：刘 菲

出版发行：清华大学出版社
网　　　址：https://www.tup.com.cn，https://www.wqxuetang.com
地　　　址：北京清华大学学研大厦A座　　邮　编：100084
社 总 机：010-83470000　　邮　购：010-62786544
投稿与读者服务：010-62776969，c-service@tup.tsinghua.edu.cn
质量反馈：010-62772015，zhiliang@tup.tsinghua.edu.cn

印 装 者：天津鑫丰华印务有限公司
经　　销：全国新华书店
开　　本：185mm×260mm　　印 张：19.25　　字 数：322千字
版　　次：2023年5月第1版　　印 次：2025年1月第2次印刷
定　　价：59.80元

产品编号：096996-01

前　言

当前，我国金融科技发展迅猛，监管技术和政策实践不断创新，但相关理论研究和教学改革滞后于实践。现有金融科技方面的教材较少，尤其缺乏金融风险管理与监管科技方面的教材，仅有的一些金融科技教材中的课程思政元素不够丰富，虽突出了科技在金融中的应用，但有关监管的内容较少。总体来看，现有教材跟不上金融形势的变化，亟需一本符合时代特征的《金融风险管理与监管科技》教材。

本书坚持以马克思主义基本原理为指导，紧密结合当前国内外经济、金融发展实际，较为全面地论述了金融风险管理与监管科技的基本理论与基本知识。

本书在编写的过程中遵循教学规律和认知规律，注重增加鲜活的课程思政元素，突出金融监管和技术应用，注重汲取最新的金融科技知识，体现高等金融教育的基本特征。本书内容包括两大部分——金融风险管理和监管科技，既与传统金融风险管理知识合理衔接，又与最新金融监管科技的应用实践有机融合。

本书分13章，建议实际授课40~48学时。参加本书编写的人员来自南京审计大学、宁夏大学、北京工商大学、佛山科学技术学院，以南京审计大学为主。全书由南京审计大学的石岿然和宁夏大学的冯蛟担任主编，南京审计大学的谷政和北京工商大学的梁焕磊担任副主编。具体分工如下：第1章由李志斌编写。第2章由杨源源编写。第3章由李丹编写。第4章由李杰编写。第5章由杨光艺编写。第6章由时芳泉编写。第7章由杨芳编写。第8章由宋文编写。第9章由张瑾玉编写。第10章由罗琰编写。第11章由陈冰编写。第12、13章由肖振宇编写。此外，佛山科学技术学院朱健齐等参与了相关内容的修改工作。

在本书即将出版之际，感谢南京审计大学金融学和投资学两个国家一流专业建设点的支持，感谢本书的所有编著者。

最后，竭诚希望广大读者对本书提出宝贵意见，以促使我们不断改进。由于时间和编者水平有限，书中的疏漏之处在所难免，敬请广大读者批评指正。

编 者

2022 年 12 月

目 录

第1章 金融风险概述 ······ 001
章首导言 ············ 001
学习目标 ············ 001
能力目标 ············ 001
思政目标 ············ 002
本章知识结构图 ········ 002
导入案例 ············ 002
1.1 金融风险内涵 ······ 003
1.2 金融风险类型 ······ 006
1.3 金融风险度量 ······ 012
本章小结 ············ 024
即测即练 ············ 025
复习思考题 ·········· 025
参考文献 ············ 025

第2章 金融监管概述 ······ 027
章首导言 ············ 027
学习目标 ············ 027
能力目标 ············ 027
思政目标 ············ 028
本章知识结构图 ········ 028
导入案例 ············ 028
2.1 金融监管导论 ······ 029
2.2 金融监管体制 ······ 030

2.3 金融行业监管 ······ 032
2.4 我国金融监管体系的发展与
    演化 ············ 044
本章小结 ············ 047
即测即练 ············ 048
复习思考题 ·········· 048
参考文献 ············ 049

第3章 金融创新、金融科技与
监管失灵 ·········· 050
章首导言 ············ 050
学习目标 ············ 050
能力目标 ············ 050
思政目标 ············ 051
本章知识结构图 ········ 051
导入案例 ············ 051
3.1 金融创新与金融科技 ··· 052
3.2 金融科技发展下的新型
    金融风险 ········ 058
3.3 金融科技与监管失灵 ··· 061
3.4 我国金融创新的探索 ··· 064
本章小结 ············ 071
复习思考题 ·········· 071
即测即练 ············ 071

参考文献 …………………… 072

第4章 监管科技概述 …… 074

章首导言 …………………… 074
学习目标 …………………… 074
能力目标 …………………… 074
思政目标 …………………… 074
本章知识结构图 …………… 075
导入案例 …………………… 075
4.1 监管科技的概念与发展 076
4.2 监管科技的理论基础 … 081
4.3 监管科技下的监管逻辑 084
本章小结 …………………… 089
即测即练 …………………… 089
复习思考题 ………………… 089
参考文献 …………………… 089

第5章 监管科技的内容框架 …………… 091

章首导言 …………………… 091
学习目标 …………………… 091
能力目标 …………………… 091
思政目标 …………………… 092
本章知识结构图 …………… 092
导入案例 …………………… 092
5.1 监管科技的框架 ……… 093
5.2 监管科技的主要内容 … 104
5.3 监管沙盒 ……………… 108
本章小结 …………………… 114
即测即练 …………………… 114
复习思考题 ………………… 115
参考文献 …………………… 115

第6章 监管科技的技术依托 116

章首导言 …………………… 116
学习目标 …………………… 116
能力目标 …………………… 117
思政目标 …………………… 117
本章知识结构图 …………… 117
导入案例 …………………… 117
6.1 人工智能 ……………… 118
6.2 大数据 ………………… 122
6.3 云计算 ………………… 127
6.4 区块链 ………………… 131
本章小结 …………………… 136
即测即练 …………………… 137
复习思考题 ………………… 137
参考文献 …………………… 137

第7章 监管科技在法定数字货币中的体现 …… 139

章首导言 …………………… 139
学习目标 …………………… 139
能力目标 …………………… 139
思政目标 …………………… 140
本章知识结构图 …………… 140
导入案例 …………………… 140
7.1 数字货币的定义与发展 ………………… 141
7.2 数字货币的技术原理 … 144
7.3 央行数字货币与监管科技 ……………… 147
7.4 我国 DC/EP 的探索与实践 ………………… 153
本章小结 …………………… 157

即测即练 ············ 158
　　复习思考题 ········· 158
　　参考文献 ············ 158

第8章　监管科技在银行业的应用 ········· 159

　　章首导言 ············ 159
　　学习目标 ············ 159
　　能力目标 ············ 160
　　思政目标 ············ 160
　　本章知识结构图 ········· 160
　　导入案例 ············ 160
　　8.1　银行业监管理论基础及监管内容 ········· 161
　　8.2　银行业监管端的监管科技 169
　　8.3　商业银行端的合规科技 176
　　8.4　我国银行业监管科技的应用案例 ········· 180
　　本章小结 ············ 181
　　即测即练 ············ 181
　　复习思考题 ········· 181
　　参考文献 ············ 182

第9章　监管科技在证券业的应用 ········· 183

　　章首导言 ············ 183
　　学习目标 ············ 183
　　能力目标 ············ 183
　　思政目标 ············ 184
　　本章知识结构图 ········· 184
　　导入案例 ············ 184
　　9.1　证券行业监管内容 ······ 185

　　9.2　监管当局的监管科技 ··· 188
　　9.3　证券公司的合规科技 ··· 194
　　9.4　监管科技在我国证券行业的应用 ········· 198
　　本章小结 ············ 204
　　即测即练 ············ 204
　　复习思考题 ········· 205
　　参考文献 ············ 205

第10章　监管科技在保险业的应用 ········· 207

　　章首导言 ············ 207
　　学习目标 ············ 207
　　能力目标 ············ 207
　　思政目标 ············ 208
　　本章知识结构图 ········· 208
　　导入案例 ············ 209
　　10.1　保险业监管理论基础及监管内容 ········· 210
　　10.2　保险业的监管科技 ····· 217
　　10.3　保险机构的合规科技 ··· 223
　　10.4　监管科技在保险领域的应用案例 ········· 226
　　本章小结 ············ 228
　　即测即练 ············ 229
　　复习思考题 ········· 229
　　参考文献 ············ 229

第11章　监管科技在国家审计中的应用 ······ 231

　　章首导言 ············ 231
　　学习目标 ············ 231

能力目标 …………… 232
　　思政目标 …………… 232
　　本章知识结构图 …………… 232
　　导入案例 …………… 232
　　11.1 审计的基本内容 ……… 233
　　11.2 审计的监管科技 ……… 239
　　本章小结 …………… 252
　　即测即练 …………… 253
　　复习思考题 …………… 253
　　参考文献 …………… 254

第12章 其他国家的监管科技实践 ………… 255

　　章首导言 …………… 255
　　学习目标 …………… 255
　　能力目标 …………… 256
　　思政目标 …………… 256
　　本章知识结构图 …………… 256
　　导入案例 …………… 257
　　12.1 英国的监管科技实践 … 258
　　12.2 新加坡的监管科技实践 262
　　12.3 美国的监管科技实践 … 265

　　12.4 其他国家监管科技实践 270
　　12.5 主要国家监管科技技术应用比较 …………… 272
　　本章小结 …………… 276
　　即测即练 …………… 276
　　复习思考题 …………… 276
　　参考文献 …………… 277

第13章 监管科技面临的挑战与展望 ……… 278

　　章首导言 …………… 278
　　学习目标 …………… 278
　　能力目标 …………… 279
　　思政目标 …………… 279
　　本章知识结构图 …………… 279
　　导入案例 …………… 279
　　13.1 监管科技的挑战 ……… 280
　　13.2 监管科技发展展望 …… 292
　　本章小结 …………… 298
　　即测即练 …………… 298
　　复习思考题 …………… 298
　　参考文献 …………… 299

第 1 章　金融风险概述

🔍 章首导言

金融发展史也是一部金融危机史，如 1987 年的美国股市"黑色星期一"、1990 年的日本股市危机、1992 年的欧洲货币危机、1997 年的亚洲金融危机、2007 年开始的美国次贷危机。这些事件使得包括金融行业在内的社会各界进一步意识到风险管理的必要性和紧迫性。正确认识金融风险、对金融风险进行准确计量是有效管理金融的前提和基础，因而极为重要。为此，本章将详细介绍、界定、阐释金融风险的内涵、类型及度量方法，为后续学习打下基础。

🔍 学习目标

1. 了解金融风险，对金融风险的含义、特征及经济影响效应有一定的认识。
2. 掌握金融风险的主要类型。
3. 熟悉和掌握信用风险、市场风险、操作风险和流动性风险的主要度量方法。

🔍 能力目标

1. 能够识别实际案例中的金融风险类型，并对可能导致的经济结果进行分析。
2. 能够运用现代金融风险度量方法对公司的风险状况进行实证评估，并对不同方法的使用范围、优缺点有明确的认识。

思政目标

通过对金融风险理论的分析,并结合具体的风险案例,让学生树立正确的金融思想和风险管控意识。

本章知识结构图

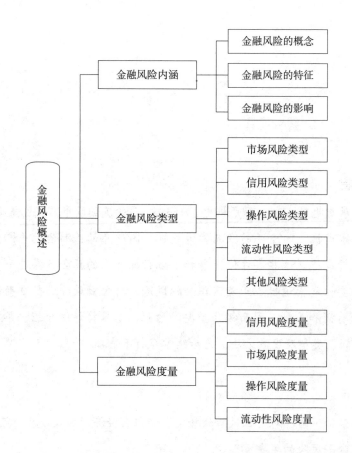

导入案例

从明星到魔鬼——瑞银因一人巨亏23亿美元

2011年9月15日,瑞银集团(United Bank of Switzerland, UBS)发布公告称,其投资银行部门交易员阿杜博利(Kweku Adoboli)进行的一项"未经授权交易",可能造成20亿美元的损失。9月18日,瑞银又将损失上调至23亿美元。本次损失的发生主要来自阿杜博利从事未经授权的对标准普尔500指数、德国DAX指数和欧洲斯托克（Euro Stoxx）指数期货的投机交易，其认为这些指数会上涨，并为此建立了总额超过 100 亿美元的巨额交易头寸。但在 2011 年 6—9 月，DAX 指数的跌幅超过 20%，标准普尔 500 指数下跌超过 7%。

案发时，阿杜博利 31 岁，是公司的"明星交易员"。

根据后来公布的事实，阿杜博利的未授权违规交易并非短期行为，早在 2008 年就已开始，持续了 3 年之久。

思考：

1. 一个交易员为什么能够在未经授权的情况下持有如此大的风险头寸？
2. 瑞银内部风险管理部门为什么对持续存在的操作失误"视而不见"？

1.1 金融风险内涵

1.1.1 金融风险的概念

频繁出现的金融风险事件使得金融机构意识到这样一个事实：认识和管理金融风险不单是风险管理者的责任，也应是金融体系中每一个从业者都需要关注的问题。风险永远做不到被全面消灭或被完全禁止，风险管理的目的不是最小化风险，而是聪明地承担风险，进而增加公司价值。

对于风险的定义，代表性观点有以下几种。

1. 风险是结果的不确定性

这种观点认为风险是结果的不确定性。不确定性是指对事物的未来状态人们不能确切地知道或掌握，也就是说，人们总是对事物未来的发展与变化缺乏信息和掌控力。根据能否在事前估计事件的最终结果，又可将不确定性分为可衡量的不确定性和不可衡量的不确定性两种。

2. 风险是造成损失的可能性

这是典型的传统风险定义，只重视下侧风险，即损失的可能，而将盈利机会排除在外。事实上，风险是事前概念，而损失是事后概念。风险是损失或盈利结果的一种可能状态，在风险事件实际发生前，风险就已经存在，而这时损失或盈利并没有发生。一旦损失或盈利发生，事件处于一种确定的状态，此时风险就不存在了。因此，严格意义上讲，风险和损失是不能并存的两种状态，这种定义不符合现代风险管理的要求。

3. 风险是不确定性对目标的影响

《商业银行全面风险管理办法》第二条:"本办法所称风险,是指对本行实现既定目标可能产生影响的不确定性,这种不确定性既可能带来损失也可能带来收益。"上述定义同时考虑了上侧风险和下侧风险,并注重结果导向,体现出很大的灵活性和普适性,得到从业者的广泛认可,本书所述风险定义以此为准。

1.1.2 金融风险的特征

(1)客观性。金融风险的产生是一种不以人的主观意志为转移而客观存在的现象。为了避免金融风险可能造成的严重后果,就需要对金融活动参与者的行为进行适当的约束。

(2)普遍性。金融风险的普遍性表现为在整个金融领域内金融风险无处不在、无时不有,即在每一个具体行业、每一个经营机构、每一种金融工具,甚至每一次交易行为中,都有可能潜伏着金融风险。

(3)传染性。金融风险的高度传染性主要表现为金融风险的传导速度和波及范围,以及在时间、空间上的传播能力。从时间上看,金融风险一旦出现,短者可以延续数月,长者可能经历数年。从空间上看,小的金融风险可能在局部地区形成动荡,大的金融风险则可以导致国家,甚至是全球范围内的持续动荡。

(4)多样性与可变性。金融风险的发生以特定的时间和空间为条件,表现出明显的多样性和可变性特征。由于时间点和空间方位的不同,即使是同种金融风险,其内容和程度也会出现差异。

(5)可控性。金融风险带来的后果虽然可怕,但并不是不可控制和管理的。只要按照市场运行规律因势利导,通过选择适合的金融风险管理工具,就可以在一定程度上达到管理金融风险的目的。

(6)强破坏性。金融是现代经济发展的血液,金融业的作用不断得到强化。金融风险一旦发生,对国民经济的打击也是空前的。

(7)叠加性和累积性。叠加性是指同一时点上的风险因素会交织在一起,相互作用,相互影响,从而产生协同作用,将风险放大。累积性是指随着时间的推移,风险会因正反馈作用而不断积累变大,当积累到爆发的临界点后,风险将发生质变,进而导致严重损失。

1.1.3 金融风险的影响

1. 金融风险对微观经济的影响

（1）金融风险会给微观经济主体带来直接或者潜在的经济损失。例如，投资者购买股票后，可能因为股价大跌而出现亏损。一家银行如果存在严重的信用风险，那么出于对存款安全性的担忧，存款人会取出资金，从而导致银行的业务不断萎缩。

（2）金融风险增大了交易成本。由于资金融通中的不确定性，许多资产难以被正确估值，因而影响交易的正常进行。信用风险、利率风险等的存在会对金融机构的负债业务和中间业务造成影响。金融风险还会增大经济主体收集信息、整理信息的难度。

（3）金融风险降低了部门生产率。在生产经营的过程中，各种产品的边际生产率会随着投入的增加而递减，只有在单个产品的边际生产率相同时，部门资源才能达到最优配置。金融风险导致过多的资源流向风险较小的产品，使得一些产品的边际生产率接近甚至低于要素的价格，而另外一些产品的边际生产率却远远高于要素的价格，这导致部门整体生产率下降。

（4）金融风险降低了资金利用率。由于金融风险的广泛性及后果的严重性，企业不得不持有一定的风险准备金来应对。对于银行等金融机构来说，由于流动性变化的不确定性，难以准确安排备用金的数额，因此往往导致大量资金的闲置。此外，出于对金融风险的担忧，一些消费者和投资者的持币观望行为，也会造成社会上大量的资金闲置。

2. 金融风险对宏观经济的影响

（1）金融风险会引起消费和投资的下降，风险越大，下降的幅度越大。金融风险会导致个人财富的大幅波动。由于未来收入的不确定性，市场主体不得不改变其消费、投资行为。消费者为了保证在未来能够进行正常消费，可能会谨慎消费。投资者则会因为实际收益率的下降和对资本安全的担忧而减少投资，导致整个社会的投资水平下降。

（2）金融风险可能造成产业结构不合理，社会生产力水平下降，引起金融市场秩序混乱，对经济产生严重破坏。由于金融风险，大量的资源流向风险低的部门，高风险行业或产业则因为缺乏足够的资本而无法获得充分发展，因而有可能造成一国产业结构的不合理。严重的金融风险还会引发一个国家实体经济的萧条，使整个社会生产力遭受重创和破坏。

（3）金融风险影响宏观经济政策的制定和实施。从宏观政策的制定来看，由于金融风险导致市场供求关系频繁变动，所以政府难以及时、准确地掌握社会总供给和总需求状况，进而做出正确的决策。在政策的传导过程中，金融风险使传导机制中的某些重要变量（如汇率等）出现障碍，从而导致政策的实施出现偏差。

（4）金融风险，特别是国际金融风险，影响一国的国际收支变化。汇率的上升或下降将导致进出口商品价格的变动，直接影响一个国家的贸易收支状况。通货膨胀严重、国家风险大等原因造成投资环境变差，会使外国投资者减少对本国的投资以及其他往来。国际金融风险影响资本的流入和流出，汇率的波动还会引起官方储备价值的增加或减少，进而影响国际收支平衡。

1.2 金融风险类型

1.2.1 市场风险类型

市场风险有广义和狭义之分。广义的市场风险是指金融机构在金融市场的交易头寸由于市场价格变动而可能带来的收益或损失。狭义的市场风险是指金融机构在金融市场的交易头寸由于市场价格因素的不利变动而可能遭受的损失。

1. 利率风险

利率风险是指在利率市场化的条件下，由于利率变动而引起的金融机构资产、负债和表外头寸市场价值的变化，从而使得金融机构的市场价值和所有者权益遭受损失的可能性。利率风险按照来源的不同，可分为重新定价风险（repricing risk）、收益率曲线风险（yield curve risk）、基准风险（basic risk）和期权性风险（embedded option risk）。

2. 汇率风险

汇率风险又称汇率暴露（exchange rate exposure），与外汇风险不完全相同。外汇风险有狭义和广义之分，前者是指汇率风险，而后者除了汇率风险外，还包括国家政策风险、外汇信用风险及外汇交易风险等。狭义的外汇风险，即汇率风险，是指一个经济实体或个人，在国际经济活动中，以外币计价的资产或者负债因外汇汇率变动而引起的价值上升或下降。汇率风险可以进一步分为交易风险、会计风险和经济风险。

3. 股票价格风险

股票价格风险是指股票等有价证券价格的不确定变动而导致投资主体未来收益变化的不确定性。从风险产生的根源来看，政治因素、经济因素、社会因素、心理因素，甚至是偶然因素，都会导致股票价格变动。按照风险能否分散，股票价格风险可以分为系统性风险和非系统性风险两种。系统风险（systematic risk）是由那些影响整个金融市场的风险因素引起的，非系统风险（non-systematic risk）是一种由仅与特定公司或行业相关的风险因素引起的。

4. 商品价格风险

商品价格风险是指所持有的各类商品及其衍生品因价格变化而可能给投资者带来的损失。这里的商品是指在二级市场交易的一些实物商品，以商品期货形式为主。商品价格波动取决于国家宏观经济形势、商品市场供求情况、市场流动性和国际炒家的投机行为等。

1.2.2 信用风险类型

信用风险是指债务人或交易对手因未能履行合约所规定的义务，或信用质量发生变化而影响金融产品价值，从而给债权人或金融产品持有人造成经济损失的风险。信用风险有狭义与广义之分。从狭义的角度来看，信用风险主要是指信贷风险，即在信贷过程中由于各种不确定性使借款人不能按时偿还贷款而造成另一方本息损失的可能性。从广义的角度来看，参与经济活动的各方根据需要签订经济合约以后，由于一方当事人不履约而给对方带来的风险都可以视为信用风险。

信用风险一旦发生，就只能产生损失，所以对信用风险的管理只能降低或消除可能的损失，但不能增加收益，这是信用风险有别于其他风险的典型特征。

从不同角度出发，可以将信用风险进一步分为如下类型。

1. 按照信用风险的性质

（1）违约风险（default risk）是指借款人、证券发行人因不愿或无力履行合约条件而构成违约，从而给银行等金融机构和投资者带来损失的风险。

（2）交易对手风险（counterparty risk）是指合同一方因未能履行约定契约中的义务而造成另一方出现经济损失的风险。

（3）信用转移风险（credit transfer risk）是指债务人的信用评级在风险期内移至其他评级状态（特指信用等级下降），进而造成债务市场价值变化的风险。

（4）可归因于信用风险的结算风险（settlement risk）是指因交易对手的信用而导致转账系统中的结算不能按预期发生的风险。

（5）信用价差风险（credit spread risk）是指由于资产收益率波动、市场利率等因素变化而导致信用价差增大所带来的风险。

2. 按照信用风险涉及的业务种类

按照信用风险涉及的业务种类，可将信用风险分为表内风险与表外风险。源于表内业务的信用风险称为表内风险，如传统的信贷风险。而源于表外业务的信用风险称为表外风险，如商业票据承兑可能带来的风险。

3. 按照信用风险产生的部位

按照信用风险产生的部位，可将信用风险分为本金风险和重置风险。当交易对手不按约定足额交付资产或价款时，金融机构收不到或不能全部收到应得的资产或价款而面临损失的可能性，称为本金风险。当交易对手违约造成交易不能实现时，未违约方为购得金融资产或进行变现需要再次交易，将遭受因市场价格不利变化而带来损失的可能性，就是重置风险。

除上述主要分类外，信用风险按照发生的主体可以分为金融机构业务信用风险和金融机构自身信用风险。金融机构业务信用风险包括金融机构信贷过程中的信用风险和交易过程中的信用风险。金融机构自身信用风险是在金融机构日常的经营管理中，由于内控机制不严而导致的信用风险。

信用风险按照性质可以分为主观信用风险和客观信用风险。主观信用风险是指交易对手的履约意愿出现了问题，即因主观因素形成的信用风险，这主要是由交易对手的品格决定的。客观信用风险是指交易对手的履约能力出现了问题，也可以说是由客观因素形成的信用风险，这里的交易对手既可以是个人或企业，也可以是主权国家。

1.2.3 操作风险类型

操作风险的定义有广义和狭义两种。广义的定义是将操作风险定义为除市场风险与信用风险外的一切金融风险。狭义的定义将操作风险定义为由控制、系统及运营过程中的错误或疏忽而可能引致的潜在损失的风险。这些风险是商业银行可以控制的风险，但不包括外部事件。

尽管对操作风险的定义存在分歧，但业界对操作风险应包括的基本内容达成了共识，即以《巴塞尔协议》对操作风险的定义为代表。《巴塞尔协议》将操作风险定义为"由不完善或有问题的内部程序、人员及系统或外部事件所造成损失的风险""包括法律风险，但不包括策略风险和声誉风险"。巴塞尔委员会的定义基于因果关系，将引发操作风险的原因类型（内部程序、人员、系统以及外部事件）罗列出来，同时加以"包括法律风险，但不包括策略风险和声誉风险"的补充。这个定义既明确了操作风险的来源，又便于对操作风险建立统一的损失数据库标准进行量化管理，为操作风险分配资本金创造了条件。也就是说，这个定义既符合银行自身进行风险管理的需要，也满足了监管当局对操作风险进行监管的要求。正是基于此，这个定义已经被国际银行界普遍接受。

为进一步加强对操作风险的认识，操作风险可以分为以下几类。

1. 按照操作风险损失事件的类型分类

操作风险往往是由多种因素造成的，在实际情况中，一个损失事件往往要归咎于多个原因，也就是说，某个具体的损失事件同时属于几个风险类型，难以达到分类的目的。为此，《巴塞尔协议》采用了一种二维分类方式。按照事件类型将损失事件分为内部欺诈（internal fraud），外部欺诈（external fraud），就业政策和工作场所安全性（employ practices & workspace safety），客户、产品及业务操作（client, products & business practices），实体资产损坏（damage to physical assets），业务中断和系统失败（business disruption & system failure），执行、交割及流程管理（execution delivery & process management）7 类。

2. 按照操作风险发生的原因分类

（1）操作流程缺陷是指在交易、结算及日常的业务操作过程中存在的缺陷，这方面的操作风险包括数据录入、评估资产、客户争端及客户资产损失等。

（2）人员因素是指由雇员及相关人员有意或无意造成的损失，或者由于公司与客户、股东、第三方或监管者之间的关系而造成的损失，包括歧视性交易、未授权交易、关联交易和内部欺诈等。

（3）系统因素是指由于硬件、软件和通信系统发生故障，而致使交易系统中断、延误、崩溃，或发生偏差、出现程序错误，以及交易人员或风险管理者使用了错误的模型，或模型参数选择不当等。

（4）外部事件是指由于第三方而造成的损失，如外部欺诈、撤资、监管变化、自然灾害、恐怖袭击、勒索和计算机犯罪等。

3. 按照风险事故发生的频率和损失严重程度分类

（1）发生频率低、损失程度低的操作风险事件。这些事件损失一般属于预期内损失，金融机构可以通过预先提留风险准备金的方式来降低损失。

（2）发生频率高、损失程度低的损失事件，如计算错误、交易误差等。这些损失可以通过直接观察得到客观数据，通过统计模型来评估，并通过流程再造、人员培训、建立风险报告系统等方式来控制风险水平，降低损失发生的概率。

（3）发生频率低、损失程度高的事件。这类事件包括自然灾害、政治及军事事件、内外部欺诈、会计违规等。这类事件的发生往往不能预料且损失巨大，由于发生频率低，损失数据难以收集，所以很难用模型来进行评估。

（4）风险发生频率高、损失程度高的事件。这类风险需要风险管理者高度关注，尽量做到在事前加以防范，避免其发生。

1.2.4　流动性风险类型

流动性风险源于流动性出现了问题，因此有必要先了解什么是流动性。

流动性（liquidity）有两种理解：①筹资流动性，也称负债流动性、资金流动性，用以反映金融机构满足资金流动需要的能力。②市场流动性，也称资产流动性，主要是指金融资产在市场上的变现能力，也就是在金融市场上，金融资产与现金之间转换的难易程度，可以通过广度、深度、即时性和弹性4个维度刻画。如果交易者能够按照合适的价格迅速买入或卖出一定数量的某种资产，就表明市场的流动性较好。

流动性风险是指经济主体由于流动性的不确定性变动而遭受经济损失的可能性。与流动性的两种含义相对应，流动性风险主要有筹资流动性风险和市场流动性风险。筹资流动性风险是指金融机构因缺乏足够的现金流而没有能力筹集资金偿还到期债务，并在未来产生损失的可能性。市场流动性风险是指由于交易的头寸规模相对于市场正常交易量过大，而不能以当时的有利市场价格完成该笔交易，并在未来产生损失的可能性。

根据风险能否控制，流动性风险可分为内生流动性风险和外生流动性风险。内生流动性风险（endogenous liquidity risk）是指企业资产不能正常和确定性地转移为现金或企业债务和付现责任不能正常履行的可能性，主要受企业经营风险、管理不善、资产配置不合理、融资结构不合理等因素影响，当若干上述因素同时出现时，就会导致严重的流动性风险。外生流动性风险（external liquidity risk）是因企业外部市场变动的不确定性而产生的风险，广义的是指所有外部环境变化而导致的风险，狭义的是指企业在从事证券投资活动时，由于来自企业外部的冲击造成证券流动性的下降，增加变现损失或交易成本。

流动性风险贯穿于经济金融活动的各个方面，客观存在于经济金融体系的微观、中观和宏观 3 个层面。微观层面的流动性风险主要是金融机构和非金融机构面临的风险，两者相辅相成，但由于金融机构的特殊性，非金融机构的流动性风险最终会传导至金融机构，并通过金融机构的流动性风险得以呈现。中观层面的流动性风险主要是指金融行业的风险，即银行业、信托业、证券业和保险业等所面临的行业流动性风险。宏观层面的流动性风险是指由前两个层次的流动性风险所导致的严重经济、社会乃至政治危机的可能性。流动性风险在 3 个层面可以相互传导，并在自我循环中陷入流动性风险旋涡，最终可能引致严重的金融危机。

1.2.5　其他风险类型

除了上述风险，战略风险、声誉风险、法律风险、信息科技风险、主权风险也成为以商业银行为代表的金融机构所关注的重点风险。

战略风险是指金融机构在追求短期商业目的和长期发展目标的过程中，因发展规划和战略决策不当，而给金融机构的未来发展造成不利影响的风险。

声誉风险是指由银行保险机构行为、从业人员行为或外部事件等，导致利益相关方、社会公众、媒体等对银行保险机构形成负面评价，从而损害其品牌价值、不利其正常经营，甚至影响到市场稳定和社会稳定的风险。

法律风险是一种特殊的操作风险，它是指在金融机构的日常经营过程中，因无法满足或违反法律法规要求，而导致金融机构无法履行合同，引发争议甚至是法律纠纷，给金融机构带来经济损失的风险。

信息科技风险是指信息科技在商业银行运营过程中，由自然因素、人为因素、技术漏洞和管理缺陷产生的操作、法律和声誉等风险。

主权风险也称国别风险、国家风险，是指经济主体在与非本国交易对手进行国际经贸与金融往来时，因别国经济、政治和社会等方面的变化而遭受损失的风险。

1.3 金融风险度量

1.3.1 信用风险度量

1. 传统的信用风险度量方法

（1）专家打分法。专家打分法是银行机构最早采用的信用风险分析方法，是由银行信贷管理人员根据自己的专业技能、实践经验，依据某些关键要素进行主观判断，并做出是否发放贷款的决定。根据对要素的不同理解，主要有以下方法。

① 5C 要素分析法。主要分析 5 个方面的信用要素：借款人品德（character）、经营能力（capacity）、资本（capital）、资产抵押（collateral）和经济环境（condition）。

② 5P 要素分析法。主要分析 5 个方面的信用要素：个人因素（personal factor）、资金用途因素（purpose factor）、还款财源因素（payment factor）、债权保障因素（protection factor）和企业前景因素（perspective factor）。

③ 5W 要素分析法。主要分析 5 个方面的信用要素：借款人（who）、借款用途（why）、还款期限（when）、担保物（what）和如何还款（how）。

④ 骆驼（CAMEL）评估体系。主要分析 5 个内容：资本充足率（capital adequacy）、资产质量（asset quality）、管理水平（management）、收益状况（earrings）和流动性（liquidity），其英文第一个字母组合在一起为"CAMEL"，因正好与"骆驼"的英文名字相同而得名。

（2）信用评级法。贷款评级分类方法是金融机构在美国货币监理署（Office of Comptroller of Currency，OCC）最早开发的评级系统的基础上拓展而来，美国货币监理署将贷款组合分为正常、关注、次级、可疑、损失 5 类。1998 年，我国开始借鉴国际监管经验，对贷款分类进行改革，按照风险程度将贷款划分为正常、关注、次级、可疑、损失 5 类，即五级分类方法。

传统的信用评级方法主要是银行对贷款资产的评级，但随着信用评级方法的发展和完善，信用评级方法的应用领域更加广泛，评级方式也更加多样化。既有对债务的评级，也有对公司甚至国家主权风险的评级；既有外部机构的评级，也有企业内部的评级；既考虑质量方面的因素，也考虑数量方面的因素。

外部机构的评级于 20 世纪 20 年代开始出现。标准普尔和穆迪公司在信用评级方面极具影响和权威性，它们的评级在世界范围内得到了普遍接受和认可，其评级结果对外公开，并定期予以修正。表 1-1 给出了标准普尔公司的评级体系。

表1-1 标准普尔公司的评级体系（长期债券信用等级）

评级等级	评级等级描述与解析
AAA	最高评级。偿还债务能力极强
AA	偿还债务能力很强，与最高评级差别很小
A	偿还债务能力较强，但相对于较高评级的债务/发债人，其偿债能力较易受外在环境及经济状况变动等不利因素的影响
BBB	目前有足够的偿债能力，但在恶劣的经济条件或外在环境下，其偿债能力可能较脆弱
BB	相对于其他投机级评级，违约的可能性最低。但持续的重大不稳定情况或恶劣的商业、金融、经济条件可能会令发债人没有足够的能力偿还债务
B	违约可能性较"BB"级高，发债人目前仍有能力偿还债务，但恶劣的商业、金融或经济情况可能会削弱发债人偿还债务的能力和意愿
CCC	目前有可能违约，发债人须依赖良好的商业、金融或经济条件才有能力偿还债务。如果商业、金融、经济条件恶化，发债人可能会违约
CC	目前违约的可能性较高。由于其财务状况，目前正在接受监察。在监察期内，监管机构有权审定某一债务较其他债务有优先偿付权
SD/D	当债务到期而发债人未能按期偿还债务时，纵使宽限期未满，标准普尔亦会给予"D"评级，除非标准普尔相信债款可于宽限期内清还。此外，如正在申请破产或已做出类似行动以致债务的偿付受阻时，标准普尔亦会给予"D"评级。当发债人有选择地对某些或某类债务违约时，标准普尔会给予"SD"评级（选择性违约）
NP	发债人未获得评级

注：1. 前4个级别的债券信誉高，履约风险小，是"投资级债券"，自第五级开始的债券信誉低，是"投机级债券"。
2. 加号"+"或减号"-"：AA级至CCC级可加上"+"和"-"，表示评级在各主要评级分类中的相对强度。

（3）信用评分法。信用评分方法主要是阿特曼的Z评分模型和ZETA信用风险模型。

Z评分模型由美国纽约大学斯特商学院教授阿特曼（Altman）于1968年提出，该模型通过对美国公开上市交易的制造业公司借款人进行统计分析，选择出5个财务指标对贷款申请人进行信用风险评估。阿特曼确定的Z评分模型如下。

$$Z=0.012X_1+0.014X_2+0.033X_3+0.006X_4+0.999X_5$$

式中：X_1——流动性指标，（流动资产–流动负债）/总资产；

X_2——偿债能力指标，留存收益/总资产；

X_3——盈利性指标，税前利润/总资产；

X_4——杠杆率指标，股票市值/负债账面价值；

X_5——周转率指标，销售收入/总资产。

阿特曼给出了判断公司破产的灰色Z值区域，即（Z_0，Z_1）= [1.81，2.99]。若Z值低于1.81，则公司存在很大的破产风险，应被归入高违约风险等级。若企业的

Z值高于2.99，就认为该企业财务状况良好，违约风险很小。当Z值介于1.81和2.99之间的"灰色地带"（gray area）时，则不能确定企业是否会破产。

在提出Z评分模型后，1977年，阿特曼与赫尔德门（Haldeman）、纳内亚南（Narayanan）又提出了第二代Z评分模型——ZETA信用风险模型，变量由原始的5个增加到7个，其适应范围更广，对不良借款人的辨认精度也大大提高。ZETA信用风险模型如下。

$$ZETA = aX_1 + bX_2 + cX_3 + dX_4 + eX_5 + fX_6 + gX_7$$

式中：X_1——资产收益率指标，息税前利润／总资产；

X_2——收益稳定性指标，资产收益率在5~10年的标准差；

X_3——偿债能力指标，息税前利润／总利息支出；

X_4——盈利积累指标，留存收益／总资产；

X_5——流动性指标，流动资产／流动负债；

X_6——资本化程度指标，普通股市值／总资本；

X_7——规模指标，用公司总资产的对数表示。

2. 现代信用风险度量模型

20世纪80年代以来，由于工程化的思维和技术逐渐被运用于信用风险管理的领域，通过运用复杂的数理模型描述信用风险发生的概率、损失程度等来试图精确估计信用风险，因此产生了一系列现代信用风险度量模型，主要有以下4类。

（1）基于期权定价原理的风险模型。该模型是应用最为广泛的信用风险模型之一，由美国旧金山市KMV公司于1997年建立。其基本思想是，债务人的资产价值变动是信用风险产生的本质因素，只要确定了债务人的资产价值变动所遵循的规律和模型，就可以实现估计违约概率的目的。

（2）基于风险价值（value at risk，VaR）的风险模型。摩根大通（JP Morgan）、KMV公司、美国银行、瑞士联合银行等机构合作开发的CreditMetrics模型，解决了诸如贷款和私募等非交易性资产的估值和风险计算。CreditMetrics模型根据信用等级转移、债务人信用质量及违约事件来确定信用资产的市场价值，并基于信用资产价值来计算VaR，该模型也称为基于信用等级转移的盯市模型。由于CreditMetrics模型具有很强的理论基础，且考察的因素比较全面，因此计算精度较高，适用性和有效性也比较强，一直是应用最为广泛、影响也最大的模型之一。

（3）基于保险精算原理的风险模型。受财产保险精算思想的启发，瑞士信贷银行金融产品部开发了 CreditRisk+ 模型。该模型的基本思想来源于财产保险方法，如住房火灾保险。先考察已投保火灾险的房屋，其实每处房屋被烧毁的概率是很小的，而且一般情况下，不同处房屋烧毁事件之间是相互独立的。然后，再观察诸如抵押贷款和小企业贷款等许多类型的贷款，这些贷款的违约风险也具有类似的特点，即每笔贷款都具有很小的违约概率，且每笔贷款的违约都独立于其他贷款的违约，这个特点恰好符合泊松分布的特征。瑞士信贷银行金融产品部意识到了贷款违约事件的上述特点及其泊松分布的特征，据此提出了 CreditRisk+ 模型。利用 CreditRisk+ 模型就可以得到贷款组合的损失分布情况。

（4）以宏观模拟为基础的风险模型。CreditMetrics 模型假定信用等级概率在不同借款人之间以及在不同商业周期阶段之间都是稳定的，这显然与事实不符。为此，Mckinsey 公司在 CreditMetrics 模型的基础上开发了信用组合观点模型（credit portfolio view）。Mckinsey 公司将周期性的因素纳入计量模型中，对周期性因素进行处理，将评级转移矩阵与经济增长率、失业率、利率、汇率、政府支出等宏观经济变量之间的关系方法化，并通过统计模拟方法模拟周期性因素的"冲击"来测定评级转移概率的变化，并分析宏观经济形势变化与信用违约概率及转移概率的关系，进而分析不同行业或部门、不同信用级别的借款人的信用风险程度。

1.3.2 市场风险度量

相对于其他风险而言，市场风险的度量工具相对丰富且数据基础较好，主要有如下度量方法。

1. 历史波动率

（1）历史波动率的静态模型。

①单个资产波动率。假设某种金融资产收益率 r 为随机变量，其预期收益率（数学期望）为 μ，标准差为 σ。σ 称为波动率，用以度量该资产的风险。单个资产的期望收益率和标准差可以表示为

$$E(r) = \sum_{i=1}^{n} r_i p_i$$

$$\sigma(r) = \sqrt{\sum_{i=1}^{n} [r_i - E(r)^2 p_i]}$$

②资产组合波动率。假设资产组合 P 的收益为 r_P，组合中包含 n 种证券，每种证券的收益为 r_i，它在组合中的权重是 w_i，则资产组合的预期收益率为

$$Er_P=E\left(\sum_{i}^{n} w_i r_i\right) = \sum_{i}^{n} w_i (Er_i)$$

其中，

$$\sum_n w_i = 1$$

资产组合 P 的标准差为

$$\sigma_P = \sqrt{\sum_{i=1}^{n} w_i^2 \sigma_i^2 + \sum_{i=1, j\neq i,}^{n}\sum_{j=1}^{n} w_i w_j \sigma_{ij}} = \sum_{i=1, j\neq i,}^{n}\sum_{j=1}^{n} w_i w_j \sigma_i \sigma_j \rho_{ij}$$

式中，σ_P^2 为资产组合收益率方差；ρ_{ij} 为相关系数；σ_{ij} 为协方差。

（2）历史波动率的动态模型。

①简单移动平均模型（simple moving average，SMA）。SMA 是动态模型中最简单的一种，用过去 m 天收益率的样本方差固定当前的波动率，即

$$\sigma_t^2 = \frac{1}{m-1}\sum_{i=1}^{m}(r_{t-i}-\overline{r_{t-1}})^2 = \frac{1}{m-1}\sum_{i=1}^{m}\left(r_{t-i}-\frac{1}{m}\sum_{j=1}^{m}r_{t-j}\right)^2$$

式中，$\overline{r_{t-1}}$ 为 $t-1$ 时刻的前 m 项收益率的移动平均值，且 $t-1 > m$。

此方法简单易行，问题是它忽略了观察值的动态顺序，给历史上所有的信息以同样权重。

②指数加权移动波动率（exponentially weighted moving average volatility，EWMA volatility）。加权移动平均法是对观察值分别给予不同的权数，按不同权数求得移动平均值，并以最后的移动平均值为基础，确定预测值的方法。指数移动加权平均法是指各数值的加权系数随时间呈指数式递减，越靠近当前时刻的数值，加权系数就越大。指数加权移动波动率的模型形式为

$$\sigma_t^2 = \lambda \sigma_{t-1}^2 + (1-\lambda)[r_{t-1}-E(r_{t-1})]^2$$

式中，λ 为衰减因子，当 $\lambda=1$ 时，该方法就是简单移动平均（SMA）法。

③自回归条件异方差模型（autoregressive conditional heteroskedasticity model，ARCH）。ARCH 模型由恩格尔（Engle R.）于 1982 年提出，并由博勒斯莱文（Bollerslev T.）于 1986 年发展为广义自回归条件异方差模型（generalized ARCH，GARCH）。这些模型被广泛应用于经济学各个领域，尤其是金融时间序列分析中。GARCH（1，1）模型最为常用，表达式为

$$\sigma_t^2 = \omega + \alpha u_{t-1}^2 + \beta \sigma_{t-1}^2$$

式中，σ_t^2 为利用前期信息预测的方差，即条件异方差；u_{t-1}^2 为根据均值方式残差平方的滞后项衡量的前期波动性信息；σ_{t-1}^2 为上一期的预测方差。

2. 价格敏感度量指标

敏感度方法是通过利用金融资产价格对其市场因子的敏感性来测量金融资产市场风险的方法，这些市场因子包括利率、汇率、股票指数和商品价格等。金融资产价格 P 与市场因子的关系可以表示为 $P=P(x_1, x_2, \cdots, x_n)$，$x_i$ 表示市场因子，$i=1, 2, \cdots, n$。

利用泰勒（Taylor）级数展开算法可以近似得到金融资产价格随市场因子变化的二阶展开形式。

$$\Delta P \approx \sum_{i=1}^{n} \frac{\partial P}{\partial X_i} \Delta x_i + \frac{1}{2} \sum_{i,j=1}^{n} \frac{\partial^2 P}{\partial X_i \partial X_j} \Delta x_i \Delta x_j$$

式中，$\frac{\partial P}{\partial X_i}$ 和 $\frac{\partial^2 P}{\partial X_i^2}$ 分别表示金融资产价格对市场风险因子 i 的一阶、二阶敏感性。

针对不同的金融资产和不同的市场风险因子，有不同类型的灵敏度方法。比如，针对利率性金融产品的久期，针对股票的 Beta 等。

（1）β 系数与权益类产品价格。β 系数是由夏普（Sharpe）等人在资本资产定价模型（capital asset pricing model，CAPM）中给出的。CAPM 表明，在证券市场处于均衡状态时，单个证券的超额期望收益率等于市场组合的超额期望收益率的 β 倍，即

$$E(r_i) - r_f = \beta_i [E(r_M) - r_f]$$

式中，$E(r_i)$ 为证券 i 的期望收益率；$E(r_M)$ 为市场组合的期望收益率；r_f 为无风险利率；β_i 为证券 i 的系统性风险。

可以看出，β 系数实际上反映了证券 i 超额收益率对市场组合超额收益率的敏感性，是度量证券 i 系统性风险的敏感性指标。

（2）久期与固定收益类产品价格。久期（duration）反映了债券等固定收益类产品对利率变化的敏感性，其公式为

$$\frac{\Delta P}{P} = -\frac{D}{1+y} \cdot \Delta y = -D^* \cdot \Delta y$$

式中，P 代表债券的当前价格；ΔP 代表债券价格的微小变动；y 代表市场收益率；Δy 代表收益率的变动幅度；D 为麦考利久期（Macaulay duration）。D^* 为修正久期。该公式表明，债券价格变动的百分比是久期和市场收益率变动百分比的函数，也就是说，市场收益率变动幅度越大或者久期越长，债券价格变动幅度越大。

（3）希腊字母与金融衍生品价格。衍生品价格 F 可以表示为

$$F = F(S, T, r, \sigma)$$

式中，S 表示标的资产当前价格；T 表示衍生工具到期时间；r 表示无风险利率；σ 表示标的资产价格波动率。

根据多元函数的泰勒展开，期权价格变化可以近似表示为

$$\Delta F \approx \frac{\partial F}{\partial S}\Delta S + \frac{1}{2}\frac{\partial^2 F}{\partial S^2}(\Delta S)^2 + \frac{\partial F}{\partial T}\Delta T + \frac{\partial F}{\partial r}\Delta r + \frac{\partial F}{\partial \sigma}\Delta \sigma$$

式中，$\frac{\partial F}{\partial S}$、$\frac{\partial F}{\partial T}$、$\frac{\partial F}{\partial r}$、$\frac{\partial F}{\partial \sigma}$ 分别表示金融衍生工具价格 F 对标的资产价格 S、时间 T、无风险利率 r、标的资产波动率 σ 的敏感系数，依次称为 δ（Delta）、θ（Theta）、ρ（Rho）、Λ（Vega）；$\frac{\partial^2 F}{\partial S^2}$ 为衍生品价格 F 对标的资产价格的二阶导数，记为 γ（Gamma）。

3. VaR

VaR 是 "value at risk" 的英文首字母缩写，其字面含义为处于风险之中的价值，简称风险价值或在险价值。

VaR 的含义是，某一金融资产或投资组合在未来特定的一段时间内（1 天、1 周或 10 天等）和一定的置信水平（如 95%、99% 等）下，可能发生的最大损失。其表达式为

$$\text{Prob}(\Delta P > \text{VaR}) = 1 - \alpha$$

式中，ΔP 表示资产或者资产组合在持有期 Δt 内的损失；VaR 为在置信水平 α 下组合的风险价值。

4. 压力测试

压力测试（stress testing）是在模拟或构造未来可能出现的极端情景的基础上，对极端情形影响下金融机构的表现状况及资产组合的价值变化做出评估和判断。

压力测试能够帮助商业银行充分了解潜在风险因素与银行财务状况之间的关系，深入分析银行抵御风险的能力，形成供董事会和高级管理层讨论并决定实施的应对措施，预防极端事件可能对银行带来的冲击。对于日常管理中广泛应用各类风险计量模型的银行来说，压力测试成为模型方法的重要补充。压力测试也能够帮助监管部门充分了解单一银行和金融体系的风险状况和风险抵御能力。压力测试包括敏感性分析和情景分析两种主要方法。

（1）敏感性分析（sensitive analysis）。此方法利用某一特定风险因子或一组风险因子，将因子在执行者所认定的极端范围内进行变动，分析其对资产组合的影响。

这一分析方法的优点在于容易了解风险因子在可能的极端变动中，每一变动对资产组合的整体影响效果及边际效果，缺点则是执行者对每一逐渐变动所取的幅度及范围都必须恰当，否则将会影响分析的结果与判断，特别是对于非线性报酬率的资产组合而言，这种情况将更为显著。

（2）情景分析（scenario analysis）。情景分析是最常用的压力测试方法，用于评估一个或多个市场风险因子突然从当前市场情景变化到某些极端情景或者事件的过程中，对资产组合价值变化的影响程度。情景分析的事件设计方法有两种：①历史情景分析利用某一种过去市场曾经发生的剧烈变动，评估其对资产组合会产生什么影响。②假设性情景分析参考历史事件并新构建对每个风险因子可能产生影响的极端事件，然后评估这些情景对资产组合价值变化的影响。

1.3.3 操作风险度量

操作风险的来源多样、数据匮乏等特征，使得操作风险计量较之其他风险计量更为困难。近年来，在业内与操作风险相关的案件中，操作风险都带来了灾难性后果，人们开始关注操作风险计量问题。

1. 定性分析

（1）自我评估法。自我评估（self-assessment）是通过调查问卷、系统性的检查或公开讨论的方式，向企业内相关责任部门提问，主观地评估组织中的运作、市场、财务、行政，以及技术和人力资源部门及其特征，以识别重要的风险、控制的效果、可能发生的后果等信息。

自我评估通常的做法是通过调查问卷、系统性检查或公开讨论的方式，利用银行内部人员以及外部专家识别和评估操作风险事件。具体方法包括：①调查问卷法，即将事先设计好的问卷分发到各业务部门，由相关人员对业务和产品控制点进行回答，帮助其确认风险水平和相应的控制措施。②叙述法，即从业务部门的目标和风险出发，由各部门管理人员对采取的控制措施进行答辩，检查其对预期控制的执行效果。③专家预测法，即采取匿名方式由专家对风险控制点进行考核、分析、提出意见、修改、论证、汇集、完成控制点优化。

（2）关键风险指标法。关键风险指标法（key risk indicators，KRIs）主要是由业务主管或风险主管制定的代表各个业务种类操作风险的指标，如交易失败的次数、人员周转率、损失频率或严重性、资产额、业务交易量、防火墙的破坏等，来监督日常操作的表现。

实施关键风险指标法的第一步是选取具体的指标。这一步是其能否准确评估操作风险的关键。关键风险指标既可以是财务指标，也可以是非财务指标，如每亿元资产损失率、营业额增幅降低百分比或业绩下滑金额、关键岗位人员流失数、系统遭受黑客攻击次数、设备的老化程度、顾客投诉次数等。由于可供选择的指标很多，所以在选择关键指标时应注意：①要考虑所选指标的代表性，要求所选指标能够反映某一业务种类的风险水平。②指标要能够敏感地反映相关业务操作风险的变化。③指标要易于观察、获得、测量和跟踪。当指标确定之后，就需要为各个指标设置基准水平，当关键风险指标超过某基准水平时，相关部门或责任人就应该采取相应措施。

2. 定量分析

根据《巴塞尔协议》，操作风险资本计量方法依照业务复杂程度和风险敏感性，由简至繁分别为基本指标法（basic indicator approach，BIA）、标准法（standardized approach，TSA）、高级计量法（advanced measurement approach，AMA）。

（1）基本指标法。基本指标法是巴塞尔委员会确定的初始阶段度量操作风险的方法，它不区分金融机构的经营范围和业务类型，只将单一的风险暴露指标与一个固定百分比相乘得出监管资本要求。其计算公式为

$$K_{BIA} = a \times GI$$

式中，K_{BIA} 为根据基本指标法计算得到的操作风险资本；GI 表示过去 3 年中各年为正的总收入平均值；$a=15\%$，这个固定比例由巴塞尔委员会设定，表示为获得单位总收入，该机构可能面临的操作风险损失值。

（2）标准法。标准法将商业银行的所有业务按照相互排斥且唯一的原则划分为 8 类产品线，并对每一类产品线规定不同的操作风险资本要求系数，分别求出对应的资本，然后对 8 类产品线的资本进行加总，即可得到商业银行总体操作风险资本要求。

根据《新巴塞尔协议》，8 类银行产品线分别为公司金融、交易和销售、零售银行业务、商业银行业务、支付和结算、代理业务、资产管理和零售经纪。

在标准法中，总资本要求是各产品线监管资本的简单加总，其计算公式为

$$K_{SA} = \frac{1}{3} \left\{ \sum_{j=1}^{3} \max \left[\sum_{i=1}^{8} (GI_i \times \beta_i, 0) \right] \right\}$$

式中，K_{SA} 为用标准法计算的资本要求；GI_i 为按标准法的定义，8 个产品线中各产品线过去 3 年的年平均收入；β_i 为由巴塞尔委员会设定的第 i 个产品线的操作风险系数，β 值见表 1-2。

表 1-2　产品线与对应的 β 系数

产品线	β 值
公司金融（corporate finance）	18%
交易和销售（trading and sales）	18%
零售银行业务（retail banking）	12%
商业银行业务（commercial banking）	15%
支付和结算（payment and settlement）	18%
代理业务（agency services）	15%
资产管理（asset management）	12%
零售经纪（retail brokerage）	12%

（3）高级计量法。高级计量法是商业银行通过内部操作风险度量系统来计算监管资本要求的方法。

损失分布法（loss distribution approach，LDA）是高级计量法中最有代表性的方法，是银行利用操作风险损失数据对单个风险的损失概率分布进行模拟，估计出一定时间内（如 1 年）风险的具体分布形式，计算出单个风险的 VaR，并加总得到总的操作风险计量结果的方法。

《巴塞尔协议》将操作风险分为内部欺诈、外部欺诈、雇用合同及工作状况带来的风险，客户、产品与业务活动带来的风险，有形资产损失，经营中断和系统错误，涉及执行、交割和流程管理的风险等 7 种风险类别。连同上面产品线的划分，可以形成 56 个产品线类别 / 风险类别组合。

然后，根据损失数据情况，分别估计每个产品线类别 / 风险类别组合操作风险损失的发生频率和损失程度概率分布。具体概率分布的选择对模型计算有着较大的影响，对损失频率而言，通常用泊松分布或负二项分布进行建模，损失程度一般用具有厚尾特征的分布，如对数正态分布、指数分布等进行建模。在此基础上，估计产品线类别 / 风险类别组合的损失分布。该产品线类别 / 风险类别组合的损失分布为损失程度分布的 N 重卷积。在得到产品线类别/风险类别组合的损失分布后，按照给定的置信水平，求出操作风险的 VaR 值，再将所有的 VaR 值加总后得到总的操作风险度量结果。

1.3.4 流动性风险度量

1. 流动性比率或指标

流动性比率或指标是各监管机构和商业银行广泛使用的方法之一，反映了银行在某个时点上的流动性水平。

（1）存贷款比率。

$$存贷款比率 = 各项贷款总额 / 各项存款总额$$

该比率越高，表明负债对应的贷款资产越多，银行的流动性就越差。高的存贷比意味着银行把大部分资金用于发放流动性低的贷款，银行若发放新贷款则必须运用存款外的负债融资。低的存贷比意味着银行可以用稳定的存款为新贷款融资，流动性风险低。

（2）核心存款比率。

$$核心存款比率 = 核心存款 / 总资产$$

核心存款是商业银行存款中最稳定的部分，此类存款对利率变化不敏感，受外部经济环境和周期性因素影响较小。由于核心存款在到期前被提取的可能性很小，该比率越高，意味着银行流动性压力越小。

（3）易变负债与总资产比率。易变负债是指那些受利率等外部因素影响较大的银行资金来源，如回购协议下卖出的债券、经纪人存款、大额可转让定期存单及各类借入的短期资金等。这类负债受资金供求关系、市场利率、银行信誉等多种因素影响，其融资成本、规模均难以为银行所控制，一旦外部环境发生对银行不利的变动，这部分资金来源就很容易流失。一般来说，在其他条件相同的情况下，这一比率越大，商业银行面临的流动性风险也越高。

（4）贷款总额与总资产比率。贷款是商业银行资金运用的主要方式，由于信息不对称以及交易成本等因素的存在，贷款通常被认为是银行赢利资产中流动性较差的资产。在银行资产中，贷款比率越高，意味着银行流动能力越差。

（5）流动资产与总资产比率。流动资产是指期限短（不超过1年）、安全性高、变现能力强的资产。该比率越高，表明银行资产中存储的流动性越高，应对潜在流动性风险的能力就越强。

除上述指标外,还有其他一些流动性指标,如超额存款准备金比率、大额负债依存度、贷款与核心存款比率、流动性比率等。

2. 缺口分析

缺口分析通过计算特定时间段的到期资产(现金流入)和到期负债(现金流出)之间的差额,来判断商业银行在未来特定时段内的流动性是否充裕。

(1)流动性缺口(liquidity gap)。流动性缺口是指在未来的一定时期内,银行潜在的资金需求(运用)与资金供给(来源)的差额,即银行资产和负债之间的缺口。银行在每一个期限内将其资产和负债进行对比,得出流动性剩余或不足,这样有利于银行了解目前资产和负债期限不匹配的状况,进而了解未来资金的需求。

(2)融资缺口(financing gap)。融资缺口的思想与流动性缺口类似,只是侧重于从融资角度进行分析。融资缺口体现为总的融资需要量与稳定的资金来源之间的差额,被视为一种不稳定的融资,而不稳定的融资则意味着银行必须通过不稳定负债来筹措新资金。

(3)久期缺口(duration gap)。商业银行的资产和负债之间存在期限结构的错配问题,市场利率变化直接影响商业银行的资产和负债价值,进而造成流动性状况发生变化。久期是债券价格对利率变动的灵敏性度量,基于久期的久期缺口可以用于衡量利率变化对商业银行资产和负债价值的影响程度,以及对其流动性的作用效果。

用 D_A 表示资产的加权平均久期,D_L 表示负债的加权平均久期,V_A 表示资产的初始值,V_L 表示负债的初始值,R 为市场利率。当市场利率变动时,资产和负债的变化可用久期表示为

$$\Delta V_A = -[D_A \cdot V_A \cdot \Delta R/(1+R)]$$
$$\Delta V_L = -[D_L \cdot V_L \cdot \Delta R/(1+R)]$$

久期缺口 = 资产加权平均久期 − (总负债/总资产) × 负债加权平均久期

①当久期缺口为正值时,如果市场利率下降,则资产价值增加的幅度比负债价值增加的幅度大,流动性也随之加强。如果市场利率上升,则资产价值减少的幅度比负债价值减少的幅度大,流动性也随之减弱。

②当久期缺口为负值时,如果市场利率下降,则流动性也随之减弱。如果市

场利率上升，则流动性也随之加强。

③当久期缺口为零时，利率变动对商业银行的流动性没有影响。这种情况极少发生。

总之，久期缺口的绝对值越大，利率变化对商业银行的资产和负债价值的影响就越大，对其流动性的影响也越显著。

3. 现金流分析

现金流分析通过对商业银行短期内（如未来 30 天）的现金流入（资金来源）和现金流出（资金使用）进行预测和分析，来评估商业银行短期内的流动性状况。用"盈余"或"赤字"来表示现金流入和现金流出的差异。当来源金额大于使用金额时，出现所谓的"剩余"，表明商业银行流动性相对充足，但此时的商业银行应考虑这种流动性剩余头寸的机会成本，因为剩余资金完全可以通过其他途径赚取更高收益。反之，当来源金额小于使用金额时，就会出现流动性"赤字"，此时银行必须考虑这种赤字可能给自身运营带来的风险。

4.《巴塞尔协议Ⅲ》对流动性风险的规定

2010 年 4 月，巴塞尔委员会首次提出两个流动性的监管量化标准。

（1）流动性覆盖率（liquidity coverage ratio）是指优质流动性资产储备与未来 30 日的资金净流出量之比，用以监测短期流动性风险，衡量单个银行在短期压力情景下应对流动性中断的能力，通过监测该指标能够判断机构是否拥有足够的优质流动性资源，以应对银行 3 个月以内的流动性风险。

（2）净稳定资金率（net stable funding ratio）是指可用的稳定资金与业务所需要的稳定资金的比率，该比率用以调整期限错配，稳定银行在中长期内可以使用的资金来源，推动银行使用稳定的资金来源为其融资，限制银行对批发型融资市场的依赖，进而保证银行的融资渠道更加稳定持久。

本章小结

1. 风险永远做不到被全面消灭或禁止，风险管理的目的并非最小化风险，而是精明地承担风险。金融风险具有客观性、普遍性、传染性、可控性、强破坏性等特征。金融风险的发生对宏观经济和微观经济都会产生重要影响。

2. 金融风险主要有市场风险、信用风险、操作风险和流动性风险。此外，战略风险、声誉风险、法律风险、信息科技风险和主权风险等也受到商业银行等金融机构的关注。

3. 信用风险的度量方法既有专家打分法、信用评级法、信用评分法等传统度量方法，也有 KMV、CreditMetrics 等现代信用风险量化管理模型。

4. 市场风险的度量方法主要由历史波动率、价格敏感度量指标、VaR 和压力测试等组成。

5. 操作风险的资本计量方法主要有基本指标法、标准法和高级法。

6. 流动性风险的度量方法主要有流动性比率或指标、缺口分析和现金流分析。

即测即练

复习思考题

一、名词解释

金融风险　市场风险　信用风险　操作风险　流动性风险　利率风险　汇率风险　违约风险　交易对手风险　内生流动性风险　外生流动性风险

二、问答题

1. 简述金融风险的含义与特征。

2. 试比较市场风险、信用风险、流动性风险和操作风险的异同。

3. 简要介绍市场风险度量的主要方法，并对各方法的使用范围、优缺点进行讨论。

4. 简述 Z 评分模型的优点及其局限性。

5. 结合操作风险的特点，并通过对市场风险和信用风险的度量方法进行比较，谈一谈你对操作风险度量模型的认识。

6. 简述筹资流动性风险和市场流动性风险的内涵与基本特征。

参考文献

[1]　朱淑珍. 金融风险管理 [M]. 3 版. 北京：北京大学出版社，2017.

[2] 高晓燕，刘文彪. 金融风险管理 [M]. 北京：清华大学出版社，2012.

[3] 陆静. 金融风险管理 [M]. 2 版. 北京：中国人民大学出版社，2019.

[4] 王勇，隋鹏达，关晶奇. 金融风险管理 [M]. 北京：机械工业出版社，2014.

[5] 桑德斯，科尼特. 金融风险管理（第 5 版）[M]. 王中华，陆军，译. 北京：人民邮电出版社，2012.

[6] 王周伟. 风险管理 [M]. 2 版. 北京：机械工业出版社，2017.

第 2 章　金融监管概述

🔍 章首导言

金融市场持续存在的信息不对称性、负外部效应及自然垄断等特性使得金融市场存在失灵。为纠正金融市场失灵，降低金融风险，防范金融危机，需要对金融市场进行有效监管。2008 年，世界金融危机的爆发使得金融监管受到空前关注，各国学术界和实务界纷纷就金融监管议题展开审视和丰富的探讨，金融监管理论与实务不断得到完善，本章将对金融监管理论及实务发展展开系统性介绍。

🔍 学习目标

1. 了解金融监管的内涵，掌握金融监管的目标。

2. 了解金融业的经营模式，掌握集中监管、分业监管及不完全集中监管，理解机构监管、功能监管及行为监管。

3. 熟悉银行业、证券业、保险业监管的内涵及重点。

4. 熟悉新中国成立以来，金融监管体系的发展与演化过程。

🔍 能力目标

1. 掌握金融业监管的基础理论、方法及业务运作流程。

2. 了解金融业监管的国际趋势，培养学生的国际观及对标前沿的思维。

3. 培养学生的金融风险意识及法制观念。

思政目标

1. 使学生意识到金融监管对防范、化解重大金融风险，促进金融更好地服务实体经济，引领我国经济高质量发展的重要意义。

2. 使学生认识到完善现代金融监管体系对保障金融稳定和国家安全，推进国家治理体系和治理能力现代化的重要作用。

3. 使学生深刻认识平等、公正、法治、诚信等社会主义核心价值观的内涵。

本章知识结构图

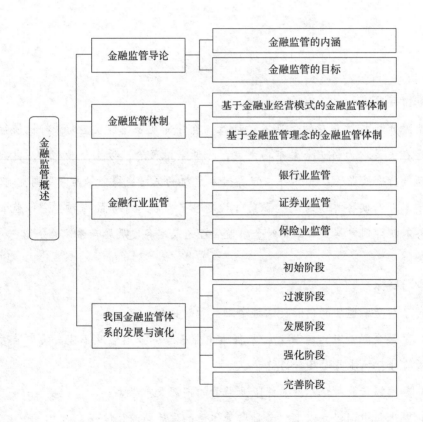

导入案例

改革开放以来，我国不断探索完善金融监管体制。1984年，中国人民银行开始专门行使中央银行职能，包括对所有金融活动进行监管。之后，陆续成立证监会、保监会和银监会，逐步形成对银行、保险、证券的分业监管格局。2017年，国务院金融稳定发展委员会成立，次年组建银保监会，监管的权威性和协调性更趋完善。

党的十九届五中全会审议通过的《中共中央关于制定国民经济和社会发展第十四个五年规划和二〇三五年远景目标的建议》，对"完善现代金融监管体系"做出了专门部署，提出了明确要求，对保障金融稳定和国家安全，推进国家治理体系和治理能力现代化，实现经济社会高质量发展具有十分重要的意义。

2023年3月，第十四届全国人大一次会议表决通过了关于国务院机构改革方案的决定，该方案从组建国家金融监督管理总局、深化地方金融监管体制改革、将中国证监会调整为国务院直属机构、统筹推进中国人民银行分支机构改革、完善国有金融资本管理体制、加强金融管理部门工作人员统一规范管理等6个方面对中国式现代金融监管体制予以完善，要求将所有的金融活动纳入监管，并在加强机构监管的同时更加注重功能监管和行为监管。

思考：

1. 为何金融监管在现代经济金融发展中如此重要？
2. 新安全格局下金融监管体系应该如何完善以保障国家金融安全与稳定？

2.1 金融监管导论

2.1.1 金融监管的内涵

金融监管是金融监督和金融管理的复合词，是指一个国家（地区）的中央银行或其他金融监督管理当局依据国家法律法规的授权对金融业实施监督管理。金融监督指金融主管当局对金融机构实施的全面性、经常性的检查和督促，并以此促进金融机构依法稳健地经营和发展。金融管理是指金融主管当局依法对金融机构及其经营活动实施的领导、组织、协调和控制等一系列活动。

金融监管有狭义和广义之分。狭义的金融监管是指中央银行或其他金融监管当局依据国家法律规定对整个金融业（包括金融机构和金融业务）实施的监督管理。广义的金融监管在上述含义之外，还包括了金融机构的内部控制和稽核、同业自律性组织的监管、社会中介组织的监管等内容。

2.1.2 金融监管的目标

金融监管的目标是金融监管理论和实践的核心问题，确定合理、明确、有效、可操作的金融监管目标是实现有效金融监管的前提。金融监管的目标如下。

1. 维护金融体系的安全与稳定

金融活动天然存在不确定性，金融风险的蔓延、传染、共振会影响宏观经济稳定，并会产生金融危机。因此，金融监管当局必须采取一系列合理有效的措施，推动金融机构规范稳健经营，以此确保金融体系的整体稳定，防范金融的系统性风险和金融危机的发生，为宏观经济营造安全与稳定的金融环境。

2. 保护金融消费者权益

存款人、投资人和投保人等是金融行业的资金提供者及金融产品与服务的消费者，是金融业生产和发展的重要基础。不确定性风险是金融业的典型特征，广大存款人、中小投资者、个体金融消费者在信息获取、专业能力等层面处于弱势一方，其利益容易遭受损失和大型金融机构的侵害。鉴于此，必须对金融机构的业务经营进行监督管理，避免金融消费者的权益受到侵害。

3. 增进金融体系效率

对金融领域加以监管并非限制和阻碍金融行业的发展，而是通过对金融体系中的垄断、信息不对称、负外部性等市场失灵现象加以纠正和管控，更好地发挥金融资源的市场配置作用。为此，金融监管当局应通过监管活动促进不同金融行业之间、金融机构之间的公平竞争，确保其平等的法律地位和均等的市场机会，提高金融产品服务的多样性和质量，提升金融体系的整体效率。

4. 促进金融有效支持实体经济

2019年2月22日，习近平总书记在中共中央政治局就完善金融服务、防范金融风险举行第十三次集体学习时强调金融与经济共生共荣："金融活，经济活；金融稳，经济稳。"金融体系稳定、高效与否对整个国民经济运行具有重要影响。就此而言，金融监管除以上目标外，还旨在通过有效监管促进国家相关经济金融政策的落实，提高金融支持实体经济的效率。

2.2 金融监管体制

2.2.1 基于金融业经营模式的金融监管体制

金融监管体制往往与金融业经营模式有一定的联系，不同的金融业经营模式通常对应不同的金融监管体制。根据金融业经营模式的不同，可将金融监管体制分为以下3类。

1. 集中监管

集中监管体制是把金融业作为一个相互联系的整体进行统一监管,一般由一个金融监管机构承担监管职责,绝大多数国家由中央银行来承担。有时又称为"一元化"监管体制或混业监管体制。

2. 分业监管

分业监管体制根据金融业内的不同机构主体及其业务范围的划分而分别进行监管,一般由多个监管机构共同承担监管职责。例如,在银行、证券和保险3个业务领域内分别设立一个专职的监管机构,负责各行业的审慎监管和业务监管,也称分头监管体制。

3. 不完全集中监管

不完全集中监管是在金融业混业经营模式下,对完全集中监管和完全分业监管的一种改进模式。这种模式可按监管机构不完全集中和监管目标不完全集中进行划分,具体形式有"牵头"监管和"双峰"监管模式。"牵头"监管模式在分业多元背景下,指定一个监管机构为牵头监管机构,建立及时磋商协调机制。"双峰"监管模式设置两类监管机构:一类负责对所有金融机构进行审慎监管,控制系统性金融风险;另一类负责对不同金融业务进行监管,以期达到双重保险的作用。

2.2.2 基于金融监管理念的金融监管体制

学术界和实务界习惯于从金融业经营结构的角度讨论监管模式,而忽视从金融监管理念的视角认识监管模式。金融监管体制也可基于3个不同的理念进行划分。

1. 机构监管

机构监管按照金融机构的类型设立监管机构,不同的监管机构分别管理各自的金融机构,某一类金融机构的监管者无权监管其他金融机构的金融活动。各监管机构的监管高度专业化,其业务的划分只根据金融机构的性质(如商业银行、证券公司、保险公司等)分别实施监管,而不论其从事何种业务。

这种监管模式非常适用于微观审慎监管,即以金融机构为监管重点,监管着力点清晰,容易落实责任。这种监管理念在金融业发展的初级阶段抑或传统分业经营体制阶段,具有较高的运作效率和针对性。但在金融发展与创新日益活跃、金融结构日趋复杂、金融混业经营成为潮流的背景下,机构监管往往无法应对,其缺点也开始显现。

2. 功能监管

功能监管的概念由哈佛商学院罗伯特·默顿最先提出。功能监管基于金融体系基本功能设立对应的监管机构，实施跨产品、跨机构、跨市场协调的监管。也就是说，功能监管通过将不同金融机构的同类业务归于同一监管者监管，进而可以节约监管资源，避免机构监管模式潜在的重复监管和监管缺位问题。

功能监管是一种适用于混业经营模式的监管体制。在金融自由化、金融创新以及混业经营的背景下，不同金融机构之间的边界变得越发模糊，但资金融通、支付清算、风险管理、信息处理、价格发现等金融基本功能并未发生变化。就此而言，依据金融功能进行监管比依据金融机构类型进行监管无疑更为现实有效。

3. 行为监管

英国经济学家泰勒提出了"双峰"金融监管理论，指出金融监管应该由审慎监管和行为监管两个平行且独立的监管机构贯彻实施。其中，行为监管旨在促进金融市场诚信和强化金融消费者的权益保护，并推动金融市场公平、有序竞争。

行为监管作为目标性监管的典型监管模式，要求监管当局制定公平的市场规则，据此对金融机构的经营活动和交易行为进行监督和管理，并降低金融市场交易的信息不对称性，推动金融消费者权益保护和市场有序竞争目标的实现。行为监管的具体方式主要表现为加强信息披露、禁止误导销售及欺诈行为、强化金融信息保护、打击市场操纵等。

2.3 金融行业监管

2.3.1 银行业监管

在金融机构体系中，商业银行的市场地位及系统重要性十分突出，为此，银行业一直是金融监管的重要对象和核心领域。银行业的监管主要由以下3部分构成。

1. 商业银行的市场准入监管

（1）商业银行准入的原则。市场准入是银行业监管的首要环节。历史上，商业银行的市场准入主要遵循4个原则：①自由主义，法律对商业银行的市场准入不予规定，商业银行可以自由设立而无须经注册登记。②特许主义，商业银行的设立必须经过特别批准，每设立一家商业银行就须颁发一道特许批准令。③准则主义，法律规定商业银行的设立条件，只要符合法律规定的设立条件，就可申请注册，无须监管当局批准。④核准主义，又称审批制，指商业银行的设立除了要具备法律所规定的条件外，还必须在报请主管当局审核批准之后，方能注册登记设立。核准主义的市场准入原则已成为现代商业银行市场准入的通行制度。

（2）审批商业银行准入考虑的基本因素。

①最低资本金要求。由于商业银行特殊的负债经营方式及其在国民经济中的系统重要性，各国金融监管当局在审批商业银行的设立申请时，要求商业银行必须达到法定的最低资本额，以保护存款者的利益和维护银行体系乃至整个金融体系的稳定。《中华人民共和国商业银行法》第十三条规定："设立全国性商业银行的注册资本最低限额为十亿元人民币。设立城市商业银行的注册资本最低限额为一亿元人民币，设立农村商业银行的注册资本最低限额为五千万元人民币。"

②完善的公司治理和内控制度。商业银行负债经营的特征决定了其高风险的特征，为此，必须有完善的公司治理结构和内控制度，以保护存款人的利益，保障金融体系的稳定。完善的公司治理结构指按照法律法规的相关要求，根据其组织形式，建立相应的组织结构，明确董事会、监事会、高级管理层及董事长、监事长和行长的职责与权限，建立科学、民主、高效的决策体制及互相监督、制约的内部约束机制。内部控制是商业银行为实现可持续经营目标，通过制定和实施一系列的制度、程序和方法，对风险进行事前预防、事中控制、事后监督和纠正的动态过程和机制。

③高级管理人员的素质。高级管理人员的素质直接影响到商业银行未来的经营管理和风险状况，为此，考察高级管理人员包括品质、能力、经验、信誉等多方面在内的综合素质也是金融监管当局审批商业银行准入时的重要考虑因素。我国对拟任商业银行高级管理人员有较高要求，根据2017年修订的《中国银监会中资商业银行行政许可事项实施办法》，申请中资商业银行董事和高级管理人员任职资格，拟任人应符合以下基本条件：具有完全民事行为能力；具有良好的守法合规记录；具有良好的品行、声誉；具有担任拟任职务所需的相关知识、经验及能力；具有良好的经济、金融从业记录；个人及家庭财务稳健；具有担任拟任职务所需的独立性；履行对金融机构的忠实与勤勉义务。与此同时，还对高级管理人员的资历、学历以及禁入事由进行了具体规定。

④银行业的竞争状况和社会经济需要。改革开放以来，为促进银行业充分竞争及尽可能满足各层次的融资需求，在恢复国有大型商业银行市场经营的同时，

积极鼓励城市商业银行、全国性商业银行参与市场竞争，并引导成立大批农村商业银行、农村信用合作社以满足县域、农村地区的融资需求。与此同时，2013年11月12日，国务院发布《中共中央关于全面深化改革若干重大问题的决定》，提出允许具备条件的民间资本依法发起设立中小型银行等金融机构，首次放松针对民营银行的市场准入。

2. 商业银行的日常经营监管

金融监管当局对商业银行日常经营的监管主要体现在：①制定并实施审慎监管政策，即以法律法规等形式建立商业银行在经营管理中的最低行为标准，以形成对商业银行风险的预防性约束。②实施检查监督，包括现场检查和非现场检查，这是规范商业银行日常经营管理的保证措施。

1）制定审慎监管政策

（1）资本充足率。资本充足率是指资本对加权风险资产的比率，是评价银行自担风险和自我发展能力的一个重要指标。根据《巴塞尔协议Ⅲ》的规定，核心一级资本充足率不得低于4.5%，一级资本充足率不得低于6%，总资本充足率不得低于8%。此外，《巴塞尔协议Ⅲ》还进一步提出了附加留存资本缓冲和逆周期资本缓冲的要求。其中，留存资本缓冲全部由普通股构成，最低要求为2.5%，用以确保商业银行能吸收经济衰退和金融危机发生时的损失。在系统性信贷高速扩张阶段，银行应计提逆周期资本缓冲，用于经济下行时期吸收损失，保持信贷跨周期供给平稳，监管标准为0~2.5%。除此之外，对于系统重要性银行而言，还要增加1%的附加资本要求。

（2）贷款损失准备金。贷款损失准备金是指商业银行从收入或利润中提取的，用以覆盖因借款人违约而带来的损失准备金。贷款损失准备金由一般准备金、专项准备金和特种准备金共同构成。具体而言，一般准备金是指根据全部贷款余额的一定比例计提的用于弥补尚未识别的可能性损失的准备金，我国要求商业银行一般准备金的年末余额应不低于年末贷款余额的1%。专项准备金是指根据《贷款风险分类指导原则》，对贷款进行风险分类后，按每笔贷款损失的程度计提用于弥补专项损失的准备金，我国《贷款损失准备计提指引》规定：对于关注类贷款，计提比例为2%；对于次级类贷款，计提比例为25%；对于可疑类贷款，计提比例为50%；对于损失类贷款，计提比例为100%。其中，次级和可疑类贷款的损失准备金，计提比例可以上下浮动20%。特种准备金是指针对某一国家、地区、行业或某一类贷款风险计提的准备金，我国规定，商业银行根据不同类别（如国别、行业）贷款的特殊风险情况、风险损失概率及历史经验，自行确定按季计提比例。为考核贷款损失准备金计提是否充足，我国还设置了贷款拨备金率和拨备覆盖率两个监管指标。其中，贷款拨备金率为贷款损失准备金与各项贷款余额之比，要求不低于2.5%。拨备覆盖率为贷款损失准备金与不良贷款余额之比，要求不得低于150%。

（3）贷款集中度。监管当局对商业银行的贷款集中程度施加限制，目的在于避免风险过度集中。贷款集中度主要由个别大额贷款与银行资本的比例来衡量。由于商业银行对关系借款人容易降低授信标准，所以对关系借款人的过度贷款会使商业银行面临巨大风险，为此，监管当局还要求商业银行对关系借款人的贷款加以限制。我国对贷款集中度的监管主要体现在单一最大集团客户贷款比例、单一最大客户贷款比例、最大十家客户贷款比例3个考核指标。其中，单一集团客户授信集中度为最大一家集团客户授信总额与资本净额之比，不应高于15%。单一客户贷款集中度为最大一家客户贷款总额与资本净额之比，不应高于10%。最大十家客户贷款比例为最大十家客户贷款总额与资本净额之比，不应高于50%。

与此同时，商业银行的贷款集中度还表现为贷款过度集中在某些经济领域或某些地区，这使得商业银行在某一产业或地区经济衰退时面临巨大风险。2020年12月31日，中国人民银行、中国银保监会公布《关于建立银行业金融机构房地产贷款集中度管理制度的通知》，明确了房地产贷款集中度管理制度的机构覆盖范围、管理要求及调整机制，分档设置房地产贷款余额占比和个人住房贷款余额占比两个上限，该制度自2021年1月1日起实施。对于中资大型银行、中资中型银行、中资小型银行和非县域农合机构、县域农合机构以及村镇银行而言，规定其房地产贷款占比上限分别为40%、27.5%、22.5%、17.5%、12.5%，规定其个人住房贷款占比上限分别为32.5%、20%、17.5%、12.5%、7.5%。

（4）流动性。流动性是指商业银行根据存款和贷款的变化，随时以合理的成本举债或将资产按其实际价值变现的能力。我国对商业银行流动性考核规定了以下指标：流动性覆盖率指标，合格优质的流动性资产与未来30天的现金净流出量的比例不低于100%；流动性比例，本外币各项流动性资产与各项流动性负债之比不得低于25%，其中，外汇各项流动性资产与各项流动性负债的比例不得低于60%；中长期贷款比例，余期1年期以上的人民币中长期贷款与余期1年期以上的存款之比不得超过120%，其中，外汇中长期贷款比例不得超过60%；拆借资金比率，拆入资金余额与各项存款余额之比不得超过4%，拆出资金余额与各项存款余额之比不得超过8%。

（5）国别风险。为提高商业银行有效应对国别风险的能力，中国银监会于2010年6月8日印发《银行业金融机构国别风险管理指引》，该指引主要包含：①应确保国际授信与国内授信适用同等原则。②建立与国别风险暴露规模和复杂程度相适应的国别风险评估体系，国别风险应当至少划分为低、较低、中、较高、高5个等级。③建立国别风险评级和贷款分类体系的对应关系，在设立国别风险限额和确定国别风险准备金计提水平时充分考虑风险评级结果。④按国别合理设定覆盖表内外项目的国别风险限额。⑤按本指引对国别风险进行分类，并在考虑风险转移和风险缓释因素后，参照以下标准对具有国别风险的资产计提国别风险准备金：低国别风险不低于0.5%；较低国别风险不低于1%；中等国别风险不低于15%；较高国别风险不低于25%；高国别风险不低于50%。

（6）信息披露。信息披露是指商业银行及时向公众公布其经营活动和财务状况的有关信息。良好的信息披露制度有助于促进投资者和存款人对商业银行运作的认识，影响其投资和存款决策，进而激励商业银行经营者加强经营管理。巴塞尔委员会对商业银行信息披露非常重视，其颁布的《有效银行监管核心原则》指出："为保证市场的有效运行，进而建立一个稳健而高效的金融体系，市场参与者需要获得准确、及时的信息。"因此，信息披露是监管的必要补充。《巴塞尔协议Ⅲ》进一步对信息披露要求进行修订，引入关于证券化风险暴露和表外业务工具并表的信息披露要求，强化管制资本结构的细节披露要求及其对报告用户的协调作用的披露要求，并要求商业银行对如何计算管制资本充足率进行综合解释。

（7）内部控制。内部控制是商业银行董事会、监事会、高级管理层和全体员工参与的，通过制定和实施系统化的制度、流程和方法，实现控制目标的动态过程和机制。健全内部控制机制是建立商业银行全面风险管理体系的基础。2014年9月，中国银监会对《商业银行内部控制指引》进行修订，指出我国商业银行内部控制应遵循全覆盖、制衡性、审慎性和相匹配的基本原则。

2）实施检查监督

（1）现场检查。现场检查是指通过检查人员亲临现场，检验银行财务报表数据的准确性和可靠性，评估银行的管理和内部质量控制，检查银行遵守法律的情况，考察银行的整体经营管理能力。现场检查是金融监管当局对商业银行实施监管的基本方式，可以起到督促商业银行依法合规经营、防范化解风险的重要作用。具体而言，现场检查一般包括现场检查前的准备、进入现场检查、对被检查的商业银行进行综合评价、写出检查报告4个环节。

（2）非现场检查。非现场检查是指银行业监管机构对银行业金融机构报送的各种经营管理和财务数据、报表和报告，运用一定的技术方法就银行的经营状况、风险管理状况和合规情况进行分析，以发现银行风险管理中存在的问题，评价银行业金融机构的风险状况。非现场检查包括合规性检查和风险性检查两方面内容。

3. 商业银行的市场退出监管

金融监管当局虽然对商业银行的准入及日常经营监管很严格，但仍有一些商业银行会陷入困境，出现支付危机乃至破产。对危机银行的处理主要有贷款挽救、担保、并购、设立过渡银行、设立专门的危机处理机构等做法。

◎案例2-1：包商银行退出市场始末

2019年5月24日，鉴于包商银行出现严重的信用风险，为保护存款人和其他客户的合法权益，中国银保监会决定自2019年5月24日起对包商银行实行接管，接管期限为一年。为维护金融稳定和社会稳定，最大程度保障储户债权人的合法权益，中国人民银行、银保监会经过研究论证，决定由存款保险基金和中国人民银行提供资金，先行对个人存款和绝大多数机构债权予以全额保障，同时，为严肃市场纪律、逐步打破刚性兑付、兼顾市场主体的可承受性，对大额机构债权提供平均90%的保障。2020年5月23日，央行发布《关于延长包商银行股份有限公司接管期限的公告》，自2020年5月24日起至2020年11月23日止。2020年11月11日，包商银行接到央行和银保监会《关于认定包商银行发生无法生存触发事件的通知》，央行、银保监会认定该行已经发生"无法生存触发事件"。2020年11月12日，银保监会原则同意包商银行进入破产程序。2021年2月7日，包商银行被裁定破产。

2.3.2 证券业监管

证券业监管是金融监管的重要组成部分，通过维持公平、公正、公开的市场秩序来保护证券市场参与者的合法权益，并以此促进证券行业的不断发展。区别于银行业监管强调审慎监管,证券业监管更加强调业务行为监管及投资者利益保护。证券业监管应遵循公开、公平、公正、诚实信用及效率与安全原则。

1. 证券业监管的目标

证券业监管的目标有根本目标和具体目标之分。证券业监管的根本目标在于保证证券市场原本功能的正常发挥。国际证监会组织(International Organization of Securities Commission,IOSCO)指出,证券业监管应致力于促进资本形成和经济增长。证券业监管目标主要体现在以下3个方面。

(1)保护投资者的合法权益。由于证券市场的投资者容易受到发行公司、中介机构和其他主体违法行为的侵害,所以保护投资者的合法权益是证券业监管的首要目标。保护投资者的合法权益并不意味着要保证投资者均能在证券交易活动中获利,而是营造良好的法律环境,禁止诸如内幕交易、证券欺诈、股价操纵等侵犯投资者合法权益和妨碍投资者做出合理投资决策的违法行为,并对权益受侵害方提供有效维权和救济的途径,以此确保公平的证券交易,维护投资者信心。

(2)确保市场的公平、高效和透明。确保市场的公平、高效和透明是证券业监管除保护投资者合法权益外的另一价值追求。确保市场公平的关键在于禁止不当交易。证券市场应尽量避免某些市场参与者优先于其他参与者的不公平现象出现。监管机构应确保投资者能公平地利用市场基础设施和获取证券信息,须及时发现、阻止并处罚市场操纵或其他不公平交易。证券业监管除保证公平外,还应注重公平与效率的平衡,在维护立法和执法公平的同时不应限制创新,应致力于引导市场效率的提升。除此之外,监管机构还应确保证券信息及交易活动的公开、透明,较高的透明度有助于避免市场操纵和内幕交易的发生。

(3)降低系统性风险。由于证券公司并非负债经营属性,不会受到挤兑,其经营失败的传染性也不强,因此,一般认为证券公司的风险并不是金融系统风险的主要来源。但证券市场本身也是一个高风险的市场,证券价格波动性强,容易发生群体非理性行为,且证券市场崩溃会影响其他相关行业,并导致这些行业出现危机,从而发生连锁反应。为此,应加强证券公司、上市公司的合规性管理,并积极利用大数据等强化对证券市场的风险监测,严防系统性风险的发生。

2. 证券交易监管

对证券市场交易行为的监管主要体现在以下3个方面。

(1)内幕交易监管。内幕交易又称知情证券交易,是指证券交易内幕信息的知情人员利用内幕信息进行证券交易活动。内幕交易行为违反证券交易的"三公"原则,侵犯了广大投资者的合法权益,并会损害上市公司利益,最终还会使证券市场乃至整个金融市场的运行秩序遭受严重扰乱。为此,各国对内部交易行为进行严格监管和依法制裁。《中华人民共和国证券法》第五十条规定:"禁止证券交易内幕信息的知情人和非法获取内幕信息的人利用内幕信息从事证券交易活动。"与此同时,《中华人民共和国刑法》第一百八十条也对内幕交易、泄露内幕信息罪做出明确界定。

(2) 证券操纵监管。证券操纵是指个人或机构背离市场自由竞争和供求关系原则,利用所拥有的资金、库存证券及其他优势,人为地制造证券价格异常波动,以引诱他人参与证券交易,为自己牟取不正当私利或转嫁风险的行为。对证券市场操纵行为而言,监管的主要措施包括预防性措施、惩处性措施及补救性措施。预防性措施是指监管机构通过进行经常性调查、检查,设计证券交易跟踪监测系统,以防范操纵行为的发生。惩处性措施通过立法来对市场操纵进行严惩。补救性措施通过完善有关法律法规、监管制度和手段来对受害者进行经济补偿。

(3) 证券欺诈监管。证券欺诈是指证券经营机构,证券登记、清算机构及证券发行人或发行代理人等在证券发行、交易及其相关活动中诱骗投资者买卖证券及其他违背客户真实意愿、损害客户利益的行为。证券欺诈行为违背诚实信用的原则,破坏证券市场运行的公开、公平、公正原则,扭曲证券市场的资源配置机制,严重分割投资者的合法权益,因而为各国立法所禁止。

3. 上市公司监管

对上市公司的监管主要体现在建立完善的上市公司信息披露制度和加强对上市公司内部治理的监督两个方面。

(1) 信息披露。信息披露制度是上市公司监管内容的核心,具体是指证券市场上有关当事人在股票发行、上市和交易等一系列环节中依照法律规章,以一定方式向社会公众公开与证券有关的信息而形成的一系列行为规范和活动标准。信息披露制度要求上市公司在发行、上市及退市的整个过程中要充分、完整和准确地披露其生产、经营、财务及重大事宜,以保证投资者及时、充分了解企业的基本情况。信息披露的内容主要有投资者评估公司经营状况所需要的信息以及对股价运行有重大影响的事项。信息披露应坚持全面性、真实性、时效性,以及公司所有股东都应该受到公平和同等的待遇等四大原则。

（2）公司治理。对上市公司治理规范与否的监管主要包括董事会是否正确履行职责，是否存在委托代理问题，是否存在内部交易和关联交易，募股资金是否正确使用，大股东的信息披露是否规范等。良好的公司治理可以激励董事会和管理层去实现那些符合公司和股权利益的奋斗目标，亦可提供有效的监督，进而激励企业更有效地利用资源。几乎所有的证券监管部门均对上市公司在公司治理方面提出了规范要求。我国应通过健全上市公司治理结构框架、加强上市公司治理专项活动、完善上市公司股权激励制度建设等措施来加强对上市公司内部治理的监督和规范。

◎ 案例 2-2：泽熙资本实控人证券市场操纵案

泽熙资本控制人徐某实际控制近百人证券账户，并在 2010—2015 年与 13 家上市公司董事长、实际控制人合谋，按徐某等人要求，由后者控制上市公司发布"高送转"方案、释放公司业绩、引入热点题材等利好消息的披露时机和内容，通过泽熙产品证券账户、个人证券账户择机进行相关股票连续买卖，共同操纵上市公司的股票交易价格和交易量。2016 年 12 月 5 日，徐某被指控使用约 400 亿元资金操纵证券市场，个人获利 10 多亿元。2017 年 1 月，徐某等人涉嫌操纵证券市场罪一案在青岛市中级人民法院一审宣判。徐某被判罚 110 亿元罚金，创下我国个人经济犯罪被处罚金的新纪录。

2.3.3 保险业监管

1. 保险业监管的目标

根据保险市场发展成熟国家的保险法规和国际保险监管组织文件，可发现其监管目标主要包括以下 3 个方面。

（1）维护被保险人的合法权益。由于被保险人对保险机构、保险中介机构和保险产品的认知程度极为有限，因此，现实可行的办法就是通过法律和规则，对供给者的行为进行必要的制约，或通过一些强制的信息披露要求，让需求者尽量知情。同时鼓励需求者自觉掌握尽量多的信息和专业知识，提高判断力，并应当对自己的选择和判断承担相应的风险。客观而言，保险业监管的首要目标是防止被保险人的利益可能因不知情而受到保险机构和保险中介公司的恶意侵害，保障被保险人的合法权益。

（2）维护公平竞争的市场秩序。维护公平竞争的市场秩序的目标可以理解为第一目标的延伸。在市场经济体制下，保险市场的规范、有序、健康发展依赖于参与保险市场经营的保险人之间的公平竞争。保险业主管机关应根据大多数保险人的经营情况和科学的数据统计分析结果，制定共同的保险条件和费率标准，促使保险人在共同的保险条件和费率标准下进行公平竞争。监管部门应严防保险人在竞争中采用不正当手段，依法对保险交易条件进行严格监督和管理。同时，监管者也需明白，监管的使命是维护公平竞争秩序，而非为了"秩序井然"而人为地限制、压制竞争。

（3）维护保险体系的整体安全与稳定。维护保险体系的整体安全与稳定是维护被保险人合法权益、维护公平竞争的市场秩序的客观要求和自然延伸。在现实中，影响保险体系安全与稳定的因素主要是投保人欺诈、保险人欺诈及保险中介欺诈等各类保险欺诈行为。监管机构应采取措施遏制投保人以各种手段骗取保险金，严禁缺乏必要偿付能力和非法经营保险及非保险从业者非法经营保险业务，防止保险中介采取欺骗手段获得更多佣金而不惜损害保险人和投保人的利益。需要注意的是，维护保险体系的整体安全稳定并不排除某些保险机构和保险中介机构因经营失败而自动或被强制退出市场。监管者不应当也不可能为所有保险机构提供"保险"，应追求整体的动态稳定，而非所有个体"有生无死"的绝对静态稳定。

2. 保险业监管的重点

1）保险机构监管

政府对保险机构的监管主要体现在对保险机构的组织形式、设立、营业范围及市场退出等几个方面。

（1）保险机构的组织形式监管。纵观全球，各国或地区对保险机构的组织形式的要求不尽相同，如日本主要有株式会社、相互会社及互济合作社3种组织形式，英国有股份有限公司、相互保险公司及个人保险组织等3种形式，我国现行的保险机构组织形式为股份有限公司和国有独资公司。

（2）保险机构的设立监管。保险公司在设立之初，除必须满足各国或地区相关法律法规对经营资产的要求外，还必须满足相关法律法规所规定的相当数量的资本金，通过缴存一定比例的保证金来保证营业初期具备足够的偿付能力。与此同时，保险业务的专业性和技术性决定从业人员必须具备相应的素质，以保证企业稳健经营和健康发展。

（3）保险机构的营业范围监管。保险营业范围监管指政府通过制定法律或行政命令，规定保险机构所能经营的业务种类和范围：①规定保险业与银行业、证券业、信托业等金融业的兼业问题，即是否允许保险人兼营保险外的其他金融业务、是否允许非保险机构经营保险业务。②保险业内不同子业务的兼营问题，即同一保险人是否可以同时经营性质不同的保险业务。《中华人民共和国保险法》第九十五条规定了我国保险公司的业务范围：①人身保险业务，包括人寿保险、健康保险、意外伤害保险等保险业务。②财产保险业务，包括财产损失保险、责任保险、信用保险、保证保险等保险业务。③国务院保险监管机构批准的与保险有关的其他业务。

（4）保险机构的市场退出监管。当保险公司因违反法律或过度负债而被停业或难以持续经营时，政府应加以监督和管理，保护被保险人、受益人和债权人的权益。当出现问题的保险机构因经营状况每况愈下而无法挽救时，保险监管机构可协调将其业务进行转让或让实力雄厚的公司将其兼并，避免破产。当保险公司走向不得不破产的地步时，保险监管机构应负责对该公司进行清算，并向法院申请接管该公司或勒令其停业。

2）保险业务监管

（1）保险条款监管。保险条款是保险合同的核心内容，主要是指投保人与保险人之间有关权力和业务关系的约定。一般要求保险条款内容完整，以及保险标的、保险责任与责任免除、保险期限、保险价值与保险金额、保险费及缴费方式、保险赔款与保险金赔付办法、违约责任和争议处理等内容清晰、明确。

（2）保险费率监管。保险费率监管又称费率监管，是指保险监督管理部门依法对费率的合理性、公平性和适当性进行监管。首先，保险监管机构应通过费率监管保证费率的充足性，即费率必须充分反映实际损失和经营成本，不能因费率过低而影响保险机构的偿付能力。其次，保证费率的合理性，即保险公司不能因追求高利润而设定损害消费者利益的高费率。最后，保证费率的无歧视性，即费率应以风险为主要考量，相同风险不得使用差别费率。

（3）经营行为监管。保险经营行为监管主要是为了防止保险机构的不正当竞争行为以及各种保险欺诈行为。各国保险监管部门均根据《反不正当竞争法》和保险有关法规对保险机构的经营行为进行监管，随时或定期进行现场或非现场检查,检查各保险机构的业务经营和财务状况,并予以指导和纠正。

3)保险财务监管

保险财务监管是指政府监管部门对保险企业的资本金、保证金、准备金、偿付能力、保险投资及财务核算等方面进行的监督和管理。

(1)对资本金和保证金的监管。保险公司要申请开业就必须具备最低数量的资本金,其数额通常高于一般企业。由于保险风险发生的偶然性、意外性和不平衡性,有可能在保险公司开业初期,就会发生保险事故,需要赔偿或给付,所以保险公司就需要随时做好要履行赔付的义务。资本金用于开业的费用,也用于开业初期的赔付。在开业之后,业务量还不是很大,有可能遇到意外事故,以致风险过于集中,使保险公司难于应付,此时也需要相当的资本金。

(2)对准备金的监管。各种责任准备金都是保险人为履行赔偿和给付义务而建立的基金。责任准备金管理是财务管理中最为重要的部分。财产保险准备金分为未到期责任准备金、未决赔款准备金和总准备金3个部分。各国保险监管机构都对不同险种责任准备金的计算方法和提取有明确规定,并由专门的精算师审定。

(3)对偿付能力的监管。由于保证保险人的偿付能力是保险监管的最根本目的,因此,对偿付能力进行监管是保险监管工作的核心。从目前来看,对偿付能力的监管手段主要有最低资本充足率监管、保险监管信息指标体系监管和保险监管机构组织的现场检查等。在偿付能力监管体系中,保险保障基金具有独特的作用,是用全行业积累的资金对丧失偿付能力的保险公司的保单持有人的经济损失进行补偿。

(4)对保险投资的监管。各国的保险立法均对保险投资作了比较严格的限制。在这些限制措施中,有的是限制使用范围,如我国的《保险公司管理规定》将保险资金运用限于银行存款、买卖政府债券、金融债券,以及银保监会指定的中央企业债券和国务院规定的其他资金运用方式。有些国家对保险公司的资金在某一项目上的运用作了比例限制,如美国纽约州规定,保险公司投资在不动产上的资金不得超过该公司认可资产的10%;日本在保险业法中规定,购买股票的投资额不得超过总资产的30%。

(5)对财务核算的监管。为有效管理保险企业的经营和随时了解、掌握保险企业的营业状况,各国一般都要求保险企业在年终时向主管部门递交年终报告,反映其财务核算状况。《中华人民共和国保险法》第一百一十九条规定:"保险公司应当于每一会计年度终了后三个月内,将上一年度的营业报告、财务会计报告及有关报表报送保险监督管理机构,并依法公布。"第一百二十条还规定:"保险公司应当于每月月底前将上一月的营业统计报表报送保险监督管理机构。"

◎**案例 2-3:银保监会联合公安部开展大数据反保险欺诈监管**

随着保险覆盖面的扩大,保险欺诈风险逐步显现,相关犯罪案件逐年增加,严重侵害消费者合法权益,影响保险行业高质量发展,损害社会诚信体系。2020年12月8日,中国银保监会官网发布《坚持科技赋能、提升金融风险防范能力,银保监会、公安部大数据反保险欺诈试点初显成效》,总结近年来依托科技手段,强化保险行业监管的经验。为严厉打击保险领域的违法犯罪行为,提升金融风险的防范能力,银保监会与公安部加强沟通协作,健全制度机制,连续两年联合开展反保险欺诈专项行动,全国保险业共向公安机关移送欺诈线索28 005条,公安机关立案千余起,涉案金额近6亿元,抓获犯罪嫌疑人近2 000人,极大地震慑了犯罪分子,净化了金融市场环境。

2.4 我国金融监管体系的发展与演化

当前,我国金融监管体系日臻完善,组织体系架构渐趋合理,监管规则逐步健全,监管决策机制更加高效,监管方式方法更加科学合理,为中国特色社会主义制度的探索与建设提供了稳定力量和重要支撑。从实践来看,我国金融监管体系的发展演化可大致分为以下5个阶段。

2.4.1 初始阶段:嵌入计划经济中的"大一统"管理(1949—1983年)

新中国成立之初,在计划经济的背景下,金融活动更多地从属于财政活动,服从经济计划,金融发展处于被抑制状态。在这一阶段,我国的金融体系以银行业为主,主要的经营活动是计划拨款、贷款和存款等,较少涉及证券、保险、外汇等业务。全国实际上只有中国人民银行一家金融机构,其中,中国人民保险公司和中国银行为中国人民银行的一个职能部门,中国农业银行在经历"三起三落"后,业务并入中国人民银行,中国建设银行则属于财政部的内部机构。中国人民银行集货币政策、金融经营和管理等多项职能于一身，工作的重点主要为改革和完善信贷资金管理体制及货币发行，其对金融体制的管理主要表现为计划和行政特性。这一时期的金融管理主要是以中国人民银行为单一主体的"大一统"金融集中管理体制。尽管这一阶段没有现代意义的银行监管或金融监管，但保证了一个崭新国家的金融体系的统一、稳定与高效。

2.4.2 过渡阶段：以银行监管为主的金融监管体系初步建立（1984—1991年）

十一届三中全会召开以后，邓小平同志提出"要把银行办成真正的银行"的指导思想，强调要厘清政府在金融领域的职能边界，通过政企分开改革将中央银行与商业性金融体系分离，构建双层金融体制：中国人民银行专司中央银行职能，行使宏观调控、金融监管及支付清算等金融职能；专业性金融机构从中国人民银行独立出来，向企业和居民等微观主体提供专业性金融服务。立足这一改革思路，中国农业银行、中国银行、中国建设银行、中国人民保险公司、中国工商银行等金融机构先后恢复建立或建立。与此同时，信托投资公司和城市信用合作社等金融机构在各地纷纷成立，我国金融发展开始呈现金融机构多元化和金融业务多样化的局面。此时，金融业的纷纷恢复和探索发展相较过去单一的金融体系而言，对金融业进行统一管理和综合协调的需求更为迫切，如何进行有效的金融监管以防范金融乱象的发生至关重要。

1983年9月，国务院发布《关于中国人民银行专门行使中央银行职能的决定》。根据该决定，中国人民银行自1984年1月1日起专司中央银行职能，负责货币政策的制定和金融监管。这也标志着，适应改革开放要求、以中国人民银行为唯一监管者的集中金融监管体系初步形成。1986年，国务院进一步颁布《中华人民共和国银行管理暂行条例》，正式明确了中国人民银行作为金融监管者的法律地位。随着"拨改贷"改革的深入推进，国有企业生产经营资金来源不再依赖财政拨款，转而寻求银行贷款，股份制银行金融试点的改革逐步加速。同时，保险公司、证券公司等非银行金融机构不断涌现，资本市场上开始发行股票和债券，金融监管的相关规章制度开始建立和完善。我国自1984年起正式形成了以中国人民银行为核心的集中监管体制，依法履行对银行业、证券业、保险业、信托业等金融业的综合监管，以保障改革开放过渡阶段的金融体系安全和金融机构稳健运行。

2.4.3 发展阶段:"一行三会"分业金融监管体系的确立(1992—2003 年)

国务院于 1992 年 10 月成立国务院证券委员会和中国证监会,决定由其负责股票发行上市的监管,而中国人民银行则仅对债券和基金实施监管。1993 年 12 月,国务院颁布《国务院关于金融体制改革的决定》。该决定明确提出一系列分业经营的改革思路:建立政策性银行,实现政策性金融和商业性金融分离,解决国有专业银行身兼二任的问题,将国有专业银行建设为真正的国有商业银行;明确规定各类非银行金融机构的资本金数额、管理人员素质标准及业务范围;适当发展各类专业保险公司、信托投资公司、证券公司、金融租赁公司、企业集团财务公司等非银行金融机构;对保险业、证券业、信托业和银行业实行分业经营。

1994 年,国家开发银行、中国进出口银行、中国农业银行等三家政策性银行正式成立,专门承担政策性金融业务。1995 年,《中华人民共和国商业银行法》出台,从法律上将 4 家专业银行正式定位为国有商业银行。1998 年 4 月,国务院进一步决定将国务院证券委员会并入中国证监会,并将中国人民银行的其他证券监管权全部移交证监会,由证监会统一监管全国证券和期货经营,集中统一的全国证券监管体制基本形成。1998 年 11 月,国务院决定成立保监会,将中国人民银行的保险监管权分离出来,由中国保监会统一监管全国保险业。2003 年 4 月,银监会成立,由中国银监会依法对银行、金融资产管理公司、信托公司及其他存款类机构实施监督管理。自此,由中国人民银行、银监会、证监会、保监会构成的"一行三会"垂直分业金融监管体系正式确立。

2.4.4 强化阶段:分业金融监管体系的进一步强化(2004—2016 年)

自 2004 年以来,我国的金融分业监管体系不断优化。各监管机构的专业监管能力不断提升,金融监管法律体系不断完善,分业监管协调机制开始建立,国际监管合作机制逐步加强。自 2008 年世界金融危机暴发以来,我国金融监管体系展开了新一轮改革变革,逆周期的宏观审慎监管框架逐步建立和完善,金融消费者权益的保护进一步加强。具体而言,上一阶段初步建立的"一行三会"分业监管体系在 4 个方面得到进一步的发展和完善:①金融业的各项法律法规进一步完善,对《中华人民共和国商业银行法》《中华人民共和国证券法》《中华人民共和国保险法》等多部法律进行修订。②金融监管执法更加规范和全面,对现场检查、行政许可、行政处罚、行政复议等行为进行规范,并适应金融业结构变化加强对金融创新和部分跨金融领域经营的监管。③在金融监管机构之间探索建立相互合作机制和联席会议制度。④长期被忽视的系统性金融风险监管和金融消费者权益保护逐步得到重视。

2.4.5 完善阶段："一委一行一局一会"新监管体系的形成（2017年至今）

2017年，党的十九大召开，我国正式进入新时代发展阶段，基本特征就是我国经济已由高速增长阶段转向高质量发展阶段。提高防范化解重大风险的能力是推动经济高质量发展的必然要求。为切实强化金融监管，提高防范化解金融风险的能力，2017年第五次全国金融工作会议提出，设立国务院金融稳定发展委员会，同年11月，党中央、国务院批准金融稳定发展委员会成立，旨在加强金融监管协调，补齐监管短板。

为深化金融体制改革、顺应综合经营趋势、落实功能监管和加强综合监管，中共中央于2018年3月印发的《深化党和国家机构改革方案》决定将银监会和保监会合并，组建银保监会。银保监会的正式成立使得我国金融监管体系进一步健全，也意味着我国金融监管体系进入了以国务院金融稳定发展委员会、中国人民银行、中国银保监会和中国证监会"一委一行两会"为主导的新时代，综合监管步伐已正式迈开。"一委一行两会"的监管新体制有效地解决了我国金融分业监管体制导致的缺乏协同、沟通效率低下的问题，加强了金融基础设施的统筹监管和互联互通，推进了金融统计数据和信息的共享，并增强了宏观审慎管理和功能监管，实现了金融监管的统一性、专业性、穿透性，弥补了单纯的机构监管的缺陷。

在党的二十大精神的指引下，党的二十届二中全会通过《党和国家机构改革方案》，决定在银保监会的基础上组建国家金融监督管理总局，统一负责除证券业之外的金融业监管，强化机构监管、行为监管、功能监管、穿透式监管、持续监管。至此，我国进一步步入由国务院金融稳定发展委员会、中国人民银行、国家金融监督管理总局和中国证监会共同构成的"一委一行一局一会"的新监管体系阶段。

🔍 本章小结

1. 金融监管是指一个国家（地区）的中央银行或其他金融监督管理当局依据国家法律法规的授权对金融业实施监督管理。金融监管的具体目标主要体现在维护金融体系的安全与稳定、保护金融消费者权益、增进金融体系效率、促进金融有效支持实体经济等方面。

2. 金融业主要有分业经营和混业经营两种模式，据此可将金融监管体制分为集中监管、分业监管及不完全集中监管3类监管体制。基于金融监管理念，亦可将金融监管分为机构监管、功能监管及行为监管3类监管体制。

3. 金融行业的监管主要包含银行业、证券业、保险业等三大金融行业的监管。其中，银行业监管主要由商业银行市场准入、日常经营及市场退出监管3部分构成。证券业监管主要指对内幕交易、市场操纵、证券欺诈等证券市场交易行为进行的监管，以及对上市公司信息披露及内部治理进行的监管。保险业监管的重点主要体现在保险机构监管、保险业务监管及保险财务监管3个方面。

4. 我国的金融监管体系发展演化分为5个阶段：1983年以前，主要为嵌入计划经济中的"大一统"管理阶段；1984—1991年，主要表现为集中、单一的金融监管阶段；1992—2003年，主要为"一行三会"分业金融监管体系的建立阶段；2004—2016年，主要为分业金融监管体系的发展与巩固阶段；2017年至今，主要为新时代金融协调监管阶段。

 即测即练

复习思考题

一、名词解释

金融监管　分业经营　混业经营　集中监管　功能监管　机构监管　行为监管　资本充足率　贷款损失准备金　国别风险　内部交易　证券操纵　证券欺诈　保险机构监管　保险业务监管　保险财务监管

二、问答题

1. 金融监管的目标主要包含哪些方面？
2. 机构监管存在哪些缺点？功能监管具有哪些优点？
3. 银行业的审慎监管具体包含哪些方面？
4. 什么是证券业监管的"三公"原则？证券交易监管的主要内容有哪些？

5. 保险业务监管的具体内容是什么？

6. 概述我国现行的金融监管体系。

参考文献

[1] 郭田勇. 金融监管学 [M]. 4 版. 北京：中国金融出版社，2020.

[2] 李波. 构建货币政策与宏观审慎政策双支柱调控框架 [M]. 北京：中国金融出版社，2018.

[3] 马勇. 中央银行学 [M]. 北京：中国人民大学出版社，2020.

[4] 彭绪庶. 金融科技与金融信息服务创新和监管研究 [M]. 北京：经济管理出版社，2019.

[5] 王广谦. 中央银行学 [M]. 4 版. 北京：高等教育出版社，2017.

[6] 尹振涛. 中国金融监管改革的历程回顾与未来展望 [N]. 金融时报，2020-03-09.

第 3 章　金融创新、金融科技与监管失灵

🔍 章首导言

金融科技已经成为现代金融体系中不可缺少的关键力量，是当前金融市场、金融主体创新的主要驱动力之一，是金融业的核心竞争力。然而，在金融创新与金融科技发展中也伴随着新的风险出现，如何动态平衡金融创新、金融风险及金融监管之间的关系，已成为当前各国金融监管机构及学者重点关注的问题。

🔍 学习目标

1. 了解金融创新，掌握金融科技的内涵及其应用场景，理解金融科技驱动金融创新的内在逻辑。

2. 了解金融风险的分类，掌握金融科技发展下的新型金融风险，理解新型金融风险的产生机理。

3. 了解金融创新中出现的监管失灵，为掌握金融科技、推动科技监管奠定基础。

🔍 能力目标

1. 引导学生探究式学习，增强学生理论联系实际的能力。

2. 培养学生的辩证思维，提高学生对风险的正确认识。

思政目标

1. 培养学生的创新意识和创新能力。

2. 引导学生爱岗敬业,具备良好的职业道德。

3. 增强学生对中国特色社会主义道路的认同感,坚定道路自信、理论自信、制度自信和文化自信。

本章知识结构图

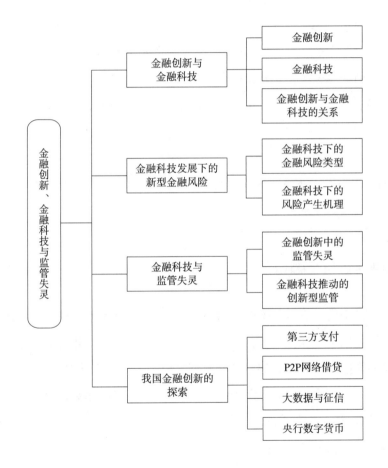

导入案例

无创新不发展? 金融科技,撬动金融新格局

金融是现代经济的核心,金融机构是社会的基石之一,要跟上瞬息万变且挑战重重的时代步伐,就要不断创新。若要在降低成本的情况下跟上并超越不断变

化的客户需求、不断改变的监管要求,并应对日益增加的网络安全等风险,就需要进行巨大的转变。

银行业正经历结构性变革,需要重新思考业务模式和运营方式,利用金融科技实现银行的数字化转型。交通银行利用知识图谱等技术提升信贷风险的管理水平,构建全面的客户360°视角,为风险管理提供深度业务洞察。中国银行打造"以人为本"的卓越企业体验,虚实结合、极速创新。浦发银行首创无界开放银行,实现无界开放共赢新生态。民生银行与IBM合作搭建的"人力盒子"为6万名员工不断赋能,让人力资源管理实现自运转和自驱动。

数据、构架、流程、体验、生态、安全,构筑未来金融的"核心"。用金融科技创新实现金融服务的"锐变",围绕"数据+场景+生态",打造综合服务体验,实现数据资产的共享流通,开启云端金融之旅。

资料来源:https://www.ibm.com/cn-zh/industries/banking-financial-markets?

思考:

1. 金融科技与金融创新是什么关系?

2. 随着金融科技的发展与新的风险的出现,如何动态平衡金融创新、金融风险和金融监管之间的关系?

3.1 金融创新与金融科技

金融发展史就是一部不断创新的历史。1967年,巴克莱银行率先推出第一部自动柜员机(ATM),新的银行服务渠道出现。1973年,全球银行间的金融通信系统(SWIFT)建立。1980年,银行开始测试并应用可视图文技术的电子银行模式。20世纪90年代,富国银行首先推出网上银行业务,信息技术和产品的广泛应用驱动着金融行业的发展。当前的人工智能(artificial intelliqence, AI)、大数据(big data)、云计算(cloud computing)、区块链(block chain)等在金融领域的广泛应用,提高了金融运行效率,增加了金融服务供给,提升了金融服务体验,降低了金融服务成本,创新了金融模式及产品。金融创新使得金融与技术深度融合,金融科技的应用给传统金融行业带来了革命性影响。

3.1.1 金融创新

当前,关于金融创新的定义,业界和国内外学者没有一个统一的解释。1986年,国际清算银行在《近期国际银行业的创新》中提出,金融创新是按照一定方向来改变金融资产的特性,如风险、收益、期限或流动性的过程,该观点主要针对20世纪70年代金融管制放松后出现的大量金融衍生产品的现象,认为金融创新主要是指金融产品和金融工具的创新。陈岱孙、厉以宁在《国际金融学说史》中提出,金融创新是为了追求利润,将金融各要素进行重新组合,在金融领域内建立"新的生产函数"而进行的市场变革,这一定义借鉴了熊彼特的创新理论。

金融创新不仅是金融企业为追求高利润而重新组合的金融要素、创新的金融产品和金融工具,也是支撑、支持甚至是推动金融产品和工具创新的金融技术、金融市场、金融机构,甚至是金融制度、金融监管等多方面的创新及变革。金融创新可以分为金融制度创新、金融组织创新、金融产品创新、金融市场创新、金融服务创新及金融科技创新。金融产品创新是当前金融创新的主要表现形式,金融组织和金融市场创新隐藏在金融产品创新当中,是支撑金融产品创新的平台和载体,金融服务创新是金融创新的主要体现形式,而金融科技创新则对所有其他形式的金融创新有着重要影响,是金融创新的推动力,是金融发展的基础。

3.1.2 金融科技

1. 金融科技的相关概念

金融科技(FinTech)一词源于美国,是一个创新词汇,由"Financial""Technology"合成而来,是金融与科技的融合。2016年3月,金融稳定理事会(Financial Stability Board,FSB)在《金融科技的描述与分析框架报告》中指出,金融科技是金融和科技的融合,通过创造出新的经营模式、金融产品、业务流程等,对整个金融市场、金融服务和金融机构的提供方式产生重大影响。

当前,业界和学者对金融科技还没有一个一致的观点,巴曙松、白海峰认为,金融科技将科学技术应用于金融行业,并从IT技术对金融行业的推动以及变革的角度将金融科技历史分为IT阶段、互联网金融阶段和金融科技3个阶段,是服务于普通大众、降低金融行业成本、提高金融业效率的一种手段。巴塞尔委员会在2017年将金融科技分为支付结算、投资管理、存贷款与资本筹集和市场设施4种基本业务模式。2019年8月,中国人民银行发布了《金融科技(FinTech)

发展规划（2019—2021年）》，明确了金融科技的定义：金融科技是技术驱动的金融创新，不是单纯的科技工具，具有强烈的金融属性。并指出金融科技发展要遵循"守正创新、安全可控、普惠民生以及开放共赢"的基本原则。

综合以上观点，金融科技的本质是金融，是以大数据、人工智能、云计算、区块链等新科技为技术支撑，给传统金融行业带来新业务模式的金融创新。传统的金融机构往往只关注现有客户以及已被证明的市场面，而金融科技则会不断挖掘新市场和新客户。客户资金需求构成的长尾市场是金融科技发挥作用的重要场所。金融科技不再只关注原有的高信用且有利可图的客户，而是会锁定低端金融消费群体，为其提供廉价且易获得的金融产品和服务。金融科技还可以引导消费者的价值导向，如移动支付的出现不仅解决了日常的小额支付，还解决了企业之间的大额付款，给支付领域带来了一场颠覆性革命。因此，金融科技是一场"破坏性金融创新"。

2. 金融科技的发展历程

传统的金融服务领域以客户和金融机构作为两大主体，而金融科技的出现为金融服务领域增加了技术和数据这两大主体。在金融科技的发展过程中，这4个主体在不断变化和提升。香港大学的阿纳尔（Arner）、巴克莱（Buckley）和巴波瑞斯（Barberis）从全球化及金融与科技结合的演变过程，将金融科技的发展历程分为3个阶段。

（1）金融科技1.0阶段（1866—1967年）。1866年，第一条跨大西洋电缆建造；1876年，贝尔发明了电话；1956年，跨大西洋电话电缆开通。该阶段的电话、电路等技术开始应用于金融信息、交易和支付，金融全球化开始进入人们的视野。一战之后，信息通信技术快速发展，并应用于金融领域，这些技术的应用使金融服务能够实现即时性、跨区域性的要求。随后，信用卡被发明，全球电报、传真机成为金融部门交易的必备设备。1967年，英国巴克莱银行率先推出ATM，金融信息交换从传统的纸张记录开始向数据过渡，为金融科技1.0画上了句号。

（2）金融科技2.0阶段（1968—2007年）。这一阶段从支付和清算系统的数字化及全球化应用开始。1968年，英国建立计算机署，美国建立银行间支付清算系统）及全球同业银行金融电信协会，金融科技在证券方面完美结合。1971年，美国纳斯达克成立，这是世界上第一个面向全球且完全采用电子交易的证券市场。20世纪末，互联网出现，金融机构纷纷将业务转向互联网，互联网银行、互联网保险随之诞生。1992年,美国第一家互联网经纪商Etrade成立;1995年,全球第一家互联网银行SFNB出现;2003年,互联网股权众筹问世;2005年,第一家网络贷款平台Zopa上线。这一时期的技术手段已经发展为计算机互联网、ATM等,数据性质也发生了变化,既是资源也是手段。金融服务实现了网络化和数字化。这一时期金融服务的内涵更加丰富,成本也进一步降低,客户范围的扩大使得更多的中小客户也可以获取丰富多样的金融服务。在这一阶段,我国的金融科技还处于初步发展阶段,但2004年,阿里巴巴旗下的支付宝上线成为这一时期重要的"里程碑事件",支付宝首创的"担保交易"开启了我国的移动支付时代。

（3）金融科技3.0阶段（2008年至今）。这一阶段,推动金融科技发展的重要动力不再是互联网,大数据、云计算、人工智能及区块链等新技术成为推动金融科技发展的新兴动力。2008年,中本聪发表了《比特币:一种点对点的电子现金系统》,阐述了基于P2P网络技术、加密技术、区块链技术等的电子现金系统的构架理念。2009年,美国出现第一家非股权众筹公司;2015年,全球首个区块链平台在美国纳斯达克证券交易所发布;2016年,英国巴克莱银行完成了首个基于区块链技术的交易"互联网场景化",这一理念拓宽了原有的金融服务渠道和覆盖面,激活了大量潜在的金融消费客户。移动互联技术使得金融机构、终端设备与互联网有效联合起来,形成了一个新的支付系统,改变了整个社会群体的消费习惯。

2013年,支付宝打造的在线货币市场基金——余额宝的推出成为我国金融科技发展的重要标志性事件。2014年,浙江网商银行成立,京东众筹上线。2016年以来,大数据、云计算、区块链、人工智能等金融科技成为投资热点,出现了互联网银行、互联网保险、智能投顾等数十种新金融业态,金融科技已经渗透到金融行业的各业务条线和产品,颠覆了传统金融行业,推动了数字经济高速高质量发展。

3. 金融科技的发展概况

依托于大数据、人工智能、云计算及区块链等技术的快速发展,金融科技迎来新的发展阶段。当前,全球已经形成了北京、旧金山、伦敦、纽约、上海、深圳和杭州7个世界级的金融科技中心城市以及23个主要集中在亚洲、欧洲和美洲的区域性金融科技城市（杨望,2021）。

从国外四大金融中心、金融科技的发展情况来看,金融科技水平基本呈现逐年上升的趋势。纵向对比来看，伦敦、纽约和新加坡的金融科技发展呈积极向上趋势。2013 年，伦敦金融科技资金为 140.66 亿美元，2019 年上升至 233.91 亿美元，增加了 66.29%，东京金融科技水平呈现出稳定发展态势。横向对比来看，纽约、伦敦及东京的金融科技发展水平相对较高，新加坡的金融科技发展相对落后（图 3-1）。

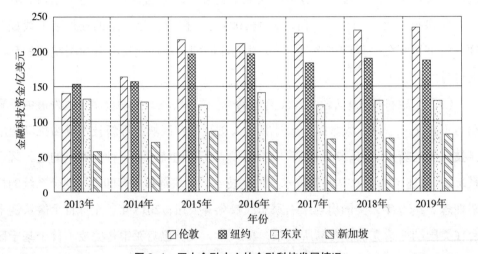

图 3-1　四大金融中心的金融科技发展情况
资料来源：张凯. 金融科技：风险衍生、监管挑战与治理路径 [J]. 西南金融，2021（3）：39-51.

目前，按照巴塞尔委员会对金融科技的分类，金融科技可以分为支付结算、存贷款与资本筹集、投资管理及市场设施 4 大类。支付结算类主要包括面向个人客户的小额零售类支付业务（如移动钱包、点对点汇款等），以及面向客户的大额类支付服务（如跨境支付等）。存贷款与资本筹集类主要包括 P2P 等网络贷款平台、股权众筹、信用评估等方面。投资管理类主要包括线上理财、智能投资顾问、大数据风控等。市场设施类主要包括跨行业的通用服务（如客户身份的数字认证、多维数据收集和处理）及技术基础设施类（如大数据、分布式账本、云计算等基础设施）。

根据瀚德金融科技研究院和中国人民大学金融科技研究所的数据，2014—2019 年，在我国金融科技所涉及的金融业务中，互联网贷款占比最高，共完成 90 多笔贷款，吸引了 29% 的融资。其次是以蚂蚁金服、京东数科以及腾讯金服为代表的支付和汇款领域，融资比例达到了 15%，数据收集和分析以及智能财富管理也分别达到 11%，保险科技领域也达到了 5% 的水平（图 3-2）。

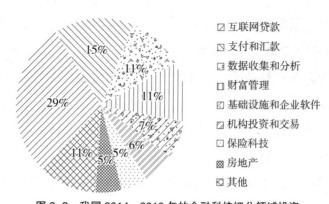

图 3-2　我国 2014—2019 年的金融科技细分领域投资
资料来源：杨望. 从"十四五"规划展望金融科技变中求进 [J]. 国际金融，2021（2）：11-18.

近年来，金融科技在传统金融业如银行、保险、财富管理等有着广泛的应用，同时也在非传统金融业快速发展，包括 P2P 网络借贷平台、股权众筹、信用评估等。当前，各个国家都在积极鼓励金融创新和变革，传统金融机构及科技企业纷纷设立金融科技公司。

2018—2020 年，中国人民银行先后在深圳、苏州和北京成立了深圳金融科技有限公司、长三角金融科技有限公司及成方金融科技有限公司。国内各大银行业也纷纷推进金融科技战略部署，通过建立自己的金融科技子公司来提升自己的金融科技核心竞争能力。2018 年，中国建设银行设立金融科技公司，以金融科技赋能传统金融的实践者。2019 年，中国工商银行成立了"工银科技"，重点服务政府、行业及消费者客户。2020 年，浦发银行提出"全景银行"概念，拓展了"App+API"的平台模式，以输出产品和服务。2020 年 12 月，国泰君安股份有限公司发布了"开放证券"的理念，打造了"国泰君安开放金融云平台"这一业务开放载体。

3.1.3　金融创新与金融科技的关系

信息不对称和交易成本高是造成金融市场信贷配给的重要因素，也是制约传统金融机构发展的一大障碍。金融科技尤其是大数据技术的发展和应用使金融市场上的资金供给者能获取多元化、覆盖面更广的信息，使过去难以获得和利用的非结构化数据得以挖掘。区块链技术的应用可以将资产变成数字资产，人工智能技术能够利用其强大的分析能力，加工处理大量的数据，有效克服了信息不对称问题。金融科技的发展使金融市场上的信息共享范围扩大，有助于降低匹配交易主体的搜寻成本，更好地甄别客户并评估客户信用，在利用大数据方面实现规模经济。因此，从金融中介理论的角度出发，金融科技的应用缓解了金融市场中的信息不对称，降低了金融交易的成本。

发展普惠金融虽然是各国政府的共识，但在传统技术水平下很难实现普惠金融。金融科技驱动的金融创新为实现金融普惠发挥了重要作用：①金融科技通过技术上的创新提高了金融机构信息搜集和处理的效率，降低了金融机构的运营成本，为普惠金融提供了资金支持。②大数据和人工智能的应用使金融机构能够更准确地了解借款者的还款能力和信用水平，有效降低了金融市场的融资门槛，有利于普惠金融的发展，推动普惠金融的实施。截至 2019 年年末，"微粒贷"已经向 2 800 万人累计发放了 4.6 亿余笔超过 3.7 万亿元的贷款。在授信客户中，大专及以下学历以及非白领人员的占比均接近八成。截至 2020 年 6 月，蚂蚁集团发放的 80.47% 的消费贷款为户均 2 000 元左右（陈岚等，2021）。

金融科技正是通过利用这些新技术驱动了金融机构进行金融产品、金融服务模式、金融机制等方面的创新，解决了传统金融机构面临的问题，提高了金融市场的运行效率，同时推动了普惠金融的发展。

3.2 金融科技发展下的新型金融风险

金融与科技的深度融合为现代金融业的发展带来了颠覆性创新，对全球金融行业产生了重大革命性影响，美国、英国、瑞士等国家已将金融科技纳入国家战略。2019 年，中国人民银行发布《金融科技（FinTech）发展规划（2019—2021 年）》，这标志着我国金融科技创新时代的来临。但纵观整个金融行业的发展历程发现，金融创新和金融科技带来正效应的同时，也带来了一定的风险，这使得金融科技与金融风险相伴而来。

3.2.1 金融科技下的金融风险类型

金融科技的本质是金融，其风险属性与类型不会因为现代科技的应用而发生实质性变化。金融科技应用下的风险不仅涵盖了传统的市场风险、信用风险、流动性风险、利率风险、法律风险等类型，而且在促进金融创新的同时，使得原有金融行业的界限变得模糊，加快了金融脱媒化进程，使得传统的金融风险形式变得更加复杂和隐蔽，诱发了新的金融风险。

1. 技术性风险

金融科技是通过技术创新对传统金融业产生影响的金融创新。金融科技对技术的依赖度很高，技术在推动金融科技发展的同时也带来了新的风险点：①系统漏洞风险。很多平台软件框架来自于第三方，如果没有及时修补原框架下存在的系统漏洞，则极易受到黑客攻击，会导致数据泄露，危害用户的资金、数据安全。②技术失控带来的风险。技术上的任何失控都会迅速反映在实时的金融交易中，金融风险会迅速在金融系统内传播，产生多米诺骨牌效应，引发更大的风险。③技术管理风险。大数据、云计算等技术的应用涵盖海量数据，一旦管理不当，就极易造成用户数据的泄露、丢失和损坏。

2. 信息安全风险

在传统的金融体制下，金融机构对金融消费者的信息是严格保密的，一旦出现消费者信息泄露，就要承担法律责任。人工智能、大数据、互联网等金融科技的出现彻底打破了时间和空间的限制，利用金融科技可以在任何时间和地点提供消费者需要的金融服务，这也使得金融科技企业可以获得消费者的各种信息。虽然金融科技企业会与用户签订隐私保密协议，但这些协议通常不是强制性的，而且违反协议的行为很难被觉察。一旦这些关于消费者行为偏好和产品数据等隐私的信息被别有用心的机构或者个人利用，就会给消费者带来很大的困扰甚至损失，因此，金融科技创新带来的信息安全风险也值得监管者和金融机构关注。

3. 系统性风险

金融领域关于系统性风险的认识主要集中在"具有系统重要性"的大型银行和其他金融机构，认为"大而不能倒"，低估了那些小型且具有去中心化但迅速发展的金融科技公司诱发系统性风险的程度。①在金融科技的作用下，现代金融交易中的大量产品与金融参与者在同一个金融互联网下，金融交易呈现复杂的关联性，一旦某一个节点出现问题，就会沿着纵横交错的网络连接点传递到其他节点，出现"牵一发而动全身"的现象，这也是美国联邦储备系统主席本·伯南克（Ben Shalom Bernanke）提到的"太关联了而不能倒"。②金融科技利用大数据、算法等技术提高了金融交易的速度，使得金融交易呈现高频性，传统的静态数据监管和现场检查无法迅速识别并甄别交易中存在的风险，一旦出现技术失误等问题，就很容易给消费者和参与者带来损失。极速运行可能意味着更快的金融滑坡或损失。因此，依托于大数据和复杂算法的金融科技使得金融风险开始呈现动态性和即时性。

总之，金融科技在驱动金融创新的同时，也带来了新的金融风险。党的十九届四中全会指出："要健全具有高度适应性、竞争力、普惠性的现代金融体系，有效防范化解金融风险。"因此，在推动金融创新的同时，也要关注金融科技带来的这些新风险。

3.2.2 金融科技下的风险产生机理

金融科技驱动的金融创新使得传统金融风险与技术风险相互交织叠加在一起，将会导致风险发生量变甚至质变，而这些风险可能是因信息不对称、长尾效应、法律滞后及科技本身的脆弱性等因素衍生出来的。

（1）金融科技在信息不对称方面是一把"双刃剑"。①金融机构可以利用大数据的统计模型和机器学习（machine learning，ML）算法更好地筛选出有效的借款者，从而使其信息具备成为抵押品的可能，并降低信息不对称程度。但金融科技固有的技术门槛和互联网交易的"虚拟性"可能会加剧金融市场交易双方的信息不对称程度。比如，金融机构利用金融科技掌握海量数据，这就导致金融市场交易主体的认知能力存在差异，当市场参与主体仅选择披露有利于自己的信息时，就会将风险转嫁给交易对手，产生道德风险。②金融市场中部分资质较低的参与者可能会因信息掌握程度低而忽略高收益背后的高风险，进行超过自身风险承受能力的交易，从而产生逆向选择。同时，部分投资者可能会利用信息不对称进行套利，利用金融科技虚构自身信用水平，提高信用等级，或者通过拆分贷款主体的方法，发布借款信息，"拆东墙补西墙"，从而占用更多的金融资源，导致金融市场出现"劣币驱逐良币"的现象。

（2）长尾效应增加了金融科技风险的负外部性。金融科技使得金融市场的门槛降低，金融科技信贷的审查时间短，获取客户信息成本低，信贷可获取性强，这使得金融服务更加具有普惠性和渗透性，有力地促进了普惠金融的发展。但金融科技在给这些长尾端客户提供金融服务的同时，也使得金融风险的负外部性增加：①客户规模的扩张会导致信用等级的下沉。②相对分散的小规模客户缺乏专业投资决策能力，再加上从众心理的引导，当金融风险爆发时，这些风险承受能力弱的投资者最先蒙受损失，再加上科技作用，这些风险可能迅速传播，诱发更大的风险，甚至是系统性风险。

（3）法律制度的不完善也会引发金融风险。金融科技作为一种"破坏性创新"，更新迭代速度快，现有的法律法规更新完善速度难以与其发展相协调，同时还存在法律适用不确定的问题。这就导致部分企业和个人打着"金融科技"或"金融创新"的旗号进行非法融资和借贷活动，给投资者带来巨大损失，不利于金融科技的发展。

（4）金融科技对技术的依赖性增加了金融市场的脆弱性。金融科技对技术的依赖性非常高。当前，科技正以前所未有的速度在金融领域推进和应用，金融交易呈现规模化和复杂化，金融科技的应用场景也呈现多元化和碎片化。技术一旦出现漏洞或失误，就会迅速反映在实时的金融交易中，可能引发大规模损失甚至系统性风险。

3.3 金融科技与监管失灵

科技驱动的金融创新使很多业务往往游离在传统金融监管体系之外，或者变相规避金融监管，导致各种监管套利及监管空白。党的十九大报告指出，要"健全金融监管体系，守住不发生系统性金融风险的底线"。党的二十大报告中，提出"强化金融稳定保障体系，依法将各类金融活动全部纳入监管，守住不发生系统性金融风险底线"。如何平衡金融创新与金融监管之间的关系是未来金融科技是否健康发展的关键。

3.3.1 金融创新中的监管失灵

1. 传统金融监管体系的局限性

随着金融科技的广泛应用，金融系统大力进行改革和创新，金融产品日益丰富，金融机构的实力不断提升，金融服务的普惠性也在提高。原有的"一行三会"金融监管框架下的机构监管模式存在大量的监管套利和监管空白，金融系统的脆弱性也明显提升。2017年，第五次全国金融工作会议强调：要将化解、防范系统性金融风险放在重要位置，成立国务院金融稳定发展委员会。2018年，中共中央对我国金融监管框架进行了重大调整，将银监会与保监会进行合并，组建了银保监会，最终形成了"一委一行两会"的新金融监管框架，以弥补监管漏洞、防范监管套利、化解金融风险。金融科技监管在我国具有一定的特殊性，其在传统金融业的应用由中央金融监管机构来实施监督，而在非传统金融业态的应用则由地方金融办公室实施属地监管。传统金融业的金融科技监管未脱离审慎监管，监管资源能得到有效保障，但随着金融科技的应用，金融内部之间的业务界限逐渐模糊，出现混业经营的现象，不同的监管机构监管不同的金融业务，部分领域就出现了监管盲区，从而产生监管套利或杠杆叠加等现象。非传统金融业态的监管还存在地方政府定位不清晰、监管资源不平均及约束激励不到位等问题，存在大量的信息不对称和监管空白。尤其在金融科技兴起后，金融风险的高发点向监管最薄弱的互联网金融领域集聚，衍生了各种金融乱象。

传统的金融监管是金字塔式的层级监管，是一种单向式的强制监管，监管机构处于强势地位，金融机构处于被动地位。监管主体与被监管对象及其他相关主体之间欠缺常态化的、平等的对话沟通交流机制，这使监管主体无法真实洞悉金融创新的实质、金融创新的风险与收益，并使监管效果大打折扣。这种规制模式在金融科技时代，必然导致监管的无效与滞后。

传统的金融监管框架以"风险为本"，微观审慎监管主要通过对金融机构的资本充足率、流动性指标及资产的质量来约束金融机构的风险承担能力，宏观审慎监管对逆周期管理和系统重要性银行提出了更高的要求，但这类监管主要适用于发展成熟的产业或存在较小创新的情况，同时会降低金融机构的资金使用效率，提高金融机构的运营成本。金融科技是破坏性创新，存在技术、网络安全、法律等多方面带来的新风险，且这些风险具有很强的关联性、传染性及复杂性，增加了传统金融监管的难度，使金融监管机构很难判断哪些是真的金融创新企业，哪些是打着"金融创新"的旗号套利的虚假的金融创新企业。

2. 滞后的监管政策和有限的技术支撑导致监管失灵

金融创新与作为监管依据的法律法规存在不同步的问题，金融科技给传统的金融监管政策带来了严峻挑战。金融监管政策一般基于历史经验，是基于事后的总结教训型立法，以防范过去发生的金融事件或危机再次出现。金融科技驱动的金融创新是新事物、新活动的产生，金融监管政策必然滞后于金融市场中的创新，这就出现了很多监管空白，引发监管套利。

金融创新在驱动金融市场发展的同时，也使得传统的金融风险与金融科技下的技术风险、信息安全风险等交织在一起，这使得金融风险更具有隐秘性、传染性和复杂性。与此同时，科技的创新也使得监管者和被监管者之间的信息不对称程度进一步加大。受监管技术的制约，监管者无法有效地从海量信息中识别监管对象及其行为，这就导致了监管盲区的出现。监管者无法有效识别真正的交易者，对那些打着"金融创新"旗号进行非法牟利的行为主体无法及时有效地识别、预警及采取措施，导致了监管失灵，使监管与金融创新脱节越来越严重，并增加了金融消费者及金融市场面临的风险。

传统金融监管手段是以"人工监管"为本位的监管。对于传统金融监管而言，不管是金融监管的实施方式还是金融监管的诸多环节，均以人工监管为主要手段。在金融业务相对简单、市场规模较小的情况下，人工监管足以有效应对。但是，随着金融交易的复杂程度日益提升，金融交易规模日益扩大，金融交易的技术化日益凸显，人工监管就显得捉襟见肘，难以有效应对。

新兴技术在金融业特别是新兴金融科技企业中的广泛应用，令金融业的信息化和自动化程度"一日千里"。市场规模不断扩张和金融跨境市场的不断发展对监管者的监管能力提出了严峻挑战。金融监管机构在监管过程中对技术的应用滞后于金融机构，巨大的技术鸿沟不利于防范金融风险，无助于监管效率的提高，也使监管机构无法制订科学、合理、有效的监管制度。

3.3.2 金融科技推动的创新型监管

创新是经济发展的重要驱动力。对新一轮金融创新蕴含的风险要有深刻的认识，要避免出现"松监管伤害消费者权益，而严监管会扼杀创新"这一困境。金融创新与金融监管之间并不是相互排斥的关系。金融创新冲破了原有金融监管形成的"金融抑制"，这种突破传统金融监管模式的金融创新会推动金融监管在监管理念、监管工具和监管流程等方面做出改革和创新，以适应技术进步的步伐，改变当前监管落后于金融科技创新的被动局面。

金融科技驱动金融系统不断改革和创新。原有的金融监管体系无法应对金融科技迅猛发展带来的金融行业变革。以科技治理科技是实现新型金融业态监管的必然趋势。将金融科技应用到当前的金融监管过程中，实现有效的风险识别和衡量、数据分析，以及满足监管要求。金融科技驱动的金融监管科技的应用能够为有效识别互联网金融透明度风险提供技术支持，降低监管者和被监管者之间的信息不对称程度，有效识别、化解和预警互联网金融风险。

在金融科技时代，信息和数据是金融监管的核心。金融科技驱动的金融监管能有效地收集、处理、分析和管理数据和信息。大数据的发展和应用使得全方位获取数据成为可能，能够有效获取数据并对数据的真伪进行甄别，有利于评估金融机构及个人的风险水平。数据在监管层、金融企业以及消费者之间的共享，能够改变原有金融机构信息低效，打通中央与地方以及中央各部门之间的数据孤岛问题，实现数据和信息的实时共享，提高监管者识别、监测以及预警金融风险的能力，同时降低被监管者的合规成本。

因此，为了更好地发展金融科技，促进金融创新，需要利用金融科技完善金融监管框架，优化金融数据监管基础措施，打造以数据治理为核心的金融监管体系，全面提高金融监管能力，有效防范金融科技风险。

3.4 我国金融创新的探索

在较长的一段时间里，我国金融业态较为单一，金融供给不足，中小微企业以及长尾客户群面临较严重的信贷配给问题。近年来，金融科技推动的金融创新填补了这一空白，推动了我国普惠金融的发展。以下将介绍我国4种主要的金融创新及其面临的挑战。

3.4.1 第三方支付

第三方支付是互联网金融的主要组成部分，通过与银联或者网联对接，从而促成交易双方事先有效交易的网络化支付模式。该模式搭建了支付桥梁，通过有效的支付平台提供资金划拨、资金结算与清算、技术和安全保障等服务。

1999年，我国最早的第三方支付企业诞生。随着互联网普及程度的提高、电子商务环境的不断优化，以及金融科技驱动的金融创新的活跃，第三方支付迅速发展。2004年，支付宝的诞生促进了我国第三方支付平台的快速发展，仅4年时间，支付宝的用户数量就远超美国的PayPal，成为全球最大的第三方支付平台。2011年，支付业务许可证也就是支付牌照的发放确立了其合法地位，支付宝、财付通、银联商务、快钱支付等成为第一批获得支付牌照的平台。2012年后，智能手机以及移动网络的推进，使得第三方支付平台的影响力逐渐扩大，得到广大网民的普遍认可。为了防范个人信息及资金安全等风险的出现，2014年，第三方支付的相关监管政策开始陆续出台，第三方支付逐渐进入规范发展阶段。

自2011年支付牌照发放起，第三方支付交易规模呈极速增长趋势。2013年交易规模为1.2万亿元，2014年增加了393.1%，受政府监管要求的影响，2015年第三方支付交易规模仅增长了 103.5%，达到 12.2 万亿元。但随着监管的推进，第三方支付的交易规模呈稳步上涨趋势，2020 年，交易规模达到 249.3 万亿元，同比上涨 10.3%。2021 年第一季度，第三方支付的交易规模同比增长 39.1%，达到 74 万亿元（图 3-3）。

图 3-3 第三方支付的交易规模与同比增长率
资料来源：艾瑞网。

从第三方支付的规模来看，第三方支付市场已经形成了寡头垄断市场，支付宝和财付通成为第三方支付市场上的"双寡头"，是第三方支付市场的第一梯队。从 2020 年第一季度的数据来看，支付宝和财付通在第三方支付的规模上分别占 56.42% 和 39.51%（图 3-4）。第二梯队的支付企业是壹钱包、京东支付、银联商务、快钱、苏宁支付及联动优势，分别在各自的细分领域发力。比如壹钱包主要依托场景、资源、技术等优势，提升 C 端的服务体验，推进 B 端的合作赋能。截至 2020 年年底，壹钱包已经为 213 万名 B 端客户提供客户忠诚度管理及支付等行业解决方案，为超过 3.23 亿名用户提供购物、理财等金融、消费服务。快钱主要向航空领域、保险等持续提供金融科技能力输出服务，实现商户综合解决问题的

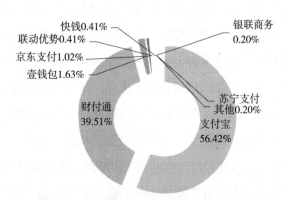

图 3-4 2020 年第一季度第三方支付平台的市场分布
资料来源：艾瑞网。

定制化，同时还能联合多维服务资源，为小微商户提供立减折扣、支付会员、智慧门店等全链条的智慧经营服务。苏宁支付则重点赋能智慧城市的发展，积极助力城市绿色出行，深耕场景服务，同时结合各大促销活动，打通线上线下渠道，提高用户的参与度。

第三方支付凭借便捷、高效、低成本等优势，为互联网金融提供了资金的进出渠道，促进了互联网金融的快速发展。作为一种金融创新，刚开始，国家给予了较宽松的环境，并积极鼓励和推进第三方支付平台的发展，但也产生了资金挪用、信息安全、非法套现、洗钱等风险。为进一步规范和促进第三方支付平台的健康发展，我国从 2014 年相继颁布各类监管法律法规，通过对备用金监管、设立行业准入门槛以及持续的动态监管模式来监督管理第三方支付平台。截至当前，我国第三方支付牌照的发放一直处在"停滞"状态。

3.4.2　P2P 网络借贷

P2P 网络借贷（peer-to-peer lending）是点对点借贷，依靠互联网平台打破了时间和空间的限制，搭建了借贷双方交易平台，实现了资金交易双方的相互匹配，完成了个人与个人之间的借贷交易。与传统的融资方式相比，P2P 贷款的操作流程更简便，交易成本也更低。在这种融资模式下，参与者有借款者、投资人、P2P 平台和第三方服务公司。P2P 网贷的服务对象以长尾市场为主，解决了中小企业以及农户融资难的问题，提高了资金使用效率，促进了普惠金融的发展。P2P 网贷凭借灵活便捷的交易方式和较低的门槛，在国内迅猛发展。

世界上第一家 P2P 平台是 2005 年 3 月创建的 Zopa 平台，随后第二家平台 Prosper 在美国诞生。2007 年，我国第一家 P2P 平台在上海出现。我国的 P2P 平台根据不同的分类方式有不同的模式。按照垫付模式来划分，我国的 P2P 平台可以分为无垫付模式、担保模式、风险准备金模式及担保加风险准备金 4 种模式。无垫付模式的代表是拍拍贷，但由于我国信用体系不成熟，该种模式不受投资者青睐。红岭创投是担保模式的代表，开启了我国互联网金融蓬勃发展的帷幕。人人贷是风险准备金模式的代表，是我国规模最大、知名度最高的网贷平台之一。积木盒子是最后一种模式的代表，该平台通过自己的团队进行尽职调查和风险评估，从而做出判断。

2009 年，我国 P2P 平台仅有 7 家，从 2011 年开始扩张，2015 年呈现爆发式增长，运营平台数量达到 3 464 家，网贷行业成交量达到了 9 823.04 亿元，相比 2014 年增长了288.57%，交易规模均达到高峰，给商业银行的资产和负债业务造成重大冲击。但随着P2P市场规模的扩大，P2P原有的信息中介开始转变为信用中介，同时由于行业监管不到位、期限错配、自融、资金池、欺诈等违法金融行为披着"金融创新"的外衣大肆发展，P2P平台停业数量开始增加，2015年的P2P网贷问题平台数量共896家。2016年，银监会发布《网络借贷信息中介机构业务活动管理暂行办法》《P2P网络借贷风险专项整治工作实施方案》，2017年再次发布《网络借贷信息中介机构备案登记管理指引》《网络借贷资金存管业务指引》《网络借贷信息中介机构业务活动信息披露指引》等一系列法律法规，开始整顿P2P行业。自此，P2P平台的运营数量逐渐减少，到2019年，运营平台数量仅为343家。2020年11月，P2P网贷机构已经全部归零，部分P2P平台在专项整治中转为网络小贷公司（图3-5）。

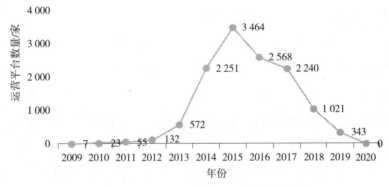

图3-5　2009—2020年的P2P运营平台数量
资料来源：网贷之家。

金融创新是一把"双刃剑"。P2P平台的出现提高了金融市场的运行效率，改善了长尾群体及中小微企业融资难的问题，但由于供给方资质良莠不齐，因此出现了各种金融乱象，带来了很大的金融风险。随着监管科技的提升、法律制度体系的完善及征信体系的成熟，转型或退出的P2P网贷平台会在更新迭代后，以更符合监管要求、持牌合规经营的形象出现，更好地提供金融服务。

3.4.3　大数据与征信

征信是从消费者、中小企业等经济主体中获取的债务、资产、行为等相关数据。通过对这些数据进行分析和挖掘，可形成一系列的征信产品和数据服务，从而可应用于金融、就业、政府、医疗等领域。我国传统的征信模式主要是以中国人民银行征信管理局通过各家商业银行上报的信贷数据为依据而编制的央行征信管理系统,是银行进行风险评估的首要选择。虽然其在辅助金融机构授信、防范金融风险等方面做出了重要贡献,但也存在数据不全面、滞后、收集过程烦琐等问题。

2019年,政府工作报告明确提出"健全社会信用体系"的基本方针。大数据的应用为诚信体系建设提供了新的契机,有利于健全社会信用体系。

大数据征信主要包括数据征集、模型分析及征信洞察、信用产品应用3个过程。首先,向金融机构、政府、企事业单位、电信等数据合作伙伴征集数据,然后在经过用户授权后对海量的、多样化的、有价值的实时数据进行归户、提取、转化和读取。其次,运用大数据技术重新设计征信评估模型,通过多维度来刻画信用主体。再次,向信息使用者呈现其违约率及信用状况。最后,根据信用评分提供合适的信用产品。大数据征信大大拓展了信用产品的应用场景,从金融机构扩展到政府机关,再到租车、旅游、住宿等生活场景。

大数据征信对传统信用征信进行了补充。在传统的征信体系中,只有征信主体在与金融机构发生信贷业务之后,才有信贷记录,而大数据征信将所有非特定人群都覆盖进来,覆盖面更加广泛。2018年,在中国人民银行的监管指导下,由中国互联网金融协会联合芝麻信用管理有限公司、腾讯征信有限公司、深圳前海征信中心股份有限公司等8家机构共同发起、组建了市场化征信机构百行征信有限公司。2018年5月,百行征信获得我国第一张个人征信业务牌照。2020年7月,百行征信完成了企业征信业务经营备案,成为国内拥有个人征信和企业征信双业务资质的市场化征信机构。截至2021年5月22日,百行征信累计拓展法人金融机构2 084家,个人征信系统收录信息主体超2亿人,面向市场推出征信产品28款,所有产品累计调用量突破7.1亿笔[1]。

此外,大数据征信能够提高风控精准度,有效进行风险控制:①依托大数据技术可以快速且高效地处理海量数据,深挖用户信息,同时避免人为主观判断,确保评估结果的真实性,有利于防范潜在的信用风险。②先将海量数据应用集成技术和各种结构或非结构的数据集合起来,再利用计算机建模对征信数据进行处理、分析和评价,从而提高数据处理的精准度和实效性,更好地进行风险控制。

---

[1] 成立三周年,百行征信产品调用量突破7.1亿笔,新华网,2021年5月23日。

3.4.4　央行数字货币

近年来，随着区块链技术的发展和应用，数字货币在该技术的支持下出现在人们的视野。我国央行从 2014 年开始着手研发数字货币，是全球最早进行数字货币研究的国家之一。2019 年年底，数字人民币在北京、深圳、成都、雄安新区启动试点测试，2020 年，又增加了上海、长沙、海南、青岛、西安、大连 6 个试点城市。2021 年 7 月，央行发布的《中国数字人民币的研发进展白皮书》的数据显示，截至 2021 年 6 月 30 日，数字人民币试点受邀白名单用户已超过 1 000 万名，开立对公钱包 351 万个，个人钱包 2 087 万个，累计交易 7 075 万笔，交易金额达到 345 亿元，当前的试点场景涵盖批发零售、教育医疗、餐饮文旅、政务缴费、公共交通、补贴发放等超 132 万个场景。

央行数字货币是中央银行采用区块链技术，应用密码学算法、分布式账本等技术，以数字化形态发行和使用的货币。央行数字货币有批发和零售两种形式。批发是指商业银行在中央银行的存款由原来的电子化改为数字化，仅在商业银行和其他金融机构之间进行的大额清算，典型代表是加拿大的 Jasper 项目。零售式数字货币是面向社会公众的，是完全意义上的"央行数字货币"。从发行模式来看，各国央行数字货币有两种形式：一元模式和二元模式。一元模式是指货币的发行跳过商业银行这一环节，由央行直接向公众发行并负责货币的流通、维护及相关服务。二元模式是传统纸币的发行模式，即由中央银行向商业银行投放，然后再流到公众手中，这是国际上的主流观点，也是我国数字货币的发行模式。

央行数字货币的定位是流通中的现金（M0）。我国的数字货币在开发过程中将依法合规与安全便捷作为设计的基本原则，遵循"小额匿名、大额依法可溯"的原则，考虑当前电子支付体系下可能出现的业务风险及信息处理逻辑，充分利用可信的云计算和安全芯片技术来保证数字货币在交易过程中端到端的安全。同时，重视数字货币的隐私问题，采用"前台自愿、后台实名"的用户身份认证原则：一方面保证用户隐私；另一方面避免非法交易。

基于区块链技术的数字货币是发展数字金融的血液，有利于促进金融体系的高效运转，但也要关注数字货币给金融体系带来的不确定性及对货币政策的影响。金融创新与金融监管是一种博弈状态，要在加强金融创新的同时，完善金融监管体系，促进金融创新更好地服务于金融体系，推动金融科技与金融业更好地融合。

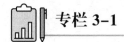
专栏 3-1

对接客户体验新需求 挖掘科技应用新领域
让金融创新和科技拥抱得更紧

中国民生银行信用卡"智能客户联络体系"以"客户体验"为建设核心，不断深挖技术潜能、业务内涵，穷尽一切创新手段，以打造"解决客户核心诉求"线上服务平台为终极目标。

中国民生银行信用卡中心围绕"科技金融的银行"战略，确立了以"智能化""数字化"为核心的发展思路，持续优化构建适应新时期业务发展的数字科技金融生态体系。

智能引擎构建安全交易"防火墙"。智能化是中国民生银行信用卡科技的核心发展战略，通过自主研发、合作开发模式，在 App、客服、发卡、营销、风控、运营等领域，导入 AI 技术，提升客户体验，提高效能。通过"光学字符识别（optical character recognition，OCR）、人脸识别、指纹识别技术"构建计算机视觉。通过"基础声学、语言合成、语音识别、情感识别"技术实现语音理解与交流。通过建设"智能决策引擎、机器学习模型、智能营销引擎等技术"实现人工智慧。

中国民生银行信用卡"职能客户联络体系"实行大数据平台驱动策略，以"标准化、平台云化、智能化、移动化"为发展方向，充分挖掘"智能客户联络体系"的潜力。利用数据应用支持、辅助体系模拟人工智能技术进行深度自学习，不断提高该体系的客户服务水平、风险管理水平和精细化运维水平。

中国民生银行信用卡中心智能风控决策平台将科技系统的健壮性、大数据模型的准确性、业务规则的灵活性相结合，实现覆盖客户用卡全生命周期各节点的精准风控。将"科技""大数据""金融"进行有机融合，为客户提供更优质的服务，降低客户用卡风险。以系统驱动自动化风控管理，以系统自动化运行替代手工执行，形成覆盖全量客户全生命周期各个节点的统一标准的风控管理。

随着金融科技的不断进阶，科技和业务高度融合、相互促进。中国民生银行信用卡以业务为导向，以应用促创新，以创新促提升，积极应用人工智能、大数据、区块链、云计算等技术，使金融服务不断改造升级，打造新型信用卡服务生态圈。

（资料来源：《银行家》，2020 年 6 月 13 日）

本章小结

1. 金融科技是技术驱动的金融创新，不是单纯的科技工具，具有强烈的金融属性。金融科技的本质是金融，以大数据、人工智能、云计算、区块链等新科技为技术支撑，给传统金融行业带来了新业务模式的金融创新。

2. 金融科技的发展经历了金融科技 1.0（1866—1967 年）、金融科技 2.0（1968—2007 年）、金融科技 3.0（2008 年至今）3 个阶段。

3. 金融科技可以分为支付结算、存贷款与资本筹集、投资管理以及市场设施四大类。

4. 金融科技除了面临传统的金融风险外，还带来了技术性风险、信息安全风险及系统性风险等新型金融风险。

5. 受传统金融监管体系的限制，滞后的监管政策及有限的技术支撑导致金融创新过程中出现了金融监管空白。要建立大数据、人工智能、云计算、区块链等金融科技构建技术驱动型监管体系，突破传统金融监管的困境，覆盖原有的监管空白。

复习思考题

一、名词解释

金融创新　金融科技　系统性风险　监管失灵　第三方支付　P2P 网络借贷　数字货币

二、问答题

1. 金融科技是破坏性创新吗？
2. 金融科技与互联网金融是什么关系？
3. 金融科技的风险有哪些？
4. 金融创新中存在哪些监管失灵？
5. 金融科技可以推动哪些创新型监管？

即测即练

参考文献

[1] 黄卓,王海明,沈艳,等. 金融科技的中国时代:数字金融12讲[M]. 北京:中国人民大学出版社,2017.

[2] 孙国峰. 金融科技时代的地方金融监管[M]. 北京:中国金融出版社,2019.

[3] 彭绪庶. 金融科技与金融信息服务创新和监管研究[M]. 北京:经济管理出版社,2019.

[4] 许多奇. 金融科技的"破坏性创新"本质与监管科技新思路[J]. 东方法学,2018(2):4-13.

[5] 刘少波,张友泽,梁晋恒. 金融科技与金融创新研究进展[J]. 经济学动态,2021(3):126-144.

[6] 姜睿. 我国金融科技演进逻辑、阶段特征与提升路径[J]. 经济体制改革,2020(6):147-152.

[7] 范云朋,尹振涛. FinTech背景下的金融监管变革:基于监管科技的分析维度[J]. 技术经济与管理研究,2020(9):63-69.

[8] 许多奇. 互联网金融风险的社会特性与监管创新[J]. 法学研究,2018,40(5):20-39.

[9] 杨东. 监管科技:金融科技的监管挑战与维度构建[J]. 中国社会科学,2018(5):69-91,205-206.

[10] 张凯. 金融科技:风险衍生、监管挑战与治理路径[J]. 西南金融,2021(3):39-51.

[11] 皮天雷,刘垚森,吴鸿燕. 金融科技:内涵、逻辑与风险监管[J]. 财经科学,2018(9):16-25.

[12] 杨望. 从"十四五"规划展望金融科技变中求进[J]. 国际金融,2021(2):11-18.

[13] 吴云,朱玮. 数字货币和金融监管意义上的虚拟货币:法律、金融和技术的跨学科考察[J]. 上海政法学院学报(法治论丛),2021,36(6):66-89.

[14] 何玲,孟佳惠. 大数据征信潮:大数据时代下征信业现状与发展前景扫描[J]. 中国信用,2021(3):24-37.

[15] 黎四奇. 社会信用建构:基于大数据征信治理的探究[J]. 财经法学,2021

（4）：3-22.

[16] 汪明峰，赵玉萍. 中国互联网金融企业生存的时空差异和影响因素：以 P2P 网贷行业为例 [J]. 地理科学，2021，41（5）：747-758.

[17] 贺英杰. 金融科技创新的安全风险及其对策分析 [J]. 人民论坛·学术前沿，2021（9）：136-139.

[18] 陈岚，黄晶晶，尹亮. 金融科技信贷：核心问题与发展思路 [J]. 金融市场研究，2021（6）：99-110.

[19] 刘俊，曾嘉. 新时期金融科技创新的审慎监管研究 [J]. 经济纵横，2021（3）：122-126.

[20] 沈艳，龚强. 中国金融科技监管沙盒机制设计研究 [J]. 金融论坛，2021（1）：3-13.

[21] 陈岱孙，厉以宁. 国际金融学说史 [M]. 北京：中国金融出版社，1991.

[22] 巴曙松，白海峰. 金融科技的发展历程与核心技术应用场景探索 [J]. 清华金融评论，2016（11）：99-103.

第 4 章 监管科技概述

🔍 章首导言

监管科技是监管和科技的组合。随着金融行业的发展,监管科技一般指金融领域的监管科技。监管科技自 2015 年起成为一个新兴研究分支,目前尚缺乏统一的规范定义和内涵。监管科技的概念是什么?它是如何兴起、演化和发展的?监管科技的理论基础是什么?这成为目前业界和学术界关注的问题。

🔍 学习目标

1. 掌握监管科技的概念与分类。
2. 熟悉监管科技的数据逻辑及运作机理。
3. 了解监管科技下的监管逻辑。

🔍 能力目标

1. 提高学生防范金融风险的能力。
2. 更新学生的知识体系,便于学生的金融理念与时俱进。

🔍 思政目标

增强学生的金融素养,激发学生对经济发展的热情,为发展社会主义市场经济、实现中华民族伟大复兴做好理论基础和铺垫。

本章知识结构图

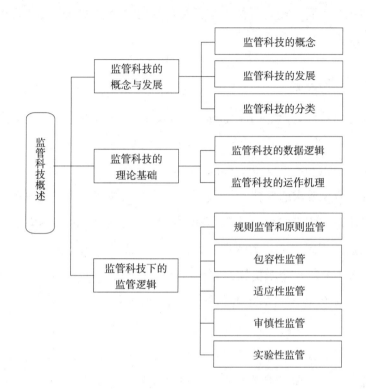

导入案例

2021年11月12日,"2021天翼智能生态博览会金融科技合作论坛暨翼支付合作伙伴大会"在广州举办,翼支付发布了"天翼监管科技平台"解决方案。

"天翼监管科技平台"解决方案以运营商数据为基础,为企业及机构搭建"感知、识别、决策"全流程闭环的监管科技体系,提供图像反欺诈、网络反欺诈、反洗钱(anti-money laundering,AML)监测、金融风险管理等多种应用服务,以体系化能力支撑,帮助监管及金融机构防范、化解各类信息安全风险。围绕数据的采集、分析、计算、挖掘、应用等场景,"天翼监管科技平台"依靠隐私计算技术,以"数据可用不可见"为原则,帮助企业挖掘数据价值,指导企业经营发展。

当前,数字化转型已经成为各行各业谋求发展突破的关键布局,智能终端、智能场景的产生,也使得监管科技发生了翻天覆地的变化。那么,监管科技是如何兴起,又是如何发展的?监管的逻辑和运作机理如何?

4.1 监管科技的概念与发展

从字面意思来看，监管科技是监管和科技的组合。本书中的"监管科技"主要指金融领域的监管科技。

4.1.1 监管科技的概念

监管科技主要由监管（regulation）和技术（technology）两个词结合而成，自 2015 年起才成为一个新兴研究分支，当前尚缺乏统一的规范定义和内涵。国际金融协会（Institute of International Finance，IIF）将监管科技定义为"能够有效解决监管和合规要求的新技术"。党的二十大报告指出，要"完善国家安全法治体系、战略体系、政策体系、风险监测预警体系、国家应急管理体系"。监管科技的本质是通过使用区块链、大数据、人工智能等技术，用比传统手段更为高效和低廉的成本来不断满足金融机构的监管和合规性要求，即"用技术实施监管"。

监管科技的内容与目的主要包括：①自 2008 年金融危机后，金融产品创新无序、风险管理能力下降、信息披露违规等问题逐渐暴露出来，各国逐渐意识到，单纯依靠人力投资存在一定的弊端。为此，监管部门的目光开始聚焦于监管科技，希望通过监管科技来降低合规成本，并使之成为加强监管的重要工具。②通过运用监管科技能有效解决监管部门在监管过程中产生的信息不对称问题，及时观察和了解金融机构的合规情况、金融产品创新、复杂交易等，从而更有效地提升监管效率和合规管理能力，防范、化解系统性金融风险。

从研究情况来看，监管科技概念的外延仍在不断扩展中。2015 年，国际金融协会将监管科技定义为金融机构面对成本急剧上升的困境，"能够有效解决监管和合规要求的新技术"。2016 年，英国金融行为监管局（Financial Conduct Authority，FCA）将监管科技定义为金融科技的子集，即帮助金融机构更高效地满足金融监管合规要求的信息技术。2017 年，国际金融协会发布的《部署监管科技打击金融犯罪》认为：监管科技能够加强 AML/KYC 框架和改进合规，监管科技解决方案能够提高金融机构应对金融犯罪的能力、速度和效率。

4.1.2 监管科技的发展

（1）监管科技 1.0 阶段（2008 年金融危机前）：量化风险管理系统。从 20

世纪 80 年代开始，监管科技变得越来越全球化，金融业务快速扩张，金融服务的外延不断延伸，国际金融业务日益深化，有些国家相继制定了监管法律法规，成立了相应的国际组织，以加强国际监管合作，应对全球金融市场的挑战。在此阶段，监管和科技的结合程度较弱，监管技术有待提高，主要是工具层面的应用，如行业和监管机构依赖定量风险管理系统，使用金融工程和量化风险模型等。但定量风险管理方法给金融机构和监管机构造成了错误的信心，且此种信心被随后产生的 1987 年全球股灾、2001 年互联网泡沫和崩盘、2008 年世界金融危机打击得粉碎。总体来说，在此阶段，科技和监管的结合程度较低。

（2）监管科技 2.0 阶段（2008 年至金融科技产生前）：监管合规数据报送的自动化和流程化。自金融危机后，监管机构和市场参与者对监管技术逐渐重视，并采取了一系列措施，如 2009 年金融稳定理事会发布了恢复和处置计划，推出了金融市场法人识别码系统，实现了监管合规义务和监管技术的有效融合，提高了监管数据的采集与共享转变水平，金融监管的范围不断扩大。金融科技不仅可提供高效、低成本的审慎监管，还可以带动金融监管的变革，实现数字交易的规范化，方便人们快捷高效地享受各项金融服务，防范金融风险。

（3）监管科技 3.0 阶段（金融科技产生后）：以数据为中心的监管。随着金融科技从货币数字化向数据货币化发展的不断转变，金融监管的范围也不断扩大。在此阶段，技术的核心是通过监管数据的共享和集成来建立数据主权和算法监管，并最终实现微观和宏观合作的审慎监管。在技术上，主要通过监管数据的共享和集成来建立数据驱动和算法监管，以及建立覆盖全面的金融监管大数据平台和"监管沙盒"，为金融科技的发展提供测试环境。例如，2016 年印度的"India Stack"数字化战略平台，通过指纹和虹膜的生物识别实现个人身份认证，集成银行电子账户实现了医疗、社保、津贴支付和转移，对外提供 API 和电子客户洞察 KYC 输出，实现数字化交易的标准化。

4.1.3 监管科技的分类

监管科技有两大分支（图 4-1）——运用于监管端的监管科技和运用于金融机构合规端的监管科技，前者为监管科技（supervision technology，SupTech），后者为合规科技（compliance technology，CompTech）。也就是说，"Regtech=Suptech+

Comptech"。自 2008 年金融危机以来，金融监管不断升级，各类监管处罚不断加码，全球金融机构的合规成本节节攀高，由此催生了合规科技。

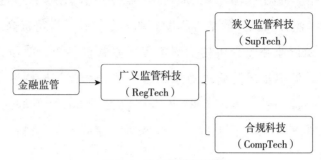

图 4-1　金融监管的分类

1. RegTech

金融科技的快速发展引起了金融市场、金融机构和金融服务的改变，进而促使监管方、金融机构迫切需要以创新的手段来防范风险并达到监管和合规的要求，但目前的监管方式难以适应金融科技的快速发展，因此产生了 RegTech。RegTech 最早起源于金融机构应用新技术来满足监管和合规的要求，由 regulation、technology 两个英文单词结合而来。目前，行业内对 RegTech 还未形成统一的定义，根据 FCA 的定义，RegTech 是指利用最新的科技手段来服务于监管和合规，是金融科技中重要的有机组成部分。国际金融协会则将 RegTech 定义为有助于高效达成监管、合规要求的一类技术应用。通常，RegTech 分为两类：①监管端 RegTech，即监管部门使用新技术来提高监管效率和有效性。②合规端 RegTech，即企业利用新技术使自己更好地符合监管部门的规定。

RegTech 不仅可以弥补传统技术的不足，还可以应对越来越高的监管要求。RegTech 具有敏捷、实用性强、可扩展性和反应快速等特点，可以更高效地提取、分析和呈现数据，并可以从不同方面对相应数据进行计算，形成多个报告，以满足金融企业对金融合规的特定需求。其技术发展主要体现在以下几个方面。

（1）提高数据聚合与管理技术。目前，金融行业关于交易数据定义的不一致影响着数据分享和监管工作的效率，因此，提高数据聚合与管理技术可以完善基于中央数据库的统计监测系统。新的加密和安全技术可以更好地确保数据的安全性和完整性，同时能更有效地向相关用户进行信息披露。分析共享和计算引擎是风险和金融等关键功能集成的重要因素，可以通过快速搜索存储在企业服务器上的信息来打破"信息孤岛"之间的障碍。

（2）高级数据分析与解释技术。机器学习能够通过识别大型数据集中的非线性模型，来制定更准确的风险模型，有效地改善和测试风险模型，创建更精确、更细粒度的统计分析方法，解释非结构化和定性数据输出，如支付系统、通信和监测的行为、可疑的交易模式，以及"理解"新规定等。

（3）数据映射和数据可视化。数据映射和集中管理系统的结合有助于将不同渠道收集的数据连接起来，以匹配存储在不同位置的等效项目。数据映射可以协调和比较数据细节，以保持相对一致性，从而发现和增强数据意义。

（4）智能立方体。智能立方体是多维数据矩阵，能更清楚地呈现和解读数据。智能立方体以自动化和标准化模式来表示、验证和公布数据集，能够更加清楚地解读数据并呈现数据特点，从而有效降低数据成本，保障数据的灵活性和一致性。智能立方体的概念首先由奥地利中央银行提出，并有效运用到业务中。

（5）实时合规和风险管理技术。RegTech 可以运用新技术改进监管流程，优化监管工具，更有效地助力监管。也可以通过对大数据的运用，及时准确地获取、分析和处理具有前瞻性的相关风险数据，并通过建立风险预测模型来识别相关风险，提升监管数据的准确性和及时性，同时还可以大大降低监管的调阅检查成本。

（6）其他技术。这类技术包括区块链/分布式账本技术、监管应用程序编程接口、沙盘机制、金融风洞、人工智能监管系统。

2. SupTech

SupTech 是指监管机构利用科技手段辅助金融监管，提高监管数据的质量、及时性和相关性，将流程数字化和自动化，提高监管机构的分析能力，帮助监管机构更好地应对新的金融服务领域，扩大监管范围，更有效地监控金融机构的风险和合规情况。SupTech 的"S"是 supervision，指运用科技协助政府监管。从词义及实践来看，SupTech 应用于金融监管机构。监管科技将帮助监管机构成为前瞻性的、数据驱动的、实时的监督者。通过将脑力从耗时、过程导向的任务中解放出来，SupTech 可以带来更有效的基于风险的监管，部分国家的监管机构已经率先在监管科技方面做出了有益的探索。

从 SupTech 来看，面对金融科技背景下更加复杂多变的金融市场环境，监管部门有运用监管科技的充足动力：①由于 2008 年金融危机，金融监管被提升到前所未有的高度，监管机构渴望获取更加全面、精准的数据。②监管部门面对金融机构报送的海量数据，需要借助科技提高处理效率和监管效能。此外，金融科技带来的新风险场景和风险特征也需要监管机构积极应对。

提升效率、降低成本和改进监管能力是监管科技的三大主要目标：①在提高监管效率方面，监管科技通过改进传统流程或手动流程来提高效率。在数据收集领域，与传统的基于模板的方法相比，监管科技能够从受监管机构更快、更灵活地获取数据，帮助监管者改善场外监控，更早、更准确地发现潜在风险。在数据分析领域，监管科技大大缩短了分析所需的时间，可将在支付交易数据中识别潜在洗钱问题的时间由几个月缩短至几分钟。②降低人力和时间成本。监管科技通过自动化流程来降低人力成本。嵌入式数据字典或数据脚本、数据完整性机制可以确保来自受监管机构的数据是一致和可靠的，省去了传统的数据质量检查和错误核对环节。③提高监管能力。监管科技可以筛选数量庞大的监管文件，并识别潜在风险。例如，美国证券交易委员会（United States Securities and Exchange Commission，SEC）的反向测试分析显示，算法在识别投资顾问监管文件中的"风险"语言方面，比随机识别高 5 倍。监管科技能够结合结构化和非结构化数据，使分析更丰富。使用人工智能和机器学习可以提取出人力无法辨别的数据模式。

3. CompTech

2015 年，国际金融协会将 CompTech 定义为金融机构在合规成本上升的背景下，运用技术手段实现合规的技术解决方案。2016 年，FCA 将 CompTech 的定义进一步阐述为"金融科技的子集，即利用新技术，帮助金融机构更加有效且高效地满足监管要求"。巴塞尔委员会认为，CompTech 主要指金融机构为使提交的报告符合监管要求、流程而运用的各种金融科技手段。从 CompTech 的词源来看，FCA 在 2015 年提出 CompTech 的概念时，是指金融机构使用新技术来满足合规要求。随后一些国际组织的概念界定，则是在基本遵循 FCA 思路的基础上进行的拓展。CompTech 的发展主要围绕两个目标：①在监管规则变化频繁的情况下满足合规要求。②降低成本，满足盈利目标。CompTech 致力于为金融机构提供解决方案，更加有效地满足监管规定，提高风险管理能力，降低运营成本。

目前，CompTech 呈快速发展态势，主要应用方向可以分为数字化、数据识别与分析应用、数据加密和传输技术等 3 个方面。合规监管的主要路径是金融机构端与监管端以数字化的方式互相连通。机构端可以从监管端获取数字化的监管要求并准确转化为内部约束，以确保机构和业务的实时合规。要实现上述意图，CompTech 的主要着力点包括数字化、数据的识别与分析应用、数据加密与传输技术。CompTech 的主要实践应用有：①身份识别与管理。目前，身份识别和管理的手段越来越多样化，大数据、机器学习、生物识别等新兴技术均在该领域有着广泛应用。人脸识别、声纹识别等生物识别技术也应用于手机、柜台、ATM、可视柜台等场景。②随着金融科技应用的不断深入，风险管理的应用范围也从前端业务层面逐步拓展到风险管理层面。金融机构通过升级核心系统、搭建综合服务平台以及加快金融设施建设等手段，实现了数据化和智能化的风险管理，提高了风险管理水平，更好地满足了合规要求。通过利用大数据和人工智能技术，金融机构能更加精准地识别和计量信用风险，提高信用风险防控的智能化水平，推动机构稳健合规经营。③合规分析与报告。在监管要求日趋严格的背景下，金融机构的各项业务均有大量的报告报送，如压力测试、资本管理、关联交易、流动性管理、恢复和处置计划及重大事项等，且报告的频率和质量要求也在不断提高。④反洗钱等金融交易监测技术的进步促进了金融服务效率和速度的大幅提升，高效便捷的交易为普通客户提供了更优质的消费体验。目前，交易监测具体应用在反洗钱、反恐怖融资及反欺诈等金融交易方面。机器学习和人工智能等技术有助于识别可疑交易行为，自动屏蔽低风险预警信号，从而将更多的资源投向处理高风险的交易行为，提高交易监测的效率，降低合规成本。

4.2 监管科技的理论基础

4.2.1 监管科技的数据逻辑

监管科技的实质是将大数据、人工智能等一系列数字技术应用在金融市场的监管端和合规发展端，在监管机构与被监管机构之间逐渐建立起信任度高、稳定性强、操作方便的评估机制。监管科技通过注重信用风险的智能监控，及时跟进风险处置和缓解措施，通过实现过程的数字化，提高工作的时效性和针对性。同时，通过分布式方法和数据存储结构的创新，实现数据的全过程安全化管理，为数字资产交易提供安全、稳定、可信的数字资产存储和监管环境，防止产生数据操纵和数据欺诈等问题。

　　监管科技通过以下机制在监管机构和被监管企业间形成了制度上的信息共享和交流。①监管机构通过区块链、大数据等技术转化数字监管协议来实现监管。每个金融企业都会有一套操作系统，该操作系统将自身的合规端专项合规评价体系与监管部门的监管端接口进行协议互联，并形成信息沟通桥梁。②监管部门一旦发布新的监管法规或其他法律规定，通过技术协同升级手段，会在监管部门和被监管企业之间形成双方都认同的监管科技电子化协议。③金融机构通过 IB&S 系统收集、清理、整合、组织、分析客户的基本信息，为客户提供更为优质的金融服务，并节约合规成本。④随着监管政策的不断趋严，外部 API 协议也应该进行相应的更新和升级，分析和评价模型也需随之调整或重建，以满足数据和监管要求。

4.2.2　监管科技的运作机理

　　在监管科技中，每个参与者都扮演着重要角色，跨生态系统的协作将是成功的关键。监管科技的作用机理是以人工智能、大数据、区块链、云计算等新一代金融科技为驱动，以大数据为核心，监管机构和金融机构共同参与。金融机构与监管机构作为监管科技的需求端，通过向监管科技的供给端提供技术外包来获取相关技术支撑，从而有利于监管机构更好地制定监管规则并提高监管效率。对于监管机构而言，益处在于监管金融机构的合规情况，识别、防范金融风险，避免监管真空问题。对于金融机构而言，益处在于高效识别监管新规，提升前端金融业务的风控能力，实时监测金融合规性，有效防范机构内部的操作风险。监管科技的运作机理如图 4-2 所示。

　　1. 监管机构

　　监管机构正面临着金融科技快速发展和市场对监管要求日益严格的挑战。监管科技为监管机构提供了一种高效的方法，在这种方法中，数据的访问和管理能够使对市场和市场参与者的监管更为细致和有效。

　　监管机构的预期作用机制包括：①通过监管机构的合规情况，实现监管的实时性、动态性和持续性。②利用监管科技抓住金融机构的底层数据，高效聚合各类金融风险数据，监控金融机构行为，构建风险预警系统，识别并防范系统性金融风险。③根据金融业务的发展与对金融风险的识别，制定监管标准，监管侧重

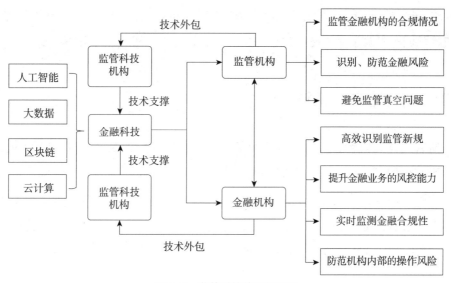

图 4-2 监管科技的运作机理

点放在监管科技的发展所带来的内部变化上。同时,利用监管科技对监管条款进行自动检查,避免监管真空与监管套利问题。

2. 金融机构

监管科技的发展为更高效的报告和合规系统提供了强有力的技术支撑。金融机构越来越多地通过技术来满足监管机构的需求,让金融机构更好地控制风险并降低合规成本。

金融机构的预期作用机制包括:①金融机构借助监管科技对监管新规进行处理、分析与整合,制定符合持续性的合规规范,实现金融交易的监管同步化,提高合规效率,降低合规成本。②利用监管科技有效提升金融机构对金融业务风险的分析、管理和控制能力。③前端可有效识别客户身份,处理反洗钱、反恐怖融资等数据,提升金融业务的前端风险管控能力。中端可以有效登记客户资料,实时监测客户的金融合规性。后端可以有效防范操作风险。

3. 监管科技公司

作为监管科技涉及的三方主体之一,监管科技公司的主要作用是提供技术服务。其主要职责在于加深监管机构与金融机构之间的合作理解,开发出优质的技术解决方案,以满足监管部门与金融机构的要求。

监管科技公司的预期作用机制包括:①使用大数据、云技术、实时报告等进行自动监管报告,实时监控和跟踪企业的合规状态和未来的监管要求。②主攻风险管理，查明合规风险，评估与预测未来可能面临的挑战。③关注身份管理与控制，加快尽职调查以及了解顾客的过程。④关注交易监管，实时监控并审查交易。

4.3 监管科技下的监管逻辑

监管理念是监管者在制定监管政策、监管制度、监管规范，以及监管执法过程中所遵循的对某种理念的赞同态度、支持行为及由此产生的心理认同。监管理念并非固守不变，较之于传统金融社会，金融科技的实质在于技术进步推动了金融中介、金融产品、金融市场的创新，金融业呈现出技术化、数据化、智能化的特点。与此相适应，监管理念也应与时俱进。

4.3.1 规则监管和原则监管

1. 传统的金融监管模式——规则监管模式

规则监管模式是金融监管机构通过各种具体的规则为监管对象设定明确的权利义务并以此保障各种金融业务运营的监管模式。基于规则的监管是以金融监管法，即由若干规则、原则、行业规范有机组成的法律体系为核心的合规化监管框架。一般来说，在规则监管系统中，政府运用标准化方法对受监管对象提出一线要求，并依托量化指标具体规定其权责，然后利用国家权力来执行。

规则是针对特定监管事项，以具体权利义务为内容的监管规范。指引是对原则或规则涉及的有关问题进行解释和说明并提升其可操作性的监管规范，包括监管机构或行业组织制定的正式指引及监管机构的声明、典型案例说明、监管处罚案例等非正式指引。

规则监管有其固有的优势：①规则具有内容明确、执行力强的优点，监管标准由法律明令允许或禁止，通过"可为模式""勿为模式"的逻辑结构使指向其权责的边界明晰易辨，监管机构和被监管对象易达成一致。②规则具有稳定性，能够确保反复适用过程中的公平和连贯。③通过提高透明度和可预见性来减少市场进入壁垒，帮助其提高市场竞争。④其演绎推理逻辑适用于分业监管，在金融产品结构单一、风险传导明确可测的情况下能够有效避免金融风险。

2. 金融监管模式的新发展——原则监管模式

相比之下，基于原则的监管内涵则要复杂得多。这意味着政府需要为监管对象设立预期目标，然后依托更高位阶的原则和轻触监管的方法，就如何实现目标提供指导，而较少依赖由静态、固化的量化指标构成的规则体系。这些原则可依托于明文立法、指导性案例或解释，也可以监管机构的正式指引或行业协会的非正式指引为载体，甚至可以通过执行层面得到贯彻，并通过对内容的持续修改与规则保持平衡。

原则监管模式有着丰富的内涵，主要表现为：①原则监管模式并非要求完全以原则取代规则，而是旨在提升原则在监管规范体系中的地位，使之在建立和发展监管标准方面发挥基础性作用。一方面，原则是制定规则的依据，现有的规则细化和明确了原则所确立的监管标准；另一方面，对于某些事项而言，即使原则所确立的监管标准尚不十分明确，也不再制定规则来解释原则的要求。②原则可以作为独立的执法依据。英国金融服务局认为，原则本身就是一种监管规范，金融服务局有能力并且也的确在单独依据原则采取监管措施，这代表了未来的发展方向。《监管规范手册》也明确规定："金融机构的行为违反原则的要求，将会受到处罚。"③强调金融机构高级管理层的领导责任，要求其在监管程序中发挥更为积极的作用，因为只有金融机构的高级管理层率先垂范，合规经营的观念才能融入企业的战略、文化和业务。

4.3.2　包容性监管

创新需要包容。现代社会高度复杂，风险无处不在，人们不可能总是依照既定规范或固有概念来确定其行为是否正确。复杂的社会是开放的，事物的标准或准则无法概观。因此，对金融科技应奉行包容性监管原则。但是，包容性原则有"度"的限制。包容使有责任的行为成为可能，但同样也会促成无责任的行为。是故，作为法律原则的包容性原则必须以责任原则为补充。包容并非毫无界限，它不是不计任何代价的容忍，有效的法律必须遵循，违背法律，特别是犯罪行为，是不能被容忍的。

包容性监管原则可以指导监管部门在监管活动中贯彻金融包容的价值取向，应该将包容性监管原则融入金融监管的法制之中，从而借助金融监管推动金融包容，此举有助于提高金融包容的程度和水平，使金融排斥走向金融包容。2015年7月18日，中国人民银行等十部委联合发布的《关于促进互联网金融健康发展的指导意见》、FCA推出的"监管沙盒"制度，均是包容性监管的体现。

4.3.3 适应性监管

适应性监管原则指监管战略、监管制度和监管方式的选择应因监管对象、监管环境、现实条件的不同而有所差异，并据此做出相应的调整和改变的监管思维，它要求监管原则和监管方法随机而变，原则不能僵化，方法不能单一，不能搞一刀切。由于金融市场是高度动态的，因此，监管规则永远无法跟上金融创新的步伐。实际上，针对一个问题的监管规则往往会衍生出更多的新问题。目标监管往往导致自我挫败，因为市场中的参与者会依据新目标创造的"确定性"，迅速而理性地调整自己的行为方式，使其行为符合新的监管目标。因此，传统型监管只提供了一般"框架"，监管者需要更多的监管自由裁量权。同样重要的是，监管者应时刻关注市场变化，快速识别新产品、新市场、新服务中潜藏的风险，并能够采取有效的风险缓释措施或及时叫停某项业务。监管者应拥抱金融科技，提升监管基础设施的技术功能，监管理念需从"控制性"监管转向"适应性"监管。同时，应根据企业的风险水平，实施多方法、分层式监管。

就当下的监管法律规则而言，它们并未清晰地对监管对象的动态性给予充分考量。首先，金融机构所处的经营环境的易变性。例如，当银行的某个客户突然发生经营困难时，银行的资产负债状况几乎可以在一夜之间发生改变。倘若监管机构没有广泛的自由裁量权，就不可能对此做出有效的应对和调整。其次，法律规则的滞后性。倘若法律规则存在漏洞，那么就极容易被规避，从而使其偏离当初设定的监管目标。再次，监管者可能会过多地依赖外部信息，如信用评级机构的信息或银行内部的风险管理模式，而疏于提升自己的监管技能，缺乏独立和专业的判断，无法建立起有效的监管模式。最后，银行对先进算法工具的使用给金融监管带来更大的挑战。监管者不能忽视这些变化，倘若监管者继续奉行传统"命令－控制"型的监管模式，那么，这对现代金融市场而言将是无效的。总之，若想确保金融机构的安全和金融市场的稳健，监管机构应树立适应性监管原则，构建动态化的金融监管模式。

4.3.4 审慎性监管

审慎性监管指监管部门以防范和化解银行业风险为目的，通过制定一系列金融机构必须遵守的经营规则，客观评价金融机构的风险状况，并及时进行风险检测、预警和控制的监管模式。它是银行业国际监管准则的核心理念，自1997年巴塞尔委员会发布《有效银行监管核心原则》以来，它便在全球金融风险暴露中不断被强化。《巴塞尔协议Ⅲ》进一步确立了宏观审慎与微观审慎相结合的监管框架，大幅提高了资本监管要求，并建立了全球一致的流动性监管量化标准。在国际监管准则的指引下，我国逐步建立了适应本国特征的审慎性监管模式。为推动实施《巴塞尔协议Ⅲ》，从2011年4月起，中国银监会陆续颁布了《中国银行业实施新监管标准的指导意见》及相关监管制度，在资本充足率、流动性和贷款损失准备方面提出了更加严格和具体的审慎性监管指标要求，以促进我国银行业的稳健运行和可持续发展。

审慎性监管的要求主要涵盖资本充足率、风险管理、内部控制、跨国银行监管和纠正措施等5个方面，其具体要求包括：①在资本充足率方面，监管者要规定能反映所有银行风险程度的、适当的审慎最低资本充足率的要求。《巴塞尔协议Ⅲ》建议的资本充足率的最低标准为8%。②在风险管理方面，首先，为了避免信用风险，应当建立独立评估银行贷款发放、投资，以及贷款和投资组合持续管理的政策和程序。其次，为了避免流动性风险，银行监管者应确保银行的管理信息系统能使管理者有能力识别其资产的风险集中程度。再次，为了避免市场风险，银行监管者应确保银行制定出各项完善的政策与程序，以便在国际信贷和投资活动中识别、监测和控制国家风险，以及转移风险并保持适当的风险准备金。最后，为了避免操作风险等其他风险，银行监管应确保银行能建立全面的风险管理程序（包括董事会和高级管理层的适当监督），以识别、计量、监测和控制各项重大的风险，并在适当时为此设立资本金。③在内控机制方面，银行监管者必须确定银行是否具备与其业务性质及规模相适应的完善的内部控制制度。银行监管者必须确定银行具有完善的政策、做法和程序，以促进金融部门形成较高的职业道德与专业标准，并防止银行有意或无意地被犯罪所利用。④在跨国银行监管方面，跨国银行母国必须对其活跃的国际组织实施全球性并表监管，对其在世界各地的所有业务进行充分监测，并要求其遵守审慎经营的各项原则。跨国银行东道国应确保外国银行按东道国国内机构同样遵循的高标准从业。⑤在纠正措施方面，银行监管者必须掌握完善的监管手段，以便在银行未能满足审慎要求时采取及时的纠正措施。

4.3.5 实验性监管

实验性监管是指金融监管主体在推出一项新的监管政策之前，在一个受控的环境里激励金融创新，通过观察、试错、交流，掌握金融创新的本质、收益和风险，从而有助于制定出符合事物发展规律的、科学的监管政策的一种监管模式。借助实验，可实现监管主体与金融机构之间平等、及时、有效的信息沟通和交流，有助于监管机构深入调查研究金融创新的运营规律，因地制宜地确定监管的范围、标准与尺度，从而卓有成效地管控风险。

金融监管之所以需要实验性监管模式，原因在于技术创新对促进金融创新、推进市场竞争是不可或缺的，而技术创新总是与现存的监管规则相冲突。实验性监管模式实施的关键在于实验标准的设定、实验过程的监控、监管主体是否中立，这关乎实验的结果。实验性监管模式的优势在于：①有利于金融创新，可将成功的创新做法快速推向更为广阔的市场，使更多的消费者获益。②有利于监管者洞悉金融创新的行为特点和规律，提炼有益的经验，及时发现风险，为制订科学的监管政策提供依据。③在实现金融创新的同时，可将创新的风险控制在一定范围之内，最大限度降低创新的风险。

英国创设的"监管沙盒"模式即是实验性监管理念的体现。监管沙盒是在确保消费者利益得到保障的前提之下，监管者对入围沙盒测试的公司实施"松绑"的一种监管模式。在该模式下，入围沙盒测试的公司可以在一个"缩小版"的真实市场环境中，测试金融创新的产品、服务和商业模式，而不必遵守现行的监管法规。本质上，监管沙盒是监管政策的模拟应用制度，是实验性、包容性、适应性监管理念的体现，是具有方法论意义的监管制度创新，实现了消费者、金融市场、金融机构、监管机构的"多赢"局面。借鉴英国的监管沙盒政策，在适当时机推出中国版的监管沙盒制度，创设金融科技监管的法规实验室，通过近距离的观察和交流，在限定的范围进行创新实验，并制定保障措施，这将有利于监管者对金融科技创新的过程与风险给予充分了解，有利于制定出符合实际的监管法律规范。创设实验性监管制度的关键在于明确监管主体，设定实验条件、标准、内容、目标，保障消费者权益，注重监管政策"放松"应用的公平性、一致性，平衡各方利益诉求。

本章小结

1. 国际金融协会将监管科技定义为"能够有效解决监管和合规要求的新技术"。监管科技历经量化风险管理系统的 1.0 阶段、监管合规数据报送自动化和流程化的 2.0 阶段，以及以数据为中心的监管的 3.0 阶段。从监管科技分类上来看，又可具体分为运用于监管端的监管科技和运用于金融机构合规端的监管科技。

2. 详细介绍了监管科技的数据逻辑和运作机理。监管科技的实质是通过将大数据、人工智能等一系列数字技术应用在金融市场的监管端和合规发展端，在监管机构与被监管机构之间逐渐建立起信任度高、稳定性强、操作方便的评估机制。

3. 监管逻辑是指监管者在制定监管政策、监管制度、监管规范，以及监管执法过程中所遵循的对某种理念的赞同态度、支持行为及由此产生的心理认同归属感。

4. 具体介绍了规则监管、原则监管、包容性监管、适应性监管、审慎性监管及实验性监管等监管逻辑。

即测即练

复习思考题

一、名词解释

RegTech　CompTech　审慎性监管

二、简答题

1. 监管科技的运作机理是什么？
2. 监管科技经历了哪些阶段？每个阶段的特征是什么？
3. 谈谈你对监管科技的理解及其发展的意义。

参考文献

[1] 孙国峰，王素珍，朱烨东. 中国监管科技发展报告（2019）[R]. 北京：社会科学文献出版社，2019.

[2] 益言. 监管科技发展的国际经验及启示[J]. 中国货币市场，2021（5）：66-70.

[3] 吕晴，金蕾. 金融监管创新技术：SupTech的发展及各国实践[J]. 金融发展评论，2018（12）：47-53.

[4] 陶峰，万轩宁. 监管科技与合规科技：监管效率和合规成本[J]. 金融监管研究，2019（7）：68-81.

[5] 何海锋，银丹妮，刘元兴. 监管科技（SupTech）：内涵、运用与发展趋势研究[J]. 金融监管研究，2018（10）：65-79.

[6] 李伟. 监管科技应用路径研究[J]. 清华金融评论，2018（3）：20-22.

[7] 张永亮. 金融监管科技之法制化路径[J]. 法商研究，2019，36（3）：127-139.

第 5 章　监管科技的内容框架

章首导言

监管科技既为监管传统的金融风险提供了新工具和新思路,也成为应对新型金融风险的重要手段。在数字革命的影响下,金融行业也在金融科技的发展和推动下发生了深刻的变化,金融业态和结构均发生了变化,也演变出一些新型的金融风险,监管的内容、手段和框架均面临调整。

学习目标

1. 了解监管科技的基本框架。
2. 掌握监管科技的主要内容。
3. 熟悉我国监管沙盒的具体实践内容。

能力目标

1. 培养学生对互联网时代下新型金融风险的识别能力。
2. 锻炼学生从宏观视角分析问题的抽象能力。
3. 基于沙盘监管的案例,激发学生的风险管理能力。

思政目标

1. 使学生了解我国的监管科技是如何助力保障金融消费者的权益、防范金融风险的。

2. 对市场违规行为形成警戒效应，同时加强学生的价值观培养，促使学生在未来的金融从业过程中树立良好的职业道德。

本章知识结构图

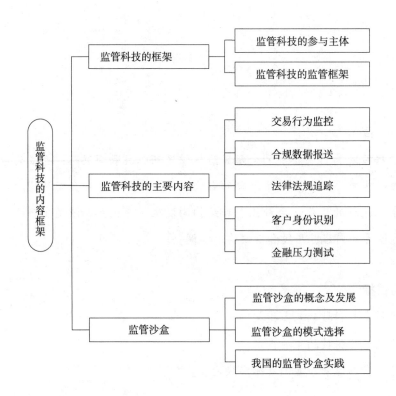

导入案例

2021年5月26日，微众银行在中国国际大数据产业博览会上发布了基于区块链技术的WeDPR-PPC多方大数据隐私计算平台。微众银行区块链底层平台研发负责人李辉忠介绍，WeDPR-PPC从联合报表、联合计算、隐私查询、联合预测、联合建模等技术场景切入，剑指当前多方大数据协作中合规要求高、利益难保障、协作模式和性能受限，以及学习曲线陡峭的四大痛点，有助于促进隐私数据在联合风控、反欺诈、反洗钱、数字化个人与企业服务、智慧城市社会治理、公共健康风险检索、流行病追踪等场景议题中实现跨域价值融合创新。

思考：

1. 区块链等技术如何通过解决数据孤岛问题提升监管效率？
2. 数据在监管科技的地位是什么？
3. 监管科技除了利用区块链技术进行联合风控、反欺诈和反洗钱外，还有其他什么内容？

5.1 监管科技的框架

5.1.1 监管科技的参与主体

在监管科技领域，技术创新是关键。创新技术本身的门槛性和稀缺性使围绕监管科技技术的供需关系形成了一个有机的市场，其中，监管机构为应对金融科技发展带来的一系列连锁反应，以及更好地制定监管规则并提高监管效率，成为监管科技市场的主要需求者之一。另外，金融机构为降低合规成本并实现稳健经营，同样成为监管科技市场的主要需求者。在另一端，包括监管科技公司在内的金融科技公司是金融科技技术和监管科技技术的主要生产者，通过向市场提供人工智能、大数据、区块链以及云计算等技术服务，与金融机构和监管机构协同合作，成为监管科技的主要供给者。

1. 监管机构

虽然新兴科技有助于扩大金融服务边界，提高金融交易效率，降低金融交易成本，减少金融交易的信息不对称性，但金融创新同时也更容易引发新的风险问题，加大了监管难度，其主要体现在：①科技模糊了金融业务的边界，表现出实质性的混业经营趋势，跨机构、跨行业、跨领域的穿透性金融产品层出不穷，突破了传统金融的行业边界，风险表象更为复杂化。②科技增加了金融风险的隐蔽性，在互联网的助推下，新型金融产品加快了金融风险的传播速度，扩大了金融风险的影响范围，增加了系统性金融风险爆发的概率。③科技增加了传统金融的脱媒风险，使资金供给具备了绕开现有商业银行体系的可能性，金融交易脱离金融监管的可能性增大。④技术风险更加突出，随着科技向金融行业的不断渗透，金融业务的发展越来越依赖于先进的技术和交易平台，技术和交易平台的缺陷可能给金融机构带来致命风险，2013年"光大乌龙指"事件即是金融科技发展下的技术风险的典型案例。⑤科技能够更容易、更全面地掌握金融消费者的身份信息和行为数据，在利益的驱使下，容易导致数据使用和保护不当，个人信息泄露风险愈发严重，大数据杀熟事件频发，金融消费者的权益保护面临挑战。

针对金融创新引发的一系列问题，利用科技助力监管成为监管者的重要工具和必然选择：①依赖于报表和人工分析的传统监管手段显得滞后，在互联网大数据时代下，数据量急剧增大，数据流量急速增加，如果仍然依赖于传统的人工手段进行金融监管，那么将在很大程度上增加监管部门的成本和任务，甚至成为不可能完成的任务。②监管科技的发展与应用不仅可以提升监管机构的监管效率和监管能力，还可以使其更从容地应对金融机构膨胀、金融业务扩张带来的监管压力，进而更好地防范系统性金融风险，保护金融消费者权益。因此，金融监管机构是监管科技的主要需求者。

2. 金融机构

金融与科技的融合加速了金融创新活动的发展。在金融创新的驱动下，传统风险的表现形式发生转变，新的风险在演变，同时，金融风险的时刻变化也导致了监管规则的时刻变化，金融机构应对监管的合规压力急剧增加。在此发展背景下，监管科技不仅是金融机构降低合规成本的重要手段，也是金融机构在自身风险防控和稳健经营要求下的基本需求。

在实际应用中，大数据、机器学习及人工智能等方法在征信领域的运用，能极大地提高对借贷者的甄别能力，而人脸识别、指纹识别和虹膜识别等生物识别技术则广泛应用于身份识别领域。银行等金融机构利用区块链技术和分布式账本技术能够加强对洗钱行为的精准打击。

3. 监管科技公司

根据美国领先的调查机构Grand View Research的调查研究，2018年全球监管科技的市场价值为28.7亿美元，并预计未来6年时间将以52.8%的年复合增长率增长①。在市场快速发展阶段，大量的资金也投入到这一领域，根据德勤2018年《正

---

① 资料来源：https://www.grandviewresearch.com/industry-analysis/regulatory-technology-market.

在崛起的监管科技报告》的报告，在 2013—2017 年，涉及监管科技的投融资案例共 585 笔，共计 50 亿美元。

目前，监管科技市场中的供给者主要包括专门从事监管科技的监管科技公司，如葡萄牙的 Feedzai 公司，其主要产品和服务是通过机器学习帮助银行和企业发现并预防支付诈骗。金融科技公司作为金融类型的公司，是监管科技的需求者，但其本身也是一个科技公司，因此金融科技公司也是监管科技的主要供给者，如蚂蚁金服在 2013 年借助余额宝发力于互联网金融市场，并利用技术优势立足于金融行业。随着互联网的金融监管愈发严厉，这一类金融科技公司利用自身的内部技术优势，加强风险控制和提升合规效率，并将一部分成熟的监管科技技术提供给其他金融机构和监管机构，成为监管科技市场的供给者。

5.1.2　监管科技的监管框架

1. 监管科技的整体框架

在监管科技中，数据是核心，硬件设施和软件服务是支撑，技术创新是重要的工具和手段。因此，监管科技框架的核心逻辑是以数据驱动，依托于大数据计算分析方法和强大的计算能力，围绕数据聚合、数据处理分析、建模预测及统计决策，推动监管模式由"了解客户（KYC）"转向"了解数据（KYD）"。根据数据在监管科技框架链条中的位置，监管科技框架大致分为四部分。

（1）数据整理。数据整理主要包括数据收集、数据清洗，以及对数据真伪的辨识。大数据技术的发展降低了数据储存、获取的成本，使更加便捷、更加快速、更加全面地获取数据成为可能。另外，随着统计学习方法的优化，数据的内涵得到了延伸，大数据时代下的数据不再局限于结构化、数值型的数据，文本、音频、视频、图片、位置等成为重要的数据资源。在商业应用中，来源于物联网、公共记录、社交媒体和卫星定位的数据更是成为大数据信息的核心。

相比于问卷和调查等传统的数据搜集方法，互联网时代的大多数数据以电子化传播、储存。在这种数据电子化的环境下，监管机构或金融机构可以通过用户上传、API 上传、流式加载、批量文件加载、关系数据库实时同步、网络爬虫、API 访问、文件导出及实时写入等方式进行数据收集。

虽然互联网时代采集数据的方法大多是实际行为生成的、没有人工干预的，相比于传统的数据搜集具有更高的质量。但是，技术问题、消费者造假以及金融机构造假等问题依旧存在。在这种情形下，监管者应采取相应的措施辨伪数据。同时，过多的非结构化的数据同样会扰乱监管，因此，还应通过防窜改、数据排查来实现更加精准的数据收集。

（2）数据共享。数据共享是指数据在监管层、行业协会、金融机构及消费者之间或者内部的共享。数据共享是金融统合监管的基础，是提升科技监管效率的得力帮手。实现数据的充分共享面临着重重障碍，其中，数据保护或本地化规则是导致金融机构中信息低效，形成"信息烟囱"和"数据孤岛"的重要原因。例如，2015年1月5日，中国人民银行印发《关于做好个人征信业务准备工作的通知》，批准芝麻信用等8家机构展开个人征信业务准备工作。然而，经过两年的试点，8家机构均未达到监管标准，之后在2018年3月，在中国人民银行的监管指导下，中国互联网金融协会联合8家机构，共同成立了百行征信，并获得了我国第一张个人征信业务牌照。其中，数据共享问题是之前8家试点机构失败的重要原因。由于部分消费者的金融消费行为会集中在个别机构，出于消费者信息保护以及公司价值保护的考虑，这些数据并不会在8家机构之间流通，因此导致个人征信的评价体系可能有偏差，如考拉征信很难对主要使用支付宝的消费者进行精确的个人征信评估。

基于"数据孤岛"问题，中国人民银行作为金融监管的最高组织机构，应统筹数据共享工作，制定数据共享机制、数据脱敏制度和实施规范，对各类数据进行分析管理，明确什么数据可以全系统共享，什么数据可以特定对象共享，什么数据需脱敏后共享，整体协调、管理各分析中心使用数据的权限，根据应用场景形成数据采集和共享使用的闭环。

（3）数据分析与决策。数据是金融机构经营活动、合规管理的重要资产，也是监管机构实施科学监管的前提。如何将数据资产转化为商业价值和监管效率，同样是一个重要话题。在这一过程中，大数据、人工智能、机器学习、神经网络和区块链等被广泛应用于科技监管领域。例如，芝麻信用通过云计算和机器学习等方法，利用网购、理财、生活缴费、社交等数据，对个人信用做出评价，取得了非常好的效果，成为签证办理、信用管理领域的重要参考。

（4）监督执行。获取和分析数据为监管提供了指导，但监管科技的落脚点是监管，使市场在保证公平的前提下保持活力和竞争力，因此，监管科技还包括通过科技手段使被监管者实时接受监督，必要时需要退出市场，乃至受到处罚。

2.运用于监管实施端的监管科技框架

从不同的需求者出发,广义上的监管科技可以分为两类,分别为监管机构实施的监管科技和金融机构出于合规目的的监管科技。由于不同主体实施监管科技的目的、操作手段及权限均存在巨大差异,因此,不同主体运用监管科技的思路和方法也存在一些差异。

参考国际清算银行下设的金融稳定研究所(FSI)发布的《金融监管中的创新技术:早期用户的总结》以及京东金融研究院发布的《SupTech:监管科技在监管端的运用》,对运用于监管实施端的监管科技框架(图5-1)进行介绍。运用于监管实施端的监管科技框架主要分为数据收集和数据分析两个部分。其中,数据收集包括报告生成、数据管理和虚拟助手。数据分析包括市场监管、不端行为监测、微观审慎监管和宏观审慎监管。

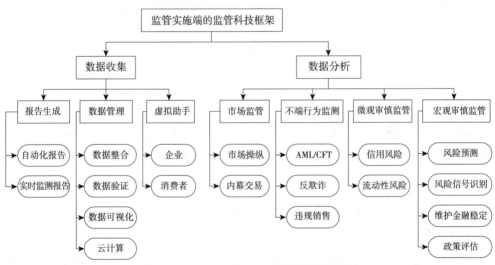

图 5-1　运用于监管实施端的监管科技框架

1)报告生成

(1)自动化报告。数据推送(data push approach)和数据进栈(data pull approach)是自动化报告的两种重要方法。其中,数据推送指监管机构搭建一个报告平台,金融机构等被监管机构基于此平台传输数据,在标准化的转化规则下,平台将基础数据进行连续变化形成报告推送到监管机构。数据进栈则指监管机构直接从被监管金融机构的IT系统抓取数据,再结合监管机构的内部数据系统生成报告。

（2）实时监测报告。监管科技的发展为实时监控提供了技术基础，监管机构中心化的地位与互联网大数据处理技术相结合，可以实时获取市场数据并提供实时警报。人工智能、网络模型结构及机器学习等统计学习模型的应用也为监管机构构建高精度、高频率及高效率的实时监测预警系统提供了模型基础。例如，澳大利亚证券和投资委员会利用市场分析情报系统，对澳大利亚的一级资本市场和二级资本市场进行实时监控，并通过机器学习等方法识别异常交易行为。

2）数据管理

（1）数据验证。高质量的数据对于金融监管尤为重要，一旦数据质量存在明显差错，将容易导致监管者得出错误结论，并做出错误决策，因此，通过数据验证提升数据质量是保证监管科技效率的前提。具体而言，数据验证检查主要包括数据接收、数据完整性、数据正确性、数据合理性及数据一致性的检查。机器学习及非监督学习等方法常被用于这一环节中的数据清洗和劣质数据识别。

（2）数据整合。在大数据时代，数据以各种形式出现在社会生活和金融交易中。对于监管机构而言，其数据来源包括宏观经济数据、微观交易数据、社交网络舆情数据、媒体文本数据等各式各样的数据。数据从不同的数据来源涌来，通过整合，监管机构能够加强监管机构对宏观经济运行与微观个体之间的联系，加深对风险生成机制和扩散机制的理解。在这一环节，文本分析、图片识别、人脸识别及机器学习等方法是整合文本、图片及视频等数据的重要方法。

（3）数据可视化。数据本身虽然具有价值，但对监管者而言，大多数数据本身并不具有直观性，且互联网时代的数据量急速扩张，分配到每个数据上的平均注意力急剧下降，关注到所有的数据并不现实，因此，数据可视化工具对于监管者而言意义重大。数据可视化工具将大量的、密集的数据以容易理解的方式呈现给监管者，或提炼出更具重要性的指标，方便监管者去识别、发现风险。例如，澳大利亚证券和投资委员会利用 IBM i2 和相关联的 iBase 信息计划进行数据和网络的可视化分析，用于表示结构化数据源的时间、关联和因果关系。常用的数据可视化工具包括仪表盘、网络图、交通信号灯及报告等。

（4）云计算。云计算是分布式计算的一种，通过网络云将巨大的数据计算处理程序分解成无数个小程序，然后通过多部服务器组成的系统进行处理和分析。通过任务分解，云计算可以实现更大、更灵活的存储，并具有更强的计算能力。云计算的服务类型可分为 3 类，分别为基础设施即服务（IaaS）、平台即服务（PaaS）

以及软件即服务（SaaS）。FCA 用于收集、存储和处理市场数据的云解决方案，可在每天的高峰时段灵活地处理上亿条的市场数据。

3）虚拟助手

虚拟助手将人工智能技术与传统监管机构中的客服窗口结合起来，在预先设定好的交互窗口中，由智能机器人读取并分析客户提供的信息，结合数据库中保存的内容做出反馈。虚拟助手具备两大特点：①虚拟助手通常采用机器学习的底层模型进行自主学习。随着服务数据的不断积累，虚拟助手能够对自身及知识库进行进一步优化。②语音识别和自然语言处理（natural language processing，NLP）等技术的完善使虚拟助手具有出色的语义理解能力，其通过语义分析和情感分析能够准确把握客户需求，提供正确的解决方案。

金融业的数字化变革在给金融消费者带来新的服务体验的同时，金融消费者寻求金融服务的需求也与日俱增，因此，在金融创新过程中可能会面临监管空白的地带。无论是金融消费者在寻求金融服务的过程中，还是在金融机构提供新型金融服务的过程中，均会面临一系列的疑惑，而监管机构虚拟助手的应用，将有利于提高监管效率。虚拟助手在监管机构中的应用主要包括 3 个方面：监管机构使用聊天机器人自动答复消费者投诉，监管机构使用聊天机器人向被监管机构提供帮助，通过机器解读法规以促进合规性建设。

4）市场监管

市场监管的关注焦点是可疑交易，如市场操纵和内幕交易。在金融科技的推动下，金融市场每时每刻都在产生海量数据，监管科技是监管机构分析挖掘数据价值的重要手段。通过对海量数据的处理与分析，对可疑交易进行监测。

近些年来，在我国市场的具体实践方面，上交所以大数据平台为基础，以实际监管业务场景为着陆点，积极研发智能应用，其中，3 项智能技术研究成果已被应用于监管实践之中：①运用机器学习技术实现投资者画像，从交易风格、持仓特征、投资偏好、历史监管和违法违规等维度，设计特征指标，对投资者进行全方位图形化展示；运用机器学习技术，智能识别和预判其异常交易模式，为异常交易行为的分析和决策提供参考。②运用知识图谱技术进行账户关联性分析，从账户关联、交易关联、终端设备关联等维度，高效计算和判定账户的关联关系，同时应用最新的图数据库技术，快速生成拓扑结构图，直观展示账户和账户组之间的关联关系，提升关联账户的识别效率。③使用文本挖掘技术提高网络"黑嘴"

的侦测能力,运用文本挖掘和语义分析技术,自动抓取热门网络社区中的荐股信息,同步筛查相关股票行情是否存在异动,自动对异动股中有"抢先交易"行为特征的账户进行分析,筛查出网络"黑嘴"嫌疑账户。[①]

5)不端行为监测

(1)反洗钱/恐怖主义融资。智能技术可以检测到人工监测不易发现的异常交易、关系和网络。诸多监管机构都正在或计划运用创新技术来监控反洗钱/恐怖主义融资行为。例如,新加坡金融管理局用 NLP 和机器学习来分析可疑交易报告,以便发现潜在的洗钱网。意大利银行的金融情报机构在反洗钱监控中运用大数据技术,其数据中包括 5 年内超过 15 000 欧元的所有交易的结构化数据和新闻评论等非结构化数据。这些监管科技除了能显著缩短分析时间外,其另一个优势是进行实时分析的范围广泛。

(2)反欺诈。以机器学习、人工智能为代表的监管科技能够帮助监管机构识别潜在的欺诈行为。例如,美国证券交易委员会就运用了一种序列方式来监测违法行为。首先,它采用非监督学习来监测数据中的模式和异常,如通过该技术识别 SEC 的文件,通过主题模型生成"类似"文档组,以识别市场参与者之间的共同和异常行为。然后,通过引入人工指引和判断,来对机器学习的输出结果进行解释。

(3)违规销售。FCA 正在试验使用监督学习和随机森林技术来预测违规销售金融产品的可能性。为了阻止违规销售金融产品,FCA 尤其关注那些违规销售最常出现的情形,如监督机构使用可视分析来识别可能具有误导性的广告。

6)微观审慎监管

(1)信用风险。信用风险指受信方在拒绝或无力按时、全额支付所欠债务时,给信用提供方带来的潜在损失。信用风险是金融市场最主要的风险之一,也是《巴塞尔协议Ⅲ》中的重要监管风险。

传统的征信体系存在信用数据不完整、征信体制不健全、征信监管不完善等问题,因此导致违约事件的预测能力不足,而大数据与机器学习等方法的应用能够极大提高监管机构的贷款违约预测能力。除此之外,互联网金融的发展延长了资金的链条长度,增加了资金的隐蔽性,传统监管面对这一趋势表现出了监管能力

---

① https://www.sac.net.cn/hyfw/hydt/201806/t20180629_135783.html。

不足的局面。为应对这一趋势，监管科技的应用主要体现在两个阶段：①接入包括互联网金融在内的金融机构的大数据，如为应对互联网金融的快速发展，自 2015 年 11 月以来，央行开始把互联网金融逐步纳入金融统计体系，为行业监管与行业自律提供全面的数据支撑。②探索大数据分析的技术方法，并对信用违约进行预测，如意大利银行开始探索如何将机器学习应用于贷款违约预测。

（2）流动性风险。根据 2009 年银监会印发的《商业银行流动性风险管理指引》，流动性风险指商业银行虽然有清偿能力，但无法及时获得充足资金或无法以合理成本及时获得充足资金，以应对资产增长或支付到期债务的风险。流动性风险的爆发容易导致资本市场价格的剧烈波动，2013 年发生的"钱荒事件"就是流动性风险的最好例证。

监管科技下的神经网络等方法有助于监管机构更广泛、快捷地对流动性风险进行分析和监测。例如，荷兰银行利用神经网络方法研究了一种自动编码器，该编码器从数据中抓取主要特征，并将来自实时结算系统支付中的数据与该特征进行比对。实时支付数据的实验结果表明，自动编码器的应用可以通过监测银行的流动性问题来应对银行挤兑。

7）宏观审慎监管

相比微观审慎监管着重于单个金融机构的风险，宏观审慎监管除了关注机构个体风险外，还关注系统性金融风险，强调时间维度上的逆周期管理，以及空间维度上的风险传染，包括金融工具之间、金融机构之间以及金融市场之间的风险传染渠道。目前的监管科技在宏观审慎监管方面主要用于以下 4 个方面。

（1）风险预测。风险预测是风险防范的前提。随着前沿数据分析方法的发展，越来越多的尖端技术被用于风险预测领域，如意大利银行研究人员基于门户网站的广告数据和社交网络数据，运用大量的技术工具来预测房价和通货膨胀。

（2）风险信号识别。监管机构可以利用来自包括支付系统在内的大量金融市场的基础设施数据来识别风险信号。

（3）维护金融稳定。对于现代信用经济体系而言，金融稳定是经济和社会稳定的重要条件，许多国家也将金融稳定作为其货币政策的目标之一。随着监管科技发展的深入，美联储、欧洲中央银行及英格兰银行等金融监管机构也开始逐步采用热图等新型工具来进行监测，以突出潜在的金融稳定性问题。

（4）政策评估。传统的政策评估采用实验法及数据分析法，这些方法或成本较大,或分析较为简单,对于网络结构复杂的金融市场而言,传导机制错综复杂,传统的方法存在一些局限。目前,网络结构分析法、神经网络、深度学习等新的数据分析方法开始被应用于政策评估领域,为政策发展和实践做支撑。

3. 运用于金融机构的监管科技框架

金融机构开展合规科技的主要目的是满足监管机构的监管要求,降低合规成本,因此,合规科技的核心在于金融机构端与监管端的数字化沟通。参考京东金融研究院发布的《CompTech:监管科技在合规端的应用》,监管科技在合规端的运用分为数字化、数据识别与分析应用、数据加密与传输技术。机构合规端的监管科技框架如图5-2所示。

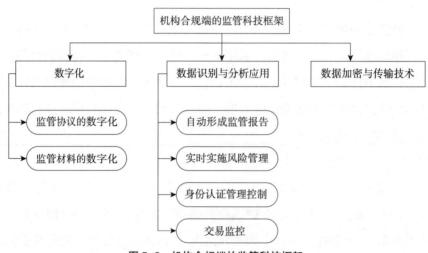

图 5-2 机构合规端的监管科技框架

1)数字化

(1)监管协议的数字化。合规科技的数字化运用可以通过对监管规则进行数字化解读来使之嵌入机构和各类业务中,根据监管规则的变化保持更新,使监管规则更及时、充分地被理解,有效提升合规效率,降低合规成本。例如,瑞士的监管科技公司 Apiax 的主要业务就是监管协议的数字化,通过 REST 和 GraphQL 等成熟技术的 API,实现对监管规则的访问和智能解读,然后将复杂的法规转换为数字化的合规规则,并以数字方式对法规进行管理,应用场景包括跨境金融活动、智能投顾、税务、数据保护等。

(2)监管材料的数字化。随着监管手段的不断丰富,如央行沟通、道义劝告、窗口指导等,监管材料的形式也逐渐多样化,包括数据、文件、图像、音视频等，合规科技通过将这些材料数字化，可以体系化合规流程，使合规材料更容易被储存和解读，也更便于金融机构与监管机构之间的信息传导。例如，美国监管科技公司 Verint Verba 通过安全记录、存档多种 UC 模式，包括语音、视频、IM、文档等，来帮助企业满足合规要求。另外，该公司还提供了一个复杂的存储策略框架，该框架允许企业的管理员根据各种过滤条件制定保留规则，如电话号码、姓名、扩展名、用户、组、日期和时间值等，从而提供灵活的选项来管理系统中的数据。

2）数据识别与分析应用

（1）自动形成监管报告。与监管机构的监管科技运用一样，金融机构通过大数据分析、即时报告、云计算等技术，来实现数据的自动分布并形成监管报告。在互联网数据膨胀的时代，自动化监管报告能极大提高金融机构的合规效率。例如，英国监管科技公司 NEX Regulatory Reporting 的主要服务内容就是为金融机构提供监管报告，利用 Hub 技术的云端，该公司提供的监管科技服务能够实现对海量数据的连续处理，形成跨部门、跨资产类别的报告，使其最终能够为银行、经纪公司、对冲基金和资产管理公司提供解决方案。

（2）实时实施风险管理。互联网数据的大容量、小颗粒度和高频的特征，使其突破了传统数据的局限。结合机器学习等方法，合规科技有助于金融机构更容易发现、预测风险，实时更新风险预警指标，提高金融机构风险预测的效率。

（3）身份认证管理控制。合规科技的另一重要运用是帮助金融机构完成尽职调查和 KYC 程序，进行反洗钱、反欺诈的筛查和监测。金融机构一旦违反 KYC 程序，或尽职调查存在纰漏，未尽到反洗钱、反恐融资义务，不仅会使公司声誉遭到损害，还会遭到巨额罚款，甚至面临刑事惩罚，进而影响公司的效益和发展。随着合规要求越来越细化，人工 KYC 的认证程序将耗费大量的时间和费用，且准确性难以得到保证。运用合规科技能够有效节省认证时间，降低合规成本，提高认证效率。例如，监管科技公司 Encompass 即是专门做自动化 KYC 的公司，其主要运用人工智能等技术将 KYC 流程自动化，并通过 API 将多个 KYC 数据源集中到一个应用程序中，为决策者提供更丰富准确的数据。

（4）交易监控。合规科技还可运用于实时的交易监控和审查，尤其是在移动支付以及网络交易已成为主流的时代，信用卡、自动清算、数字钱包、银行账户、电汇等任何支付类型，都可以以数据的形式进入监控系统，再采用非监督学习的方法识别异常交易。例如,美国监管科技公司Feedzai通过大数据、机器学习等方法,来监控风险并提供反欺诈的解决方案,通过交易监控发现交易异常现象。

3)数据加密与传输技术

数字化之后的数据在传输过程中,与传统的信息传递一样,面临数据篡改和数据保密的问题。目前,在数据传输中,监管科技主要基于区块链和云计算等先进技术,来确保数据的安全性、完整性、有效性,防止数据被篡改。

5.2 监管科技的主要内容

监管科技的应用场景主要包括五大场景:①对金融机构与客户交易过程中的欺诈交易、反洗钱和内部交易等可疑交易行为的监控。②满足监管机构合规要求的合规数据报送。③被监管机构针对推陈出新的法律法规,通过NLP进行法律法规追踪。④借助机器学习、NLP及生物识别技术进行客户身份识别。⑤对金融机构在极端条件下的金融压力测试。

5.2.1 交易行为监控

2008年,金融危机爆发之后,金融监管更加关注金融消费者的权益保护,但在互联网和金融科技的发展下,金融欺诈的形式和手段不断演变,金融欺诈风险不断升级,金融欺诈呈现出专业化、产业化、隐蔽化和场景化的特征。

近年来,非银支付市场获得了长足发展,客户数量、交易金额迅速增长,已成为我国支付体系的重要组成部分。由于非银支付业务普遍具有快捷、便利、非面对面的交易特点,所以在为普通客户提供高效服务的同时,也逐渐被一些违法资金交易所利用,隐含着较大的洗钱风险。根据中国人民银行发布的《中国反洗钱报告2019》,2019年中国反洗钱监测分析中心共接收4 182家报告机构报送的大额交易报告8.67亿份,其中,可疑交易报告163.76万份,同比增加2.22%。

为保障金融消费者权益和维护金融体系稳定,加强交易行为监控十分必要。监管科技通过借助大数据和云计算技术,来进行反欺诈、反洗钱和反内部交易的监控,实时识别异常的交易行为,及时发现金融产品、金融服务和内部控制中的漏洞和风险点。从交易事件的过程来说,市场行为监控系统包括交易前监管、交易中监管和交易后监管3个部分。

在交易前，金融机构将合规条文和风险评估工具嵌入实时监测系统，采用大数据技术和软件集成工具建立数据仓库。在交易中，监管科技技术和数据共享机制可以使金融机构获得常规统计手段难以获取的数据，并通过人工智能等方法对交易数据进行挖掘、分析，且自动生成合规报告，极大地简化了传统的数据收集和整理过程，在降低人力成本的同时，有效提高了对金融犯罪风险和客户行为风险的监测效率。在交易后，数字化的进程有助于金融机构持续进行跟踪。通过可视化工具对多维数据进行可视化展示，增强金融机构对交易行为的认识和经验积累；通过对交易过程的实时总结，使金融机构获得更加有效、快捷的监管建议和指导，更好地了解监管法规和合规责任，从而在后续经营活动中不断改进自身工作。

5.2.2 合规数据报送

合规报告是监管机构进行非现场监管的重要手段，也是金融机构自身进行风险控制的必要流程。尤其是在 2008 年金融危机后，监管机构对金融机构数据报送内容的要求逐渐提高，金融机构需要向不同的监管机构报送不同结构、不同统计维度的数据，合规工作量急剧增加。监管科技通过使用自动化来替代人力，是金融机构提升合规效率的重要措施。

金融机构的合规人员在业务经营范围、数据报送口径、信息披露内容与准则、金融消费者权益保护等方面经常存在理解偏差，尤其是在金融创新的趋势下，各种新型金融创新产品、金融服务及金融平台层出不穷，这些均会导致监管标准难以保持一致，增加了合规的难度和成本。为了使合规程序更加流程化，适应于自动化报告的形成，数据标准化是监管机构实现合规文件数字化的选择。在数据标准口径统一之后，合规数据报送分为 3 个流程。

（1）在合规数据处理阶段，监管机构向金融机构提供监管科技接口，将各种监管政策、规定和合规性要求进行数字化（工具化和标准化），使其具备"机器可读"或"可编程"的要求，方便金融机构对其内部流程和数据进行编程，并通过统一协议交换数据和生成报告。在此阶段，API 技术、系统嵌入、云计算等监管技术有助于减少人工干预，提高金融机构报送数据的能力，降低金融机构的合规成本。

（2）在数据标准化方面，云计算能对不同维度、不同类型和不同形态的数据进行集中处理分析，实现金融机构之间数据的通用性。

（3）平台各方基于云计算技术，通过制定统一的金融数据统计口径、数据交互标准，加强数据综合利用，实现监管合规要求的自动化处理。

在合规数据传输阶段，监管科技可以利用安全多方计算、数据安全存储单元、区块链等加密技术，保证数据在传输过程中不被窃取、篡改和破坏，保证数据的可追溯性。通过属性、对象和访问类型标记元数据，增强监管数据采集过程的安全性和可靠性。

在监管端的合规报告分析阶段，监管机构面对海量异构金融数据，尤其是由数据来源广、关联系统多等产生的低质量数据，可以综合运用数据挖掘、模式规则算法、分析统计等手段进行多层清洗，使获得的数据具有高精度、低重复、高可用优势，为风险态势分析等提供更为科学合理的数据支持。

5.2.3　法律法规追踪

科技赋能金融促进了金融创新的蓬勃发展，但金融创新也带来了金融监管的空白地带。为做好系统性金融风险的防范工作，金融监管部门针对金融市场的不断演变，也在不断颁布针对性的法律法规来予以应对。面对众多的金融监管法律法规，传统利用人工合规的方式已经难以适应现在的监管要求，运用人工智能、大数据、云计算、知识图谱等新兴技术的监管科技进行法律法规追踪是必然趋势。

NLP 和机器学习等技术的发展，为金融机构快速处理和学习最新的法律法规和监管案例提供了方法基础。这些监管科技不仅可以帮助金融机构进行案例分析推理，比较不同案例的差异，进行全局化计算，评估金融风险，及时提醒金融机构调整合规操作，还可以比较不同国家监管文件之间的关联性和差异性，帮助金融机构合法地开展跨境业务。

5.2.4　客户身份识别

目前，世界各国的反洗钱立法普遍把客户身份识别看成金融机构防范和控制包括洗钱风险在内的各类风险的一个动态过程。在我国，客户身份识别是反洗钱法律制度的强制性要求，是金融机构及其工作人员必须履行的法律义务，其中，《中华人民共和国反洗钱法》就明确指出："金融机构应当按照规定建立客户身份识别制度。"客户身份识别制度与大额交易和可疑交易报告制度、客户身份资料和交易记录保存制度共同构成了国际反洗钱标准，也是各国立法确认的反洗钱预防措施的 3 项基本制度。其中，客户身份识别制度又处于最基础的地位，其流程包括 4 个方面：了解、核对、登记和留存。

基于监管要求和金融行业的发展特点，监管科技的应用有助于降低合规成本，提高效率。首先，随着互联网金融的快速发展，金融服务的需求增加，而传统的 KYC 由于贷款对象集中、数额较大，因此成本相对较低，但面对互联网金融下的业务膨胀，传统的 KYC 开始显现出其局限性。其次，更高的监管合规要求同样迫使金融机构在客户身份识别领域投入更多，如根据汤森路透 2017 年发布的《了解你的客户合规：金融机构挑战加剧》，大型金融机构在 KYC 的相关程序的平均支出在 2017 年达到 1.5 亿美元，金融机构从事 KYC 合规工作的职员人数从 2016 年的 68 人激增至 2017 年的 307 人。最后，经济数字化的发展使越来越多的金融业务向线上转移，便利了监管科技在客户身份识别上的应用。监管科技可以通过区块链、机器学习以及生物识别等技术方法，降低 KYC 的合规成本，提升效率。

信息共享可以提高 KYC 合规的准确性。监管层、行业协会、金融机构及消费者之间出于隐私保护及数据安全等原因，容易形成数据孤岛，导致信息互通障碍，不利于全面控制风险。监管机构和金融机构成立基于区块链联盟的监管平台，并通过分布式储存和认证共享实现数据的互联互通。任何一个加入监管平台的金融机构只要把经过认证的 KYC 信息储存到区块链，其他节点上的金融机构和监管机构即可同步得到一致的信息。金融机构基于不同的数据来源，能够更加全面地对客户进行风险评价。

监管科技除了可以通过自动化处理提高 KYC 的效率外，还可以利用机器学习方法，融入更多的数据和信息，提高预测能力。例如，传统的 KYC 主要靠问卷调查，除了存在数据质量不高的问题外，其全面性同样存疑，而机器学习不仅可以同时利用客户的主观调查数据，还可以加入真实的交易数据，并采取 NLP 技术，准确描绘客户画像，对客户进行风险评级。例如，芝麻信用分就是通过分析包括网购、理财、生活缴费、租房以及社交关系在内的大量网络数据和行为数据，采用机器学习、云计算等方法从用户信用历史、行为偏好、履约能力、身份特质和人脉关系 5 个维度对个人的信用状况进行客观评价。

生物识别技术主要包括指纹识别、虹膜识别及人脸识别，如京东金融在客户身份识别方面，基于完备的 KYC 流程及客户信息收集与验证，充分运用人脸识别、语音识别、设备指纹等技术，凭借京东金融自身的大数据基础和数据挖掘能力，为每个客户构建出精准的画像，将客户行为立体化，提高获取客户信息的完整性与准确性，从而进行客户风险等级划分，为不同风险等级的客户制定针对性的风控策略。除了生物识别技术外，京东金融还通过运用整体设备识别和人机识别技术，帮助企业判断交易操作者与账户所有者是否是同一人，防止客户身份被黑色产业分子截取、盗用或修改，用于非法活动。

5.2.5 金融压力测试

金融压力测试指当市场出现极其不利的情形时，市场变化对资产组合的影响程度。2004年，《巴塞尔协议Ⅲ》明确指出，压力测试用于评估特定时间或金融变量对金融机构财务状况的影响，作为一项独立的风险管理技术，是对其他风险管理工具的重要补充。

人工智能、大数据等技术的发展能够使金融机构更加精准地模拟真实情景下的金融状况，及时发现风险以及其可能造成的后果，为金融机构制定应急预案提供参考。金融压力测试一般分为三个阶段：选取测试范围、设定测试情景、信息披露与反馈。其中，一般选取影响力大的金融机构进行测试，这一类机构通常被称为系统重要性金融机构。测试情景一般选择历史情境或极端情景，如"9·11"事件是大多数美国金融机构进行压力测试的重要情景。在信息披露与反馈阶段，测试机构会对整个测试过程进行实时监控，适时披露相关信息，透露给金融机构更改的信号。

新技术下的金融压力测试将借助人工智能、大数据等手段，更加精准地模拟虚拟情境下的金融状况，反馈监督过程也会更加透明。"监管沙盒式""金融风洞"的探索实践是在一个力求风险最低的前提下进行策略创新的良方，目前已经在很多国家得到推行。

5.3 监管沙盒

5.3.1 监管沙盒的概念及发展

虽然科技赋能金融加速了金融创新的进程，对经济发展起到了重要的促进作用，但很多金融创新本身也蕴含着新的风险。监管创新通常滞后于金融创新，这会增加风险监管的难度，但为应对风险采取过度监管又会抑制金融创新。因此，为了保证金融科技在继续推动经济发展的同时，减小金融科技发展带来的负面影响，2015年11月，FCA率先提出了监管沙盒（regulatory sandbox）的理念，自此，监管沙盒成为监管科技最主要的实现路径。

监管沙盒在金融监管中的具体含义是一个受监督的安全测试区，在这一测试区内，允许企业在真实的市场环境中，以真实的消费者为对象测试创新性产品、服务和商业模式。在测试过程中，监管者可以通过沙盒机制了解这些创新性产品、服务和商业模式，及时获取数据和信息反馈，并利用云计算、大数据、人工智能等技术对这些创新产品、服务和商业模式进行风险和可行性报告。从企业视角来看，企业也可以通过实时跟踪产品、服务和商业模式在沙盒中的真实运行情况，收集市场、行业和消费者的反馈，有针对性地完善创新产品和服务，达到促进金融创新、提升经济发展的效果。英国监管沙盒的实践表明：通过沙盒测试并获得授权的企业更容易在资本市场上获得投资和认可。例如，在第一期完成测试的企业中，约有90%的公司在测试后继续向更广泛的市场进军，有1/3的企业会基于沙盒中获得的经验对自身商业模式、服务模式、产品价格、消费者定位进行修正，以更好地适应市场环境和竞争需求，促进有效的市场竞争，并加大对下一代技术的投资力度，更好地为消费者服务。

5.3.2 监管沙盒的模式选择

1. 监管沙盒的目标

（1）促进金融创新。作为世界上首个实行监管沙盒的国家，英国明确指出，建立监管沙盒的宗旨是在保障金融消费者权益的前提下，给予企业足够的自由度，以达到支持金融创新的目的。由于大部分国家的监管沙盒以英国的模式作为蓝本和参考，因此，在大多数国家实行的监管沙盒框架下，促进创新发展均是监管沙盒的首要目标。

（2）对创新业务的合理监管。①创新业务通常蕴含着未知风险，通过提供一个受限制的监管环境，在此监管环境下进行充分的运行，让监管者能够充分发现其中的风险，为未来的监管提供科学依据。②在受到限制的监管环境内，风险爆发所带来的损失是有限的、可以承受的，可以增强金融消费者的信任和信心。

（3）促进市场竞争。FCA提出的监管沙盒除了促进创新和保障消费者权益外，还可以进一步促进国内有效的市场竞争。新加坡金融管理局同样希望监管沙盒能够提高金融科技与金融创新效率，使金融生态越来越具活力。

（4）完善法律法规。监管沙盒通过观测创新产品的实际运行情况，实时追踪市场中各个参与者的行为，尤其是企业或平台利用信息不对称造成市场不公平的行为，为未来针对创新产品、服务和商业模式制定更加科学有效的法律法规奠定基础，进而维护市场公平，保障消费者权益。

（5）帮助企业改良产品。参与沙盒测试的企业可以通过监管沙盒获得实际的市场数据和用户意见。针对市场的反映，企业可以在正式推出产品之前，对产品进行适当修改，使其可以在未来以更低的成本、更能满足消费者喜好的形式进入市场，获取市场占有率。

（6）创造新的商业机会。部分国家的监管沙盒目标提出了创造新的商业机会、改善民众生活的目标，其中包括新加坡和马来西亚等国家。

需要指出的是，目前并没有任何一个国家的监管沙盒目标是单一的，正如监管沙盒推出的最初原因是在促进创新和防范风险之间进行权衡一样，各个国家的监管沙盒目标通常是多元的、变化的，表5-1给出了各个国家的监管沙盒目标。

表5-1 监管沙盒目标

国家或地区	监管沙盒目标
英国	促进创新、促进市场竞争
新加坡	促进创新、控制风险、创造商业机会、改善民众生活
荷兰	促进创新、审查法律法规的合理性

2. 审批和报备

企业进入监管沙盒的方式主要有两种：一种是以英国为代表的申请审批制；另一种是以澳大利亚为代表的申请报备制。

（1）申请审批制。在申请审批制下，企业根据监管沙盒的规定，向沙盒管理机构提交申请材料，管理机构通常按照一事一议的原则，根据评估标准对每一家申请企业进行审核，判断其是否具备加入沙盒测试的资格。英国、新加坡和荷兰是这一申请方式的代表。

由于业务通常是创新性业务，无法可循，因此大多数评估标准具有主观性特征。虽然不同国家的监管沙盒目标存在差异，并导致各个国家在设定评估标准时存在差异，但整体上仍表现出了一致性。

（2）申请报备制。申请报备制是指符合条件的金融科技企业在向监管沙盒管理机构备案后，无须持有金融服务或信贷许可即可开展业务测试。澳大利亚是第一个尝试申请报备制的国家，打算进行测试的企业在准备进入沙盒前，须向澳大利亚证券和投资委员会发邮件报备，并在邮件中附上要求提交的材料。一般而言，公司在提交材料14天后便可以进入沙盒进行测试。在申请报备制下，澳大利亚证券与投资委员会只会确认提交材料的真实性，而不会审核评估公司。

由于缺乏对企业风险的评估，且创新性产品、服务和商业模式蕴含着很多未知的风险，为控制风险，进入沙盒的企业在测试阶段，对测评产品、提供的服务和用户数量均会有明确的严格限制。表5-2给出了企业提供的产品须符合的条件。

表 5-2 企业提供的产品须符合的条件

项目	主要内容
金融服务产品	风险敞口在1万澳元以下的金融产品都可以交易，包括在澳大利亚上市的所有证券、股票和国债等
	部分保险产品，且限额5万澳元，使用险种包括家庭财产保险产品、个人险，而房屋险、汽车保险、旅游保险、消费者信用保险、疾病意外险、寿险等都不在适用范围内
	简单的投资管理计划，80%的资产投资在银行账户，3个月可以取出，限额1万澳元
	对授权存款吸纳机构发行的支付产品进行交易或者给予建议，限额1万澳元
	储蓄产品，最大限额1万澳元
信贷产品	信贷额度不超过25 000美元，年化利率不超过24%
	不适用特定的责任借贷，如住房反向抵押贷款和小额信用贷款
	不适用房屋抵押贷款
	不是消费者租赁合同

（3）两种方式的比较。申请审批制没有设置统一的条件，只设定了主观性的大方向，为沙盒监管进行测试企业的筛选提供了灵活性。由于金融创新通常具有一定的未知性和探索性，因此这种制度具有一定的优势。如果对每一项创新产品、服务和商业模式都进行主观评估，那么就需要大量的人力、物力和时间，会降低沙盒监管的效率。

申请报备制采用统一的客观标准，监管机构只需要核实申请企业的材料真实性，以及是否符合设定的标准，因此，相比于申请审批制，申请报备制在一定程度上减轻了工作量，降低了对监管团队的要求。但由于申请条件是标准化操作，缺乏灵活性，因此，在未知性和探索性较强的金融科技领域，容易导致很多具有探索价值的创新性企业很难达到标准。

3. 沙盒监管的工具

企业进入沙盒测试阶段，监管沙盒的管理机构会根据各国监管所在国家的金融发展水平、沙盒监管的目标、法律法规的允许空间以及对风险的认知和承受能力的不同，为测试企业提供不同的沙盒工具。例如，增加监管机构与企业之间的对话，明确监管的具体要求，或适当放松对企业的监管要求，释放企业的创新活力。常见的工具包括但不限于以下几种。

（1）限制性牌照。在沙盒测试期间，管理机构为测试企业颁发限制性牌照，企业可以在规定的服务领域和时间范围内拥有牌照，但涉及的消费者数量与交易金额均需要受到严格限制。在这方面最为宽松的是实行申请报备制的澳大利亚，企业只要符合要求即无须持有许可证就可以直接进入沙盒进行测试。

（2）指导和引导。测试企业对监管制度有任何疑问，监管沙盒的管理机构均会为其提供咨询和指导，除此之外，监管沙盒的管理机构会对一些处于早期的创业产品给予非正式的引导。例如，FCA中的个别指导和非正式引导即属于这一类，荷兰的监管沙盒设立了专门用于企业和监管层的沟通窗口。

（3）规定豁免与修改。监管沙盒的管理机构会依据测试企业的具体情况，在其权限范围内豁免某些规定。但不同国家和地区的放宽内容和程度存在一定的差异，如新加坡金融管理局明确了可放宽的监管法规要求，包括资金偿付能力和资本充足率、最低流动资产、最低实收资本等。

（4）无异议函。监管沙盒的管理机构对无法提供个人指导或豁免的企业，出于特殊原因，可以在测试期内为这些测试企业提供免除强制执行监管条例的无异议函。

4. 退出方式

企业在完成沙盒测试后，根据测试结果，可选择不同的退出方式，目前常见的退出方式有以下4种。

（1）继续测试。当测试企业的产品、服务或者商业模式有待完善，抑或是有待进一步进行充分测试时，测试企业就可以申请延长测试期。大部分国家和地区的监管沙盒对测试延期均有相应的规定，包括是否通过延期申请及延长的期限等。

（2）授予牌照。测试结束后，若企业测试的业务符合法律法规要求，则被授予牌照，允许推广运营。这种退出方式在不同的国家和地区间也存在着一些差异。

（3）业务调整。在沙盒中，若企业创新的产品、服务或商业模式被发现存在一定的风险隐患，则企业需要更改或调整产品设计或商业模式，甚至放弃部分业务。在部分监管沙盒的实践中，业务调整会贯穿整个测试期。

（4）停止运营。如果测试企业的创新产品、服务或商业模式存在重大风险，不适宜继续运营的，则应停止运营。

5.3.3 我国的监管沙盒实践

2019年12月5日，中国人民银行发布《中国人民银行启动金融科技创新监管试点工作》的公告，支持在北京率先开展金融科技创新监管试点，探索构建符合我国国情、与国际接轨的金融科技创新监管工具，引导持牌金融机构在依法合规、保护消费者权益的前提下，运用现代信息技术赋能金融提质增效，营造守正、安全、普惠、开放的金融科技创新发展环境。试点工作的开展标志着我国监管沙盒的计划正式落地。

2020年1月15日，中国人民银行营业管理部向社会公示了6个金融科技创新监管试点应用，这6个应用分别为基于物联网的物品溯源认证管理与供应链金融（中国工商银行）、微捷贷产品（中国农业银行）、中信银行智令产品（中信银行/中国银联/度小满/携程）、AIBank Inside产品（百信银行）、快审快贷产品（宁波银行）、手机POS创新应用（中国银联/小米数科/京东数科），6个应用的主体涉及国有商业银行、全国性股份制商业银行、大型城市商业银行、清算组织、支付机构、科技公司等多家机构，主要聚焦物联网、大数据、人工智能、区块链、API等前沿技术在金融领域的应用，涵盖数字金融等多个应用场景，旨在纾解小微企业融资难、融资贵的问题，提升金融便民服务水平，拓展金融服务渠道等。

2020年4月27日，为深入做好金融科技创新监管试点工作，中国人民银行支持在上海、重庆、深圳、河北雄安新区、杭州和苏州等6地扩大金融科技监管试点，引导持牌金融机构、科技公司申请创新测试，在依法合规、保护消费者权益的前提下，探索运用现代信息技术手段赋能金融，惠民利企，纾解小微和民营企业融资难、融资贵，普惠金融"最后一公里"等痛点难点，助力疫情防控和复工复产。

之后，成都和广州在 2020 年 7 月底陆续加入金融科技监管试点城市的范围之中。

2020 年 10 月 22 日，中国人民银行金融科技委员会发布《中国金融科技创新监管工具白皮书》，为中国开展金融科技监管沙盒提供了纲领性参考。白皮书指出，监管沙盒的基本原则为持牌经营、合法合规、权益保护、包容审慎。在此四项基本原则的指导下，运行机制包括安全管理机制、创新服务机制、信息披露机制、权益保护机制。其中，安全管理机制包括事前审慎把关、事中动态监管、事后综合评价；创新服务机制包括开展金融科技创新辅导、构建创新试错容错空间、搭建政产用对接平台、完善创新成果转化机制；信息披露机制包括信息披露载体和信息披露方法；权益保护机制包括知情与自主选择权、信息安全权、财产安全、依法求偿权和监督建议权。

本章小结

1. 在监管科技的框架中，数据处于核心地位。根据数据在监管科技链条中的位置，监管科技的框架分为数据整理、数据共享、数据分析与决策、监督执行。

2. 从不同的监管需求出发，监管科技又可以分为监管端实施的监管科技（SupTech）和出于合规目的的合规科技（CompTech）。需求和目的的差异使两者在监管科技的框架设计上也存在着一些差异。

3. 监管科技的主要内容包括交易行为监控、合规数据报送、法律法规追踪、客户身份识别及金融压力测试。

4. 监管沙盒是监管科技的主要实现路径。根据企业进入监管沙盒的方式，监管沙盒分为申请审批制和申请报备制，其中，申请审批制更具灵活性，而申请报备制具有更高的效率。

5. 在我国的监管沙盒实践中，持牌经营、合法合规、权益保护、包容审慎是开展监管沙盒工作的 4 项基本原则。在此 4 项基本原则的指导下，存在安全管理、创新服务、信息披露、权益保护 4 种机制。

即测即练

复习思考题

一、名词解释

自动化报告　数据管理　虚拟助手　宏观审慎监管　合规数据报送　法律法规追踪　客户身份识别　金融压力测试　监管沙盒

二、思考题

1. 从需求角度比较监管机构端和金融机构端的监管科技差异？
2. 监管机构实现自动化报告生成哪两种数据获取方式？
3. 监管科技的主要内容有哪些？
4. 监管沙盒的目标有哪些？
5. 监管沙盒的工具有哪些？

参考文献

[1] 傅强. 监管科技理论与实践发展研究 [J]. 金融监管研究，2018（11）：32-49.

[2] 何海锋，银丹妮，刘元兴. 监管科技（SupTech）：内涵、运用与发展趋势研究 [J]. 金融监管研究，2018（10）：65-79.

[3] 张景智."监管沙盒"的国际模式和中国内地的发展路径 [J]. 金融监管研究，2017（5）：22-35.

[4] 张景智."监管沙盒"制度设计和实施特点：经验及启示 [J]. 国际金融研究，2018（1）：57-64.

[5] 杨东. 监管科技：金融科技的监管挑战与维度建构 [J]. 中国社会科学，2018（5）：69-91，205-206.

[6] 尹振涛，范云朋. 监管科技（RegTech）的理论基础、实践应用与发展建议 [J]. 财经法学，2019（3）：92-105.

第 6 章 监管科技的技术依托

章首导言

科技驱动的金融创新可能带来技术、操作等风险,甚至可能引发系统性风险,传统的监管体系无法有效地管理这些风险。为了更好地应对金融科技带来的监管挑战,应构建基于大数据、云计算、人工智能、区块链等技术的科技驱动型监管体系,加强金融监管,防范金融风险,确保金融稳定运行和安全发展。

学习目标

1. 了解人工智能的概念、发展历史以及研究分支。
2. 掌握大数据的 5 个特征。
3. 了解大数据从采集、储存到分析的处理流程。
4. 了解云计算的概念和支撑技术。
5. 掌握云计算的特征。
6. 熟悉云计算的交付模式和部署模式。
7. 了解区块链的概念、发展,以及区块链中运用到的技术。
8. 熟悉区块链的特征和分类。

能力目标

理解人工智能、大数据、云计算和区块链在监管科技中的作用。

思政目标

了解国家为推动引领未来的战略技术的发展和提高国际竞争力所制订的相关规划和政策。

本章知识结构图

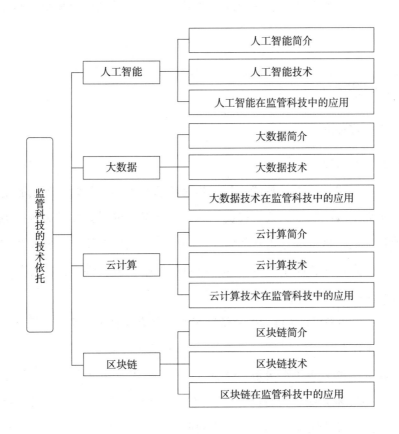

导入案例

金融系统是洗钱的易发、高危领域。根据《中华人民共和国反洗钱法》,金融机构应依法履行反洗钱义务,向反洗钱行政主管部门报告大额和可疑交易。为了甄别可疑交易,微众银行根据自身的业务特点,设置了交易监测规则,但在实施过程中遇到了许多问题,如可疑规则的开发人员不足,无法从日常的海量交易中自动识别和归纳新型反洗钱类型等。为了解决这些问题,微众银行提出以下解决方案。①搭建反洗钱大数据实时分析平台,对原始数据进行多层加工,获得数据特征。②使用数据特征训练机器学习模型,学习和识别可疑交易模式。③运用深度学习技术自学习可疑特征,识别新型可疑交易。该解决方案方便了业务人员构造和分析数据特征,提高了机器学习模型的识别有效性,缓解了反洗钱工作人员的分析压力。

思考:

1. 相对于传统监管技术,机器学习等新兴技术在监管科技中有哪些优势?

2. 在监管科技中引入机器学习等新兴技术是否会带来新的风险?如果会,可能存在哪些风险?

6.1 人工智能

6.1.1 人工智能简介

1. 什么是人工智能

人工智能是机器展现的智能,与之相对应的是人类或动物表现的智能。历史上,学者研究了不同版本的人工智能。一些人定义智能是人类的表现,另一些人则更偏爱智能的一种抽象、正式的定义——理性。人们对研究主题本身有不同的看法,一部分人认为智能是一种内部思维过程和推理的特性,另一部分人则更关注智能的外在特性,即智能行为。

从人类/理性和思维/行为两个维度来看,共有4种可能组合。因此,实现人工智能也有4种方法。

(1)像人类的表现(图灵测试方法)。图灵测试方法是由艾伦·图灵在1950年设计的思想实验方法,其目的是测试机器是否能表现出与人无法区分的智能。在测试中,询问者使用任意一串问题询问两个他看不见的对象:一个是思维正常的人,一个是机器。经过若干询问之后,如果询问者不能实质地分辨两个对象的不同,则此机器通过图灵测试。

(2)像人类的思考(认知模型方法)。如果说一个机器能像人类一样思考,那么就需要弄清楚人类是怎么思考的。如果我们有关于人类思维足够精确的理论,那么就有可能按照该理论设计计算机程序。

（3）理性地思考（思维定律方法）。三段论推理由古希腊哲学家亚里士多德提出，是一种给定正确前提总会得到正确结论的简单推理判断。亚里士多德给出了一个经典的三段论例子：所有人都是必死的，希腊人都是人，希腊人都是必死的。这些思维定律支配着思维的运转，关于它们的研究开启了逻辑学的领域。19世纪，逻辑学家创建了一套陈述事物及其关系的精确符号。原则上，程序求解任务可以求解用逻辑符号表达的问题。人工智能中的逻辑流派期望通过构造这样的程序来创建智能系统。

（4）理性地表现（理性主体方法）。理性主体是以获得最佳结果，或者当存在不确定性时，获得最佳期望结果为目的而行动的主体。基于理性主体的人工智能有两个优势：①它比"思维定律"方法更加一般，因为正确的推理只是取得理性的几个可能机制之一。②它符合科学发展。理性的标准可以在数学上明确定义并且完全通用。因为这些原因，理性主体的方法在人工智能领域往往占据上风。现在，人工智能的研究已经集中在研究和构造"做正确的事"的主体。

2. 人工智能的发展历史和现状

在1956年的达特茅斯会议上，美国计算机和认知科学家约翰·麦卡锡（John McCarthy）首次提出"Artificial Intelligence（AI，人工智能）"这一术语，这次会议标志着人工智能作为一个学科的创立，1956年也成为了AI元年。此后，人工智能的发展经历了两次上升期（1956—1974年，1981—1987年）和两次寒冬期（1974—1980年，1987—1993年）。进入21世纪之后，随着数据的积累、算法的创新和算力的提升，人工智能的发展迎来了春天（2006年至今）。2016年，作为人工智能机器人的阿尔法第一次击败了世界围棋冠军，人工智能再次吸引了世界范围内的广泛关注，进入了蓬勃发展的新时期。

作为经济增长的新引擎和引领未来的战略技术，人工智能日益成为国际竞争的新焦点。为了引导和支持人工智能的发展，提升国家竞争力，从2015年开始，国家陆续出台一系列政策和规划。2017年7月，国务院印发了《新一代人工智能发展规划》，提出"把人工智能发展放在国家战略层面系统布局、主动谋划"，确立了人工智能发展三步走的战略目标。在国家规划和政策的引导和支持下，在资本和技术的共同推动下，人工智能产业规模不断扩大。人工智能技术不断被应用在互联网、金融、电信、制造、服务、医疗和教育等行业。据《中国互联网发展报告（2021）》显示，2020年，我国的人工智能产业规模为3 031亿元，同比增长15%，增速略高于全球增速。人工智能产业主要集中在北京、上海、广东、浙江等地。人工智能与产业的融合进程不断加速，深入赋能实体经济，在医疗、自动驾驶、工业智能等领域应用进展显著，典型案例包括人工智能助力疫情防控，人工智能被用在疫情防控的各个环节，提高了效率，降低了病毒传播的风险，为疫情防控提供了有效支撑。

6.1.2 人工智能技术

1. NLP

NLP是语言学和人工智能领域的分支学科，该领域通过研究如何处理和分析自然语言数据，达到使用自然语言和计算进行交流的目的。

2. 知识表示

知识表示是人工智能领域的一个核心研究问题，其目的是让计算机储存相应的知识，并能够按照一些规则推理得到新的知识。要解决问题，就需要大量的知识，包含先验知识和推理获得的知识。知识表示涉及关于人类如何解决问题和表示知识的心理学研究发现，以及自动化的各种推理的逻辑研究发现。

3. 机器学习

机器学习是人工智能的一个研究领域。机器学习算法通过构造一个基于训练样本数据的模型，来做出并没有显式程序控制的预测或决策。机器学习算法的应用非常广泛，如医学、电子邮件过滤、语音识别及计算视觉，而传统算法很难或者无法完成这些任务。机器学习可分为以下几类。

（1）监督学习。监督学习算法使用的训练集包含输入变量和输出变量，通过优化一个函数，监督学习算法可以预测与新的输入值相对应的输出值。根据输出变量的类型，监督学习又可以分为回归和分类。在回归算法中，输出值可以是一个区间内的任何数值，而在分类算法中，输出值限制在一个有限的集合中。

（2）无监督学习。无监督学习算法通过使用只包含输入变量的数据，来发掘数据中的结构，如分组或聚类，以及统计中的概率密度估计。

（3）半监督学习。半监督学习介于监督学习和无监督学习之间。监督学习中的训练集都拥有标注的结果（输出值），无监督学习中的训练集都没有标注，而半监督学习中的训练集则一部分具有标注、一部分没有标注。

（4）增强学习。为了完成一个特定目标，计算机程序随着环境的改变，逐步调整其行为，以最大化一些累积奖励的概念。应用增强学习算法的例子包括自动驾驶、和人类对手进行比赛。

（5）深度学习。深度学习是基于神经网络的机器学习方法。深度是指神经网络中使用的层数较多。深度学习方法可用于监督学习任务和非监督学习任务。对于监督学习任务而言，深度学习方法可以将数据转换为紧凑的中间变量，从而消除特征工程，并获得消除冗余的分层结构。2020年，深度学习的研究在机器学习领域已占据主导地位。

4. 计算机视觉

计算机视觉是一门研究如何使计算机理解数字图像和视频的科学，其目的是代替人眼收集、处理、分析和理解图像，并从现实世界高维数据中提取数值或决策类的信息。计算机视觉的经典问题包括图像识别、运动分析、场景重建及图像恢复。计算机视觉的应用范围很广泛，如用于日常生活中身份认证的人脸识别和指纹识别，这类生物识别技术还包括虹膜识别、步态识别和声纹识别等。

6.1.3 人工智能在监管科技中的应用

金融创新业务的发展虽然提高了金融效率，但也给金融市场带来了一定的风险。保障金融市场安全，维护消费者的利益，是提供金融服务的机构及监管部门非常重视的工作。通过在监管中引入人工智能技术，可以节约监管成本，提高监管效率和能力，进而优化监管体系结构。在监管中运用人工智能的领域包括信用卡反欺诈及反洗钱。

信用卡欺诈包括申请欺诈和交易欺诈。申请欺诈是在信用卡申请环节利用冒名或非法中介包装等造假手段来通过发卡机构审核的欺诈行为。交易欺诈是使用信用卡交易的欺诈行为，包括套现和盗刷等行为。人工智能可以助力构建信用卡申请反欺诈体系，运用特征识别、行为识别和生物识别等技术，实现无感化和自动化的风险控制，提升反欺诈防控能力。在识别信用卡交易欺诈时，除了传统的基于规则的交易欺诈评分模型外，人工智能也能起到重要的作用。判断一笔信用卡交易是否为欺诈交易，实际是一个分类问题，即判断该笔为正常交易或高风险交易。为了预防和预警信用卡交易欺诈，减少消费者的损失，可以使用机器学习等人工智能技术来对交易欺诈进行预测。交易欺诈预测模型包括分类树、随机森林、梯度提升树、神经网络和深度神经网络等技术。人工智能技术在现实世界反交易欺诈产品中已有应用，如 Fair Isaac 公司的信用卡反欺诈产品 Fraud Analytics，运用了规则评分和神经网络技术。

随着金融科技的飞速发展和金融数字化进程的加快，洗钱犯罪也更加复杂，并给金融监管体系带来了巨大的挑战，原有的依靠人工为主的静态监管已无法及时、有效地识别洗钱风险。反洗钱部门可以使用大数据和人工智能等金融科技技术，监控和甄别违规操作和高风险交易。随着互联网在线业务的发展，业务规模快速增长，传统的基于规则的风险监控方法无法及时、有效地处理海量的交易数据。为了解决这个问题，基于机器学习的风险监控引擎应运而生。传统银行业正在加大对反洗钱机器学习模型研究的投入。据2018年4月《金融时报》报道，汇丰银行采用Quantexa公司的人工智能方案处理其海量的客户和交易数据，从而识别洗钱和欺诈等违法行为。汇丰银行采用人工智能技术处理金融犯罪，提高了处理效率，降低了相关成本。2018年下半年，汇丰银行与咨询公司毕马威合作，共同研究反洗钱的机器学习模型，以用于反洗钱预警系统风险分析。我国的平安银行也加大了对机器学习等技术的投入，以提升银行的反洗钱和反欺诈能力。

6.2 大数据

随着数字化的普及和物联网的发展，数据不仅具有海量的存量，也有巨大的增量，由此，"大数据"应运而生。大数据和人工智能相辅相成。人工智能是分析大数据的有力工具，而大数据是人工智能的三个重要基础（数据、算法和算力）之一。

6.2.1 大数据简介

1. 大数据的概念

大数据是一个研究如何处理和分析很大且复杂的数据集的领域，这种数据集的体量和复杂性超越了传统数据处理软件的处理能力。大数据分析的挑战包括数据采集、数据储存、数据分析、数据搜索、数据共享、数据传送、数据可视化、数据查询、数据更新和信息隐私权。大数据有三个主要特征，即数据量大（volume），数据类型多（variety）和处理速度快（velocity），这就是"3V"模型。也有学者在"3V"模型的基础上增加了两个特征，即数据真实（veracity）和数据价值（value），用"5V"模型来描述大数据的特征。

大数据的首要特征是"大"，数据集的体量要大到超越传统软件搜集、管理和处理的能力。可以用数据集的体量来判断数据是否为"大数据"。大数据体量的大小是一个不断变化的值。自 2012 年开始，该值从几十个太字节（万亿字节）增加到泽字节（十万亿亿字节）量级。数据的体量越大，价值就越高，分析难度也就越大，需要使用新的技术来管理和分析大数据。

大数据的第二个特征是多样性。传统的关系型数据库可以有效地处理结构化的数据，即可以用二维表结构来表现的数据。然而，数据的类型和性质具有多样性。数据中除了含有传统的结构化数据外，更多的是非结构化数据和半结构化数据。非结构化数据来自社交媒体、传感器和日志文件等，包括图像、声音和视频，以及无法用二维表结构储存的文本。半结构化数据介于结构化数据和非结构化数据之间，具有结构，虽然不能按照非结构化数据储存和处理，但其结构变化很大，因此也无法使用一个简单的二维表来储存。非结构化数据和半结构数据给现有技术带来了挑战，而大数据技术主要涉及收集、储存和处理大量的、快速产生的半结构化和非结构化数据。

大数据的第三个特征是处理速度快。大数据通常具有实时性，实时产生数据，实时处理数据。大数据的快速具有两个方面内容：①数据产生的快速，即数据频繁地快速产生。②数据处理和记录发布的快速。

大数据的后两个特征是真实性和价值性。数据的真实性指数据的质量。大数据不仅在体量上要大，在质量上也必须可靠，只有这样才能从中分析出有价值的结论。最后，大数据具有价值性。大数据的价值是通过处理和分析大数据而得到的信息价值，可以由大数据的质量来衡量，也可以表示为提取信息的价值。

2. 大数据的发展现状

大数据可以推动经济转型发展，重塑国家竞争优势，提升政府治理能力。在世界范围内，大数据的发展和应用已是大势所趋。大数据的发展不仅需要投入大量的资金和技术积累，还需要政策的大力支持。部分发达国家已经陆续制定实施大数据战略的文件，以推动大数据技术的发展和应用。2012 年 3 月，美国推出《大数据研究与发展计划》，将大数据作为国家战略资源进行管理和应用。为了全面推进我国大数据的发展和应用，我国自 2015 年以来也出台了一系列相关政策。

2015 年 8 月，国务院发布了我国推进大数据发展的战略性、指导性文件《促进大数据发展行动纲要》。2017 年 1 月，工信部印发了《大数据产业发展规划（2016—2020 年）》，以贯彻落实《中华人民共和国国民经济和社会发展第十三个五年规划纲要》和《促进大数据发展行动纲要》，加快实施国家大数据战略，推动大数据产业健康快速发展。2020年5月，工信部发布了《关于工业大数据发展的指导意见》，贯彻落实国家大数据发展战略，加快工业大数据产业的发展。

在政策的大力支持下，我国大数据产业发展迅速。据《中国互联网发展报告（2021）》显示，2020年我国大数据产业规模达到718.7亿元，同比增长16.0%，领跑全球大数据市场。在大数据市场结构方面：①小型企业（10~100人）数量最多，共有3 534家。②中型企业（100~300人），共有833家。③大型企业（>300人），共有523家。④微型企业（<10人）最少，仅有123家。这些企业主要分布在北京、广东、上海、浙江等发达地区，合计共占大数据企业全国总数量的77%。其中，因政策、资金和人才等因素的影响，北京大数据产业实力最强，其大数据企业数量占全国总数量的35%。从行业应用来看，金融是大数据应用最多的领域，占30%，其次是医疗健康、政务、互联网、教育和交通运输等领域。

6.2.2 大数据技术

大数据技术是大数据在处理各个流程时所涉及技术的集合。大数据处理的流程通常包括数据采集、数据储存与管理、数据处理和挖掘。

1. 数据采集

数据采集是指将多个来源的数据采集到大数据的数据库之中。数据采集是大数据分析的第一步，其来源影响大数据应用的质量和效益。大数据的数据来源主要包括硬件采集和软件采集两个方面。

（1）硬件采集。随着智能设备的普及以及物联网的发展，通过硬件采集的数据越来越多，也越加重要。通过硬件采集数据的例子包括传感器和射频识别（radio frequency identification，RFID）技术。工业生产中使用了大量的传感器，如视觉传感器可以采集、记录生产流程状态和产品状态的图像，以用于生产监控和质量监控等。RFID是一种无线通信技术，可以通过无线电信号识别特定目标并读写相关数据。射频识别技术的应用范围十分广泛，如应用在身份证和护照等证件，电子收费系统（公交卡），学校、住宅和办公室等门禁系统，以及物流管理之中，以便及时监控供应链的各个环节。

（2）软件采集。用户使用互联网产品会产生用户行为数据，如用户使用电商购买商品，可以产生反映用户消费偏好的数据。用户使用社交网站社交会产生社交动态和社交关系等社交信息数据。此外，互联网上还有一些网站提供收费或免费的数据，可以通过官方 API 或使用网络爬虫获取。

2. 数据储存与管理

大数据的体量很大，且在频繁地收集新的数据，单机储存无法满足大数据的储存需求。此外，虽然大数据类型多，既包括传统的结构化数据，也包括半结构化数据和非结构化数据，但传统的关系型数据也无法满足数据多样化的储存要求。为了解决这些问题，就需要使用新型非关系型数据库以及分布式储存技术。

为了存储非结构化或半结构化的数据，解决大数据的应用难题，NoSQL 应运而生。NoSQL 可以解释为 Non-SQL，也可以理解为"Not Only SQL"，是非关系型数据库的统称。NoSQL 结构简单，去掉了关系型数据库的关系型特性，数据之间没有关系，因此，NoSQL 易于拓展且具有非常高的读写性能。NoSQL 可分为：①键值储存数据库，数据模型为键指向值的一对键值，通常用哈希表实现，主要用于处理大量数据的高访问负载，具有查找速度快的优点，但由于数据非结构化，因此通常只被当作字符串。②列存储数据库，数据模型以列簇式存储，将同一列数据存在一起，具有查找速度快、可拓展性强的优点，主要用于分布式文件系统。③文档型数据库，数据模型是键值对，但值为结构化数据，优点是数据结构要求不严格，表结构可以改变。④图形数据库，数据模型为图结构，主要用于社交网络和推荐系统，以及构建关系图谱。

分布式储存通过网络将数据分散储存在多台独立的设备上。分布式储存系统采用可拓展的系统结构，利用多台服务器分担储存负荷，可以提高系统的可靠性、拓展性和存取效率。分布式储存的关键技术包括元数据管理、系统弹性拓展技术、储存层级内优化技术，以及针对应用和负载的储存优化技术。运用分布式储存技术应考虑数据的一致性、可用性和分区容错性。为了保证个别服务器在出现故障时系统可以正常使用，一份数据通常会保存在多个服务器上，在这种情况下，同一个数据的多个副本可能存在不一致的情况。多个数据副本完全一致的性质即为一致性。分布式系统需要多台服务器同时工作，当一些服务器出现故障时，整个系统依然可用即为可用性。分布式系统由多台服务器通过网络连接，当出现网络故障时，分布式系统仍然可以工作即为分区容错性。分布式系统无法同时满足一致性、可用性和分区容错性，只能选择其中两个特性优化。

3. 数据处理和挖掘

为了发现数据中的规律，提取可以理解的信息和知识，体现数据的价值，对数据进行采集储存之后就需要对数据进行挖掘。数据挖掘的方法非常多，包括统计学、机器学习和人工智能等技术。数据挖掘通常涉及以下 5 类任务。

（1）异常检测，即识别异常的数据记录。比如，在工业生产中，传感器可以采集机器工作时的一些参数数据，或者生产产品的相关数据，通过对这种数据进行异常监测，可以判断机器是否处于正常工作状态，以及产品质量是否合格。

（2）关联规则学习，即识别变量之间的相关关系。比如，超市可以先收集顾客购买商品的数据，然后再使用关联规则学习，确定哪些商品经常会被一起购买，分析出商品的销售关联性。这些信息可以帮助超市合理订货和高效营销等。

（3）聚类，即发掘数据的结构，将相似的数据分到同一组，如用于市场研究，根据客户的特征将客户划分到不同的客户群体。

（4）分类，即将数据划分到已知的类别之中。比如，银行判断客户信贷申请是否应该通过等。

（5）回归，即对含有连续型输出变量的数据集拟合一个误差最小的函数。

数据挖掘的方法包括监督学习、非监督学习、半监督学习及增强学习。常用的算法包括 K 均值聚类、Apriori 关联规则算法、简单线性回归、正则化回归、决策树、随机森林、梯度提升树、神经网络、深度神经网络等。

6.2.3 大数据技术在监管科技中的应用

大数据是人工智能的基础之一，通常结合人工智能助力金融监管。大数据可用于授信审批。互联网金融机构不易获得征信信息，可以利用大数据技术分析挖掘互联网信息，建立信贷评估模型，用于授信审批。大数据分析还可以助力贷后追踪，为风险防控提供有力工具。

大数据可用于监控跨境汇款。Xoom 公司专门从事跨境汇款业务，得到了大数据公司的支持，可以分析与汇款交易相关的所有数据。例如，2011 年，Xoom 公司发现新泽西的"发现卡"交易量比正常情况多了一些，于是系统发出预警通知。Xoom 公司首席执行官解释："系统发现了一个本不应该出现的交易模式。"孤立地看，每笔交易都是合法的，但实际上，这些交易来自一个犯罪组织。发现异常的唯一方式就是检验所有数据，传统的样本分析法可能无法发现异常。

6.3 云计算

金融监管机构不仅要大量收集、存储和分析与其业务相关的数据，还要提升合规应对的响应及时性，以满足复杂多变的监管要求。为了满足金融机构业务部门的这些需求，信息科技部门需要频繁地升级计算设备和储存设备等硬件及相关软件。在这种情况下，金融机构可以使用云服务提供商提供的云计算服务进行数据分析和管理，提高合规执行的灵活性和可拓展性，降低软、硬件的部署成本。

6.3.1 云计算简介

云计算的构想起源于20世纪60年代公用计算的设想。1961年，美国计算机科学家约翰·麦卡锡提出了可以像使用电话一样使用计算服务的构想。

6.3.2 云计算技术

1. 云计算的特征

有效的云环境应该具有一些特征，以便于以一种高效的方式远程提供可拓展和可度量的IT资源。大多数云环境都拥有下面6种特征。

（1）按需使用。云服务客户可以单方面地获取基于云的IT资源，自主部署这些IT资源。配置完成之后，可以自主使用自己部署的IT资源，不需要云服务提供商和云服务客户进一步的人工干预，这就是按需使用，又称为按需自助使用。

（2）泛在接入。泛在接入反映了一个云服务被广泛访问的能力。建立这种能力需要云服务支持一系列设备、传输协议、接口和安全技术。为了实现这种级别的访问，需要定制云服务架构，以满足不同云服务客户的特定需求。

（3）多租户。多租户是指软件程序允许一个实例服务于不同的相互隔离的用户的特性。云服务提供商将其IT资源汇集在一起，通过使用依赖于虚拟化技术的多租户模型服务于不同的云服务客户。通过多租户技术，根据云服务客户的需求，动态分配和重新分配IT资源。

（4）弹性。弹性是指云环境根据运行时需要或者云服务提供商和客户的预先设定，透明地拓展IT资源的自动化能力。弹性是采用云计算的核心理由。

（5）可度量的使用。可度量的使用是指云平台追踪云服务客户使用IT资源的特性。根据追踪结构，云服务提供商可以根据云服务客户使用的 IT 资源和 / 或使用 IT 资源的时间段对其收费。可度量使用的特性不限于开账单的目的，它还可以用来完成 IT 资源通用监控和相关使用报表。

（6）可复原性。可复原计算通过跨地区分散冗余 IT 资源来实现故障转移，可以预先配置 IT 资源，使得当一个资源发生故障时，自动转移计算任务到其他冗余的资源上。在云计算领域，可复原性指同一个云服务在不同物理位置的 IT 资源冗余。云服务客户可以利用云服务的可复原性来提高自身应用的可靠性和可用性。

2. 云服务交付模式

云服务交付模式是指云服务提供商提供的特定的预先打包的 IT 资源组合，有以下 3 种最常见的云服务交付模型。

（1）基础设施即服务。基础设施即服务交付模型是指以基础设施为中心的独立的 IT 环境，其中，IT 资源可以通过基于云服务的接口和工具进行访问和管理。这个环境包括硬件、网络、连接、操作系统和其他原始的 IT 资源，主要目的是为云服务客户提供高水平的控制、配置和使用。基础设施即服务提供的 IT 资源通常没有经过预先配置，需要云服务客户中的管理员自行配置。这类模式适用于对其云服务环境具有高度控制力的客户。

（2）平台即服务。平台即服务交付模式是指由已经部署和配置过的 IT 资源组成的预先设定的现成环境。平台即服务通过使用预先打包的产品和工具来支撑定制化应用的整个交付生命周期。一个云服务客户使用和投资平台即服务环境的常见原因包括：①云服务客户因为可拓展性和经济原因想将自行管理环境拓展成云环境。②云服务客户想要使用现成环境取代自行管理环境。③云服务客户想要成为云服务提供商，部署其云服务提供给其他云服务客户。

（3）软件即服务。软件即服务是指一个软件程序定位成一个共享的云服务作为产品提供给客户。软件即服务交付模式通常把一个可重复使用的云服务开放给一些云服务客户。在软件即服务交付模式下，云服务客户的管理控制能力非常有限。

3. 云服务部署模式

云服务部署模式是指云环境的特定类型，包括所有权、大小和可访问性。云服务有以下 4 种部署方式。

（1）公有云。公有云属于第三方云服务提供商，是可以公开访问的云服务环境。公有云的 IT 资源通常通过以上 3 种云服务交付模式提供。公有云通过向客户收费或其他途径（如广告）赢利。著名的公有云提供商有美国的亚马逊和微软，我国阿里巴巴、腾讯和百度等。

（2）社区云。社区云和公有云类似，只不过仅授权特定的客户社区群体访问。社区云可以被社区成员共同拥有，或被第三方云服务提供商拥有，但设定访问限制。社区成员共同负责社区云的构建和发展。

（3）私有云。私有云属于一个单独的组织。私有云使得一个组织通过利用云计算技术允许组织不同的分部、地区或部门集中访问 IT 资源。在私有云模式下，同一个组织既是云服务提供商，又是云服务客户。

（4）混合云。混合云是由两个或两个以上云服务部署模式构建的云环境。比如，一个组织可能选择将处理敏感数据的云服务部署在私有云上，而将其他云服务部署在公有云上。

4. 云服务的支持技术

（1）宽带网络和互联网架构。所有的云服务都必须通过网络连接。互联网为远程提供 IT 资源提供便利，直接支持云服务的随处网络访问特性。尽管大多数云服务都支持互联网访问，但云服务提供商仅允许客户通过局域网中的私有专用网络访问云服务。因此，云平台的发展离不开网络连接技术和服务质量的进步。

两个基本技术构建了互联网架构：无连接分组交换、基于路由器的连接。无连接分组交换是一种通信范例。端对端的数据流被分成有限大小的数据包，这些数据包在被网络交换机和路由器接收和处理后，排队从一个中间节点转发给下一个中间节点，直至到达目的节点。每一个数据包中都包含必要的位置信息，如 IP（internet protocol）地址和 mac（media access control）地址，以便于源节点、中间节点和目的节点处理和选择路径。路由器是连接在多个网络中用于转发数据包的设备。尽管连续的多个数据包属于同一个数据流，但路由器仍会维持定位通信线路下一个节点的网络拓扑信息，以便独立地处理和转发每一个数据包。

（2）数据中心技术。数据中心是一种特殊的 IT 基础设施，用来存放诸如服务器、数据库、网络、电信设备和软件系统等 IT 资源。将 IT 资源集中在一起可以共享电力，提高共享资源的利用效率和 IT 人员的可及性。

（3）虚拟化技术。虚拟化将实体的 IT 资源转换为虚拟的 IT 资源。大多数 IT

资源都可以虚拟化，包括服务器、储存设备、网络和电力。虚拟服务器使用独立的客户操作系统。在虚拟服务器上运行的操作系统和应用层程序察觉不到虚拟化过程，运行在虚拟服务器上就像运行在实体服务器上。这种在实体系统和虚拟系统上的运行一致性是虚拟化最重要的特征。虚拟化技术带来了硬件独立、服务器整合、资源复制、资源池化和弹性拓展等特性。

（4）Web 技术。由于云计算依赖网络互联、网络浏览器的普遍性以及网络服务的易用性，因此，Web 技术通常被用来作为云服务的实现媒介和管理界面。3 种基本技术组成了 Web 的技术架构：①统一资源定位系统（uniform resource locator，URL），是指定 Web 资源位置的表示方法。②超文本传送协议（hypertext transfer protocol，HTTP），是用于万维网交换内容和数据的通信协议。③HTML 和 XML 标记语言，是用于描述以网络为中心的数据和元数据。

（5）多租户技术。多租户应用设计是指允许多个用户在逻辑上同时访问相同的应用。多租户应用能保证每一个用户无法访问不属于自己的数据和配置信息。每一个用户可以独立地自定义应用的功能，如用户界面、业务流程、数据模型和访问控制。多租户应用具有以下特征：使用隔离、数据安全、数据可恢复、应用升级、可拓展性、可度量使用和数据层隔离。

6.3.3 云计算技术在监管科技中的应用

为处理大量的数据，提供更好和更具创新性的远程和移动端服务，越来越多的金融机构开始从专有的 IT 基础设施转向云。云计算技术支持移动支付、信用卡交易、贷款申请和保险索赔等核心金融业务。云计算技术不仅是金融科技的技术基础设施，还是实现监管科技的主要技术保障，在监管科技应用中至关重要。

云计算可以支持大数据的采集、存储和分析。为了监管银行业金融机构，银保监会要求商业银行报送业务数据。银保监会曾使用商业软件辅助现场检查，但由于这些软件价格昂贵，且难以定制化，因此无法满足银保监会的现场检查需求。为了提高银保监会现场检查的力度和效果，银保监会开发了基于云计算相关技术的检查分析系统（examination & analysis system technology，EAST）。EAST 对采集的数据提出了统一的标准。标准化的数据报送要求推动了银行业金融机构自身业务系统的完善，提高了银保监会的数据监控效率。

云计算可以推动人工智能算法在监管科技中的应用。人工智能技术，特别是深度学习技术，对计算机算力具有很高的要求。此外，对大数据级别的业务数据的挖掘也要求计算机具有很高的存储能力和计算能力。云计算相关技术可集中大量的计算资源和储存资源，满足应用人工智能技术挖掘大数据的算力要求。

云计算有助于降低监管成本，提高监管效率。通过使用云服务，金融机构可以避免投入大量资金到 IT 设备中，只需向云服务提供商支付按需使用的服务费用即可。云服务提供商集中了大量的 IT 资源，实现了规模经济，可以向用户提供价格相对便宜、使用灵活和稳定的云计算服务。在云计算平台，云服务提供商、大型金融机构和第三方机构可以开发金融监管的相关工具，开放给中小型金融机构使用，从而提高各个金融机构的风险管控水平，降低金融系统的整体风险。

6.4 区块链

作为战略前沿技术和颠覆性技术，区块链技术的发展得到了很大的关注和支持。区块链技术在很多领域都具有很好的应用前景，其中就包括监管科技领域。

6.4.1 区块链简介

1. 区块链的发展

1982 年，密码学家戴维·乔姆（David Chaum）首次提出了与区块链类似的协议。1991 年，斯图尔特·哈伯（Stuart Haber）和斯科特·斯托内塔（Scott Stornetta）为了保护文档的时间戳不被篡改，研究了密码保护的区块链。1992 年，斯图尔特·哈伯、斯科特·斯托内塔和戴夫·拜尔（Dave Bayer）使用默克尔树技术改进这个系统，这使得一个区块可以收集多个文档的证书。2008 年，中本聪第一次将区块链概念化。中本聪改进了区块链的设计，使用类似哈希现金的方法给区块加时间戳，并引入一个难度参数来稳定区块加入链的速度。2009 年，中本聪按照这个设计实现了加密货币比特币，用于记录网络上的所有交易。

梅兰尼·斯万在其《区块链：新经济蓝图及导读》一书中总结了区块链的 3 个发展阶段。第一阶段是虚拟数字货币时代，被称为区块链 1.0。该阶段主要产生了基于密码学的虚拟货币，并用于支付、转账、汇款等场景，典型代表是比特币。第二阶段是智能合约阶段，被称为区块链 2.0。该阶段产生了基于智能合约的区块链应用，并用于股票、债券、贷款和金融衍生品等金融产品的交易，代表性应用包括以太坊和超级账本等。第三阶段是智能社会阶段,被称为区块链 3.0。在该阶段,区块链技术的应用将超越货币和金融的范畴,如应用在政府、医疗、科学和文化等领域。

2. 区块链的分类

区块链是一个含有数字信息的加密仓库。区块链具有分布式和去中心化的特点,可以实现安全交易。区块链共有 3 种类型:公有链、私有链和联盟链。

(1)公有链。公有链没有访问限制,任何人都可以在公有链上发送交易,也可以成为一个验证者。通常,这类网络会为保障其安全的参与者提供经济奖励,并使用诸如工作量证明(proof of work,PoW)和权益证明(proof of stake,PoS)的算法达成去中心化的共识。常见的公有链包括比特币区块链和以太坊区块链。

(2)私有链。私有链需要管理员的授权才能访问。私有链的参与者和验证者是受限制的,多用于数据库管理和审计。常见的私有链包括 MONAX 和 Multichain。

(3)联盟链。联盟链是公有链和私有链的混合。在这种类型的区块链中,一些节点控制共识过程,另一些节点被允许参与交易。联盟链被不同节点共享的特性与公有链类似,而其限制不同节点访问的特性类似私有链。

3. 区块链的特性

(1)去中心化和去中介化。通过把数据储存在对等网络上,区块链消除了把数据储存到一个中央节点所带来的风险。为了实现去中心化,区块链可以使用特别的信息传送和分布网络。在去中心化的区块链网络中,每一个节点都保存区块链的一个副本。数据质量通过大量的数据复制和计算信任来保障。在区块链中,去中心化将控制和决策从一个中心化的实体转移到分布式网络中。去中介化指在交易活动中去除中介机构,让交易对象之间直接交易。去中心化和去中介化之间存在联系,但又有所不同。

(2)不可篡改性。不可篡改性指数据一旦进入区块链就无法被篡改,这种不可篡改的特性是通过哈希函数实现的。哈希函数可以将任意长度的文本转换为一个固定长度的输出,交易内容可以通过哈希函数转换为一个固定长度的哈希指针,并指向区块链中的上一个区块,从而保障数据的不可篡改性。

(3)透明性和匿名性。透明性指交易数据的历史记录开放,即数据操作具有可追溯性。匿名性指账户信息通过密码学加密,从而保护隐私。对于任何公钥地址下的信息而言,只有拥有相应私钥的参与者才能读取。

6.4.2 区块链技术

1. 哈希运算

为了保证区块链的安全，实现区块链不可篡改的特性，哈希技术被应用到区块链的不同层次的设计中。哈希运算有 3 个特性：①对于任意长度的输入而言，其输出具有固定长度。②对于特定的输入而言，其输出都是相同的。③输入数据的微小变化会导致输出结果的巨大差异。哈希运算在区块链中被用来检验数据的可行性、完整性和真实性。哈希运算通过哈希函数实现，常见的哈希函数有 SHA256 和 MD5 等算法。

2. 数字签名

为保障区块链的安全，区块链上每一个参与者都要生成一对钥匙：公钥和私钥。公钥以哈希值的形式共享给网络中的其他节点。这个哈希值是区块链参与节点的永久地址，被用于身份识别，因此也被称为区块链参与节点的伪身份。

在区块链中，数据签名通常涉及 3 步：①公钥/私钥对生成。当用户要在区块链上发起交易时，就必须先生成公钥/私钥对，再用生成的密钥对交易进行签名。私钥被用户用于加密交易，而共享给其他节点的公钥则用于解密交易。②签名阶段。用户先对交易内容进行哈希运算，并生成固定长度的哈希值，即数字摘要，再使用非对称加密技术加密摘要信息，生成数字签名。③验证阶段。在用户收到交易发起者发来的交易信息和数字签名后，首先使用发起者的公钥对数字签名进行解密，得到数字摘要（哈希值），再重新对交易内容进行哈希运算，得到一个新的哈希值。如果两个哈希值相同，则证明交易来自发起者且交易内容没被篡改。

3. 共识算法

区块链可以被看作为一种特殊的分布式数据库。区块链与传统数据库不同的地方主要有：①在没有中心节点的情况下和不可靠环境中，区块链可以达成对数据进行添加和修改操作的共识。②区块链对与全局区块链数据不同的节点具有较强的容忍能力，除非这种节点的个数上升到总节点数量的 51%。

共识即达成共同协议。分布式环境中的共识涉及两类节点：合法节点和恶意节点。区块链上的共识通过共识算法实现，这种用在分布式环境中的共识算法已经被研究了几十年，区块链技术严重依赖这些共识算法。共识算法主要用来维护区块链上的数据，以保障其具有顺序性、原始性和抗破坏性。共识算法的另一任务是在存在恶意节点的情况下，在区块链节点之间实现拜占庭共识。

共识算法的选取依赖于区块链的类型。常见的共识算法有工作量证明共识算法和权益证明共识算法。

（1）工作量证明共识算法。工作量证明共识算法是用在区块链网络中的著名的共识算法之一，适用于公有链，如比特币和以太坊。在工作量证明共识算法中，每一个参与节点都求解一个加密问题，参与节点的算力越高，其解决这个问题的可能性就越大。如果一个参与节点求解了这个问题，那么就能在区块链上添加新的区块并获得奖励，这个参与节点可以称为"领导节点"。工作量证明共识算法的一个严重问题是需要的计算量太大，浪费了大量的资源。

（2）权益证明共识算法。与工作量证明共识算法依赖算力不同，权益证明共识算法依赖每个节点所拥有的权益选出获胜的节点。一个节点拥有的权益越高，其被选为获胜节点的概率就越大。权益证明共识算法的一个优点是消耗的能源比较少。在权益证明共识算法下，不需要节点拥有很高的算力。在交易确认和区块产生方面，权益证明共识算法比工作量共识算法的速度更快。

权益证明共识算法中的权益可以是任何形式，如一个节点拥有的加密货币的数量、一个节点的数字令牌，或一个节点所拥有的算力等。追随中本聪（follow-the-Satoshi，FTS）算法通常被用来实现权益证明共识。在FTS算法中，提供一个种子，然后对其进行哈希运算。FTS算法产生令牌指数，如果一个节点使用交易历史数据产生的令牌指数和该令牌指数相同，则FTS算法会选择该节点作为获胜节点。

4. 智能合约

智能合约是一个电脑程序或交易协议，根据合同或协议自动执行、控制和记录法律相关的事情和行为。智能合约的目标是消除对可信任中介的需求、仲裁和执法成本、欺诈损失，以及恶意和偶然的违约。

以太坊的《2014年白皮书》把比特币协议描述为一个"弱化版的智能合同"概念。以太坊之后，各种各样的加密货币都支持脚本语言，并用在不信任的主体之间，以构建更先进的智能合约。自从2015年以太坊发布后，智能合约通常指发生在区块链上的通用计算。美国技术和标准委员会把智能合约描述为用区块链网络加密交易部署的代码和数据的集合。

类似于区块链上的价值转移，可以通过发送来自区块链钱包的交易来部署智能合约。该交易包含执行智能合约的代码，以及一个特殊的接收地址。这个交易必须被包含在一个区块中，当区块被添加到区块链上时，智能合约的代码就会执行，从而建立智能合约的初始状态。拜占庭容错算法可以以一种去中心化的方式保证智能合约不被修改。智能合约一旦被部署，就无法被更改。区块链上的智能合约可以储存任意状态和执行任意计算。最终客户通过交易和一个智能合约发生互动，这样的交易可以调用其他交易。这些交易可能会引起状态的改变，以及从一个智能合约向另一个智能合约，从一个账户向另一个账户发送加密货币。

5. P2P 网络

P2P 网络是一种分布式应用架构，可以将任务或工作负载分给网络中的对等点。网络中的点是拥有相同权利、对等的参与者。P2P 网络的这些特性与区块链网络的设计很类似，P2P 技术常用于实现区块链网络。

P2P 网络是围绕着每个对等点同时作为服务器和客户端这个理念设计的。P2P 网络模型不同于客户端–服务器（C/S）模型。在 C/S 模型中，通信发生在客户端和服务器之间。

P2P 网络通常会在实体网络上实现一个虚拟覆盖网络，在虚拟覆盖网络上的节点形成了在实体网络上节点的子集。虽然数据仍然发生在 TCP/IP 网络上，但在应用层的对等点可以通过逻辑覆盖连接相互通信。覆盖被用来索引和发现对等点，这使得 P2P 网络独立于实体网络。根据覆盖网络中节点的连接方式以及资源的索引和定位方式，P2P 网络可分为无结构网络、有结构网络和混合结构网络。比特币主网的 P2P 网络是无结构的，以太坊的 P2P 网络是有结构的。无结构网络没有设计上的特定结构，网络通过对等点的随机连接而形成。因为无结构，所以这种网络易于构建。同时，当有大量的对等点频繁加入和离开网络时，由于每个对等点的角色相同，因此，无结构网络非常稳健。有结构网络是以特定的拓扑结构组织的，以确保任何节点都可以高效搜索网络中的资源。有结构网络通常通过分布式哈希表技术来实现。然而，为了在网络上高效地路由通信，节点必须维护一个满足特定准则邻居的列表。当有大量的对等点频繁加入和离开网络时，就会导致网络缺乏稳健性。混合结构网络是 P2P 网络和 C/S 结构的结合，混合结构网络中的服务用于帮助对等点发现彼此。

6.4.3 区块链在监管科技中的应用

除了加密货币领域，区块链技术在其他领域的成熟应用还较少，但其前景很广泛。区块链技术可用于欺诈监测和 KYC。

区块链可以以一种传统银行系统无法做到的方式解决欺诈监测问题。大多数银行系统是中心化的系统，由一个服务器处理所有交易。但是，这些系统是易受攻击的，如果黑客攻破了银行系统，就可以进行欺诈。区块链实际上是一个分布式账本。在区块链上，每一个区块都有一个时间戳和一些交易信息。这些记录里面还含有一个指向上一个区块的链接。人们相信这种技术可以消除一些在线实施的针对金融机构的犯罪行为。

为了反洗钱等监管，KYC 指导方针要求金融机构尽力完成核实客户身份等工作，据 Thomson Reuters 调查，金融机构用在 KYC 工作上的花费在 6 000 万美元和 5 亿美元之间。KYC 工作需要消费者经常提供大量的身份证明材料，以用于核实客户身份，这影响了用户体验。区块链上的信息具有不可篡改性和透明性，可以将 KYC 需要的信息记录在区块链中，以供金融机构实时验证客户身份，从而提高 KYC 工作的效率，降低成本。

本章小结

1. 实现人工智能有 4 种方法：像人类的表现、像人类的思考、理性的表现、理性的思考。人工智能的分支领域包括 NLP、知识表示、机器学习、计算机视觉等。

2. 大数据有 3 个主要特征，即数据量大、数据类型多和处理速度快，这就是"3V"模型。有学者在"3V"的基础上增加了两个特征，即数据真实和数据价值，用"5V"模型描述大数据的特征。

3. 大数据处理流程通常包括数据采集、数据储存与管理、数据处理和挖掘等。

4. 云计算有 6 个特性：按需使用、泛在接入、多租户、弹性、可度量的使用、可恢复性。云服务有 3 个常见交付模式：基础设施即服务、平台即服务和软件即服务。云服务有 4 种部署方式：公有云、社区云、私有云和混合云。支撑现代云发展的主要技术包括宽带网络、互联网架构、数据中心技术、虚拟化技术、Web 技术和多租户技术。

5. 区块链的发展可分为 3 个阶段：虚拟数字货币时代、智能合约阶段、智能社会阶段。区块链共有 3 种类型：公有链、私有链和联盟链。区块链具有 4 个特性：去中心化、不变性、透明性和匿名性。区块链主要用到下列技术：哈希运算、数字签名、共识算法、智能合约和 P2P 网络。

即测即练

复习思考题

一、名词解释

人工智能　有监督学习　无监督学习　大数据　关系型数据库　非关系型数据库　云计算　多租户技术　区块链　智能合约

二、问答题

1. 在监管科技中，运用人工智能技术存在哪些潜在风险？
2. 怎样解决行业内的"数据孤岛"问题？
3. 在使用云服务时，怎样保证数据安全？
4. 区块链技术有哪些应用前景？
5. 还有哪些新兴技术可以应用到监管科技之中？

参考文献

[1] 陈荣荣，詹国华，李志华. 基于 XGBoost 算法模型的信用卡交易欺诈预测研究 [J]. 计算机应用研究，2020，37（S1）：111-112，115.

[2] 杜宁，王志峰，沈筱彦，等. 监管科技 [M]. 北京：中国金融出版社，2019.

[3] 华为区块链技术开发团队. 区块链技术及应用 [M]. 北京：清华大学出版社，2019.

[4] 孙国锋. 中国监管科技发展报告（2020）[M]. 北京：社会科学文献出版社，2020.

[5] 杨东. 监管科技：金融科技的监管挑战与维度建构 [J]. 中国社会科学，2018

（5）：69-91，205-206.

[6] 中国人民银行阿勒泰地区中心支行课题组. 监管科技赋能反洗钱监管的研究与思考[J]. 金融科技时代，2020（11）：46-49.

[7] ERL T，PUTTINI R，MAHMOOD Z. Cloud computing：concept，technology & architecture[M]. Hoboken：Pearson Prentice Hall，2013.

[8] RUSSELL S，NORVIG P. Artificial intelligence：a modern approach[M]. 4th ed. New York：Pearson，2019.

第 7 章　监管科技在法定数字货币中的体现

🔍 **章首导言**

我们应该带着以下三个基本问题来阅读本章。

首先,什么是数字货币?

其次,数字货币的技术原理是什么?

最后,监管科技在法定数字货币中有哪些应用?

除了上述三个基本问题外,本章还讨论了私人数字货币的发展现状及其存在的问题,介绍了各国央行法定数字货币的研发进展,以及中国人民银行法定数字货币项目 DC/EP 的发行目标、体系核心要素、运营与管理模式。

🔍 **学习目标**

1. 掌握数字货币的定义及数字货币的分类。
2. 熟悉法定数字货币在央行监管与调控中的应用。
3. 了解中国人民银行的法定数字货币 DC/EP。

🔍 **能力目标**

1. 培养学生提炼和概括技术原理的抽象能力。
2. 提高学生以理论结合实际为原则开展创新性科学技术的研究能力。
3. 培养学生以社会责任原则分析科技手段和社会价值的判断能力。

思政目标

1. 培养学生通过数字货币实践探索其技术原理的钻研精神和奋发进取的钉子精神。

2. 激发学生不断学习新兴科技,明确科技强国战略,培养科技报国的情怀。

3. 加强学生对防范系统性金融风险重要性的正确认识,培养底线思维和金融职业操守。

本章知识结构图

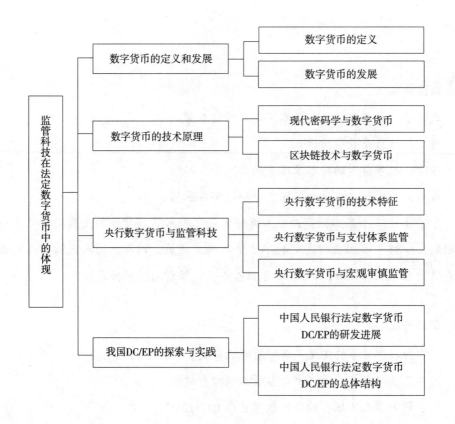

导入案例

数字人民币试点真的来了!

2020年8月,商务部印发了《全面深化服务贸易创新发展试点总体方案》,在"全面深化服务贸易创新发展试点任务、具体举措及责任分工"部分提出:在京津冀、长三角、粤港澳大湾区及中西部具备条件的试点地区开展数字人民币试点。中国人民银行制定政策保障措施，先由深圳、成都、苏州、雄安新区等地及冬奥场景相关部门协助推进，后续视情况扩大到其他地区。全面深化试点地区为北京、天津、上海、重庆（涪陵区等21个市辖区）、海南、大连、厦门、青岛、深圳、石家庄、长春、哈尔滨、南京、杭州、合肥、济南、武汉、广州、成都、贵阳、昆明、西安、乌鲁木齐、苏州、威海和河北雄安新区、贵州贵安新区、陕西西咸新区等28个省市（区域）。

思考：

1. 什么是数字人民币？
2. 数字人民币对于经济金融活动和提高金融监管效率具有哪些影响？

7.1 数字货币的定义与发展

20世纪70年代末80年代初，现代密码学及区块链等信息及数字技术的快速发展和大量运用推进了货币虚拟化、无形化、数字化的进程，产生了基于节点网络和数字加密算法在互联网等虚拟环境发行和流通的新型货币——数字货币，并呈现快速发展趋势。

7.1.1 数字货币的定义

1. 国际清算银行对数字货币的定义

2017年，国际清算银行的附属机构——支付与市场基础设施委员会（CPMI）负责人莫滕·贝克（Morten Bech）和美国加州圣塔巴巴拉大学经济学家罗德尼·加勒特（Rodney Garratt）发表《央行加密货币》一文。他们认为，在数字货币产生的背景下，应基于近年来不断涌现的数字货币实践构建分析框架，以可获取性（普遍通用还是获取使用受限）、货币形态（有形还是数字形态）、发行方（央行发行还是其他机构发行）、实现技术（基于账户还是基于通证）4个关键属性，用"货币之花"分析范式对货币进行描述，如图7-1所示。该模型既反映了支付创新所带来的货币属性与分类变化，又提出了未来可能出现的两种央行数字货币，是较早关注数字货币的权威研究。

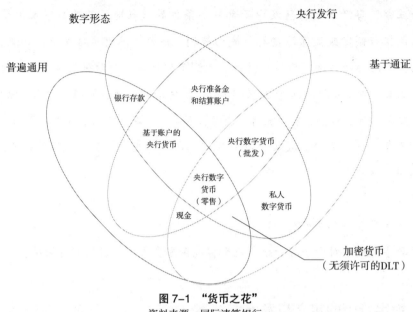

图 7-1 "货币之花"
资料来源：国际清算银行。

根据维恩图（Venn diagram）法则，两个区域相交表示它们有公共元素。图 7-1 中基于通证发行的零售型央行数字货币和批发型央行数字货币称为央行加密货币（central bank cryptocurrency，CBCC），支持点对点支付；基于账户发行的央行零售货币（central bank digital account，CBDA），也即央行账户直接向社会公众开放，在该模式下，可以将央行账户理解为一个超级支付宝。CBCC 与 CBDA 统称为央行数字货币（central bank digital currencies，CBDC）。基于账户还是基于通证，代表了央行数字货币设计的两种不同的技术路线。哪种技术路线会成为未来的主流，目前在国际上尚无定论。

2. 私人数字货币与央行数字货币

数字货币的技术本质是加密货币，按发行主体可分为私人数字货币和央行数字货币。私人数字货币是由非官方部门发行的加密货币，也被称为民间数字货币或非法定数字货币。按照价值担保类型，私人数字货币又可分为无价值担保和有价值担保两种类型。比特币是无价值担保私人数字货币的代表，这类私人数字货币没有资产作为价值担保，无国家主权信用背书，内在价值仅来自于公众对它们能跨时间换取其他商品、服务或一定数量主权货币的认知，即价值共识。一旦失去价值共识，该类私人数字货币即失去价值。天秤币是有价值担保私人数字货币的代表，也被称为稳定币，这类私人数字货币以一系列法定货币计价的资产为储备资产，币值更为稳定，但由于稳定币的发行方为非官方机构且不受国界限制，因此，在无全球统一监管限制的条件下，无法建立足够的公信力以确保储备资产的安全、储备资产管理的透明度、发行者和持币者的权责等，这些都将影响其币值稳定性。

央行数字货币是指央行加密货币，即由一国货币当局（央行）发行，以国家记账单位计价，以加密数字为表现形式的法定货币，是中央银行的直接负债。央行数字货币根据其在市场上应用场景的不同，可分为批发端和零售端。批发端仅限于资金批发市场，如银行间的支付清算、金融交易结算等，而零售端在社会公共市场上进行流通。目前，社会公众能获得由央行发行的两种货币，即实物现金与电子中央银行存款。实物现金具有普遍可获取性，且点对点支付，但电子中央银行存款通常只有合格的金融机构才能使用。央行数字货币将成为一种新型的央行货币，并保证社会公众在"去现金化"的时代背景下持续获得央行货币，增加支付多样性。

7.1.2 数字货币的发展

1. 私人数字货币

较早出现的数字货币是私人数字货币。目前，国际市场高频交易主要聚焦的私人数字货币有比特币（BTC）、天秤币（Libra）、以太币（ETH）和莱特币（LTC）等。

美国 Facebook 公司于 2019 年 6 月 18 日正式宣布推出首版《天秤币白皮书》。根据《天秤币白皮书》定义，天秤币是基于一篮子法币及政府债券资产作为 100% 储备发行的数字稳定币，其使命在于建立一套简单的、无国界的货币，服务全球数十亿人的金融基础设施，非常简单粗暴地解决汇率和手续费问题。

天秤币悄无声息地通过架构设定成为一个能够以极低成本打通世界所有主权国家的统一支付模块，这在一定程度上引起了世界上多个国家的警惕和反对。数字货币功能与技术运用的不断创新和拓展将吸引更为广泛的资本和市场参与，没有一个国家能够主观遏制其发展进程，这意味着一场更为激烈的数字经济竞赛已经迫在眉睫。

2. 央行数字货币

尽管央行数字货币的概念在 20 世纪 80 年代末就已被提出，但在私人数字货币快速发展后才引起广泛关注。国际清算银行数据显示，截至 2020 年 7 月，全球至少有 36 家央行公布了 CBDC 工作，厄瓜多尔、乌克兰和乌拉圭已经完成零售 CBDC 试点，中国、巴哈马、柬埔寨、东加勒比货币联盟、韩国和瑞典的 6 个零售 CBDC 试点正在进行中。2020 年，互联网上对央行数字货币的搜索量已超过比特币和天秤币，越来越多的央行行长在公开演讲中对 CBDC 持积极态度。

一直以来，全球主流央行对央行数字货币的态度要比新兴市场和发展中国家的央行更为谨慎和保守。2018 年 9 月，时任欧洲央行行长的马里奥·德拉吉（Mario Draghi）表示，由于基础技术缺乏稳健性，因此，欧洲央行和欧元体系没有发行央行数字货币的计划。时任德国中央银行行长的延斯·魏德曼（Jens Weidmann）在 2019 年 5 月的德国央行研讨会上表示，央行数字货币的推出可能会破坏金融体系的稳定，加剧银行挤兑风险。2019 年 10 月，时任日本央行行长黑田东彦表示，没有考虑发行央行数字货币的计划。2019 年 11 月 20 日，时任美国联邦储备委员会主席杰罗姆·鲍威尔（Jerome Powell）致信美国国会众议院金融服务委员会的两位成员，重申美国目前没有发行央行数字货币的计划和必要。

私人数字货币的快速增长可能带来货币替代，挑战欧元、美元、日元等国际货币的地位。2020 年 10 月 19 日，美联储主席杰罗姆·鲍威尔在国际货币基金组织（IMF）的年会上表示："美联储正致力于谨慎、认真、全面地评估央行数字货币对美国经济和支付系统带来的潜在成本和收益。"这是鲍威尔首次对央行数字货币表现出正面态度。2020 年 10 月，欧洲央行发布数字欧元报告，表示将在必要时推出数字欧元。日本中央银行紧随其后，发布数字日元报告，提出数字日元实验计划。

7.2 数字货币的技术原理

数字货币是多学科领域交叉的系统工程。现代密码学技术的发展为数字货币奠定了技术基础，基于分布式账本、非对称加密、共识机制与智能合约的区块链技术为数字货币提供协同信任机制，使数字货币技术实现了新的飞跃。

7.2.1 现代密码学与数字货币

数字货币的技术本质是加密货币，加密技术是数字货币实现技术安全和可信的关键要素。

传统的支付方式有：①将现金直接支付给对方。②通过银行或第三方支付中介进行转账支付。数字货币的研究旨在延续实物现金点对点的直接支付特点。

点对点的数字货币支付首先需要生成数字钱包。用户可以先下载一个数字货币钱包软件并在本地安装，这就相当于完成了银行开户。数字钱包在本地安装时，本地会根据电脑特有的参数信息随机生成私钥，通过椭圆曲线密码算法导出公钥，再做两次哈希运算，经过数据编码整合产生一个长位的数，这个数就是钱包地址，相当于银行账号。数字钱包控制用户访问权限、管理密钥和地址、跟踪余额、创建和签署交易，是提供用户界面的应用程序。从这个角度来看，数字钱包可以理解为用于存储和管理用户密钥的数据结构，包含私钥与公钥对，是密钥的容器。用户通过钱包中的密钥签署交易控制网络上的货币，钱包里只有钥匙而没有货币，数字货币是被记录在区块链中的。当利用数字钱包进行支付时，付款人需要知道对方的钱包地址和公钥，用自己的私钥对转账报文进行签名并全网广播。全网在收到转账信息后，验证这一转账报文是由哪个人发出，想传到哪个钱包地址，最终持有钱包地址私钥的人才能使用这笔资金，这就是数字钱包支付的基本过程。

数字货币支付在缺少传统支付中介的情况下面临挑战。在数字化货币系统中，数据的可复制性使得系统可能存在同一笔数字资产因不当操作被重复使用的情况，这称之为双花（double spending）。传统支付方式克服双花问题依赖于第三方信任机构，这类机构对数据进行中心化管理，并通过实时修改账户余额的方法防止双重支付的出现，而作为去中心化的点对点价值传输系统，数字货币需要建立起不需要第三方的信任机制，这就涉及数字货币的底层技术——区块链。

7.2.2 区块链技术与数字货币

区块链的核心价值在于分布式的协同信任。区块链技术应用于数字货币的未来发展方向主要包括以下几个方面。

1. 性能问题

区块链技术的核心是分布式共享，但当网络节点太多时，记账速度会自然慢下来，因此难以达到资产与商品交易效率的要求。例如，比特币每秒仅能处理约7笔交易，主打跨境支付的Ripple每秒也只能处理约1 000笔交易，而2018年"双11"期间，淘宝交易峰值每秒钟达到25.6万笔，2019年和2020年的交易峰值则分别达到 54.4 万笔和 58.3 万笔。区块链追求彻底的平等与自由，这导致其陷入技术困境。业界正在研究如何应用其他共识机制和解决方案来提高性能。

2. 隐私保护

区块链的用户身份信息是加密的，信息具有高度匿名性。这使得区块链交易无迹可寻，为洗钱、走私、网络盗窃等犯罪行为提供了极大便利，埋下了风险隐患，不利于维护正常的经济金融秩序。个人隐私保护成为区块链技术的研究热点，一些解决方案已经出现，如零币。

3. 安全问题

目前，智能合约还处于初级阶段，一旦有系统漏洞就会被人攻击，进而导致重大风险。如何提高系统安全性是区块链技术的一个重要研究方向。

4. 跨链技术

区块链已发展出公链、联盟链和私有链。公链服务于社会大众，联盟链局限于一个联盟，私有链仅服务于特定私人机构。从私有链、联盟链到公链是去中心化的过程，而从公链、联盟链到私有链，则是中心化的过程。随着不同区块链之间的转变，会出现不同的为私链、联盟链、公链服务的区块链产品。那么，当不同机构之间的业务发生交互时，各种的链与链之间如何交互成为很大的难题。跨链技术将是区块链技术发展的重点。

5. 去中心化资产交易

目前，比特币的区块链本身并未发生很大的安全问题。真正的安全问题在于数字资产交易所。数字资产交易所开展的交易不基于区块链，是传统的中心化交易。客户首先需要在交易所开户，将自己交易数字资产的权力部分委托给交易所。对于比特币的拥有者而言，最重要的隐私是私钥，但为了能够在交易所的系统上交易比特币，客户必须把自己的私钥托管给交易所。比如，出售比特币的交易需要签名，买入比特币的交易方要知道钱包地址。因此，为了在交易所交易，投资者要把私钥托管给交易所。所有问题都出在这个环节上，若有人攻击交易所系统，盗走了私钥，也就盗走了投资者钱包里的比特币，这是比特币交易最大的风险。从某种意义上来说，区块链的价值在于去中心化，而比特币交易却又回到中心化交易，有悖于区块链的技术初衷。为了解决中心化交易的风险，业界提出基于区块链的资产交易方案，即去中心化资产交易模式，这正成为区块链技术的又一重点发展方向。

7.3 央行数字货币与监管科技

7.3.1 央行数字货币的技术特征

由于央行数字货币与私人数字货币有不同的目标。因此，央行数字货币需要借鉴但并不受制于私人数字货币的技术框架。中央银行在支付体系与货币政策中作用发挥的一些基本原则，应与央行数字货币实现公共政策目标所需的核心特征相结合。为了实现这些基本原则，就必须合理设计央行数字货币及其底层系统，使其表现出所需的技术特征。

1. 币值稳定性

由于比特币等私人数字货币不具有法币地位，不是真正意义上的流通货币。因此，作为私人货币资产，私人数字货币更多地类似于投资品，币值受投机等因素的影响而存在很大波动。央行数字货币是由政府发行的数字形态上的主权货币，与传统法币一样具有无限法偿权，是实际经济活动中的价值尺度与流通手段。因此，央行数字货币的币值因由国家信用支持并受央行调控而保持稳定性。

2. 中心化管理

央行数字货币由央行进行中心化或部分中心化管理，这与比特币等去中心化的数字货币有所不同。私人机构数字货币的重要特征是去中心化，即没有任何管理机构拥有对数字货币的绝对控制权，每一个参与用户的权利与义务均等，从而保证了数字货币发行与流通的独立性。央行数字货币应坚持中心化管理，以维护央行货币发行的垄断地位。同时，中心化管理更利于央行对货币的发行流通数据进行分析，为其宏观政策的制定与实施提供有益参考。

3. 可控匿名性

私人数字货币的交易身份具有匿名性，但完全匿名的央行数字货币是不可行的，央行数字货币需要在确保金融安全的基础上实现可控匿名。可控匿名即日常用户使用央行数字货币进行消费支付的数据只有央行有权查看，没有相关监管机构的授权同意，其他个体与机构均无法获取这部分数据。可控匿名性一方面满足了公众合理的匿名交易和个人信息保护需求；另一方面也保证了对犯罪行为的打击能力。《FATF 就稳定币向二十国集团财长和中央银行行长报告》指出，匿名性、便携性和广泛使用的结合对以洗钱和恐怖融资为目的的罪犯和恐怖分子极具吸引力。这就要求各国中央银行、国际组织在探索央行数字货币的匿名特性时，均将防范风险作为重要前提，以满足防控和打击洗钱、恐怖融资及逃税等违法犯罪行为的要求。

4. 不易伪造性与安全性

央行数字货币是法定货币，承担着媒介商品流通的职能。网络风险与伪造将对央行数字货币构成威胁，安全性应成为其核心特征。通过加强硬件安全与密码保护等技术手段，央行数字货币系统应能保证其基础设施和参与者都能抵御网络攻击和其他威胁，同时确保有效防止伪造，使任何个体在日常交易中都无法更改或非法使用法定数字货币。

7.3.2 央行数字货币与支付体系监管

央行向公众提供可信法币并维护支付体系安全一直是其公共政策目标的一部分，但传统法定货币的支付功能具有天然的不足。法定数字货币可以凭借其独特的技术优势，在支付体系监管上发挥积极作用。

1. 弥补实物现金支付不足，降低 KYC 与 AML 的风险

实物现金的支付功能存在天然不足：①现金虽然具有无限法偿能力，但因受制于物理形态而无法支持大额与快速远程支付。在更为便利的私人机构支付方式出现后，社会正加速呈现"去现金化"，家庭与企业无法获得现金的风险在上升。如果当前的电子支付体系停止运行，那么现金可以作为电子体系的备用支付方式。但如果获取现金的途径被边缘化，那么现金将无法发挥备用功能。为公众提供央行货币是中央银行的义务，但现金支付功能的不足制约了央行的职能发挥。②现金的一个关键特征是不存在中心化的持有记录或交易记录，具有高度匿名性，为偷税漏税、洗钱、恐怖融资等非法经济活动提供了便利。

央行发行数字货币不仅可确保公众获取央行货币，还可打击非法经济活动：①法定数字货币不仅摆脱了现金的物理形态约束，还保留了现金支付的优点，包括点对点即时结算，可以不基于账户、可控匿名性对隐私信息的保护等。②法定数字货币的数字形式和系统无关性将极大地拓展央行货币的支付网络，能够在多种交易介质和支付渠道上完成交易，具有良好的普适性。理论上，银行存款货币和其他电子货币能达到的支付网络边界，法定数字货币也可达到，这为公众使用法定数字货币进行便捷支付提供了机会。③法定数字货币的可追踪性、可控匿名性、不可伪造性等功能，能有效降低 KYC 与 AML 的成本，可运用于对假货币、洗钱、恐怖融资、逃税、漏税等非法经济活动的监督管理。

2. 创新银行间的支付清算模式，加强资金流动监测

金融基础设施的不断建设大大提高了现有支付体系的结构复杂性。从央行存款准备金账户、银行账户到第三方支付账户，社会支付链条不断延长。由于各层次支付体系分属不同部门，彼此独立，因此容易产生"数据鸿沟"和"信息孤岛"。例如，第三方支付采取的直连银行接口模式，不仅接口重复，而且开设多个备付金账户，关联关系复杂，透明度低，使央行无法准确掌握资金流动信息，难以实施穿透式监管。

在现有支付体系下，央行面临很高的监管成本与压力。为提高信息透明度，更好地监控资金流动，强化金融监管，同时也为提高多层次支付体系效率，央行基于不同场景，先后建立了大额实时支付系统、小额批量支付系统、网上支付跨行清算系统（超级网银）、同城票据清算系统、境内外币支付系统、全国支票影像交换系统、银行业金融机构行内支付系统、银行卡跨行支付系统（银联跨行交易清算系统CUPS）、城市商业银行资金清算系统和农信银支付清算系统等多种支付清算系统，并组建了网联支付平台（非银行支付机构网络支付清算平台）。同时，为保障社会支付体系稳定，央行还对银行金融机构、第三方支付机构开展审慎监管，以强化对各类机构支付服务的监督管理，防范金融风险。

央行数字货币可以为银行间的支付清算创造一种新的模式，以降低监管成本，提高监管效率。目前，各国央行正在开展的央行数字货币实验，主要是基于分布式账本技术的银行间央行数字货币支付方案。例如，加拿大的Jasper项目，试验基于区块链技术的大额支付系统；新加坡的Ubin项目，评估在分布式账本上以数字新元的代币形式进行支付清算的效果等。

以新加坡的央行数字货币Ubin项目为例，该项目采用了数字存托凭证（digital deposit receipt，DDR）模式。为了支持分布式账本中DDR的发行，现有新加坡电子支付系统（MEPS+），也即新加坡实时总额结算系统（real time gross settlement，RTGS）建立了一个DDR资金抵押账户。在每日系统开始时，参与银行请求中央银行将其RTGS账户中的资金转移到DDR账户，以作为抵押，同时，分布式账本创建相应等值的DDR，并发送到各银行的DDR钱包，由此，参与银行之间可开展基于分布式账本的转账和支付。日终，分布式账本系统将向MEPS+发送一个网络结算文件，MEPS+依此调整DDR的资金抵押账户余额，以匹配参与者在DLT网络中的DDR余额。

由此可见，分布式账本与现有成熟的货币支付体系并不排斥，完全可以相互融合、相互补充。在联盟链的环境下，中央银行等监管部门不但可以对分布式账本所承载的业务及其风险进行中心化管控,而且可以实现穿透式非现场监管,提高中央银行的资金监测能力。

3. 开展券款对付,优化共享金融环境

券款对付(delivery versus payment,DVP)是证券交易的一种结算方式。国际证券服务协会(International Securities Service Association,ISSA)将 DVP 定义为银货对付结果是实时同步的、最终的且不可撤销的,即证券交易达成后,在双方指定的结算日,证券和资金同步进行相对交收并互为交割条件的一种结算方式。建立 DVP 制度的目的是降低交易风险,包括消除卖方已交付证券却未收到相应款项,以及买方已交付资金而未收到证券的本金风险。DVP 是国际推行的证券交易结算标准及通行做法,在金融市场基础设施中占有极为重要的地位。在我国,证券交易结算尚未完全实现 DVP 结算。

央行数字货币提供了更具包容性的央行货币可访问性,可应用于包括券款对付在内的更广泛的金融资产的支付结算安排,改进现有金融市场的基础设施。欧洲央行和日本央行联合开展的 Stella 项目正在探索基于分布式账本方案的 DVP 模式。新加坡 Ubin 项目的第三阶段显示,基于分布式账本的新型券款对付流程可以灵活压缩结算周期,简化结算流程,如支持证券业缩短结算周期,从 T+3 转为 T+2,从而降低潜在风险敞口。此外,在券款对付模式中嵌入智能合约可以使权利和义务得到连贯执行,从而增加投资者的信心,降低市场合规成本。

4. 增加支付多样性,降低系统性风险

支付系统与其他基础设施一样,受益于强大的网络效应,可能导致集中、垄断或碎片化。支付机构有动机将其平台组织成闭环系统。当少数系统占主导地位时,可能会出现高进入壁垒和高成本,尤其是对商家而言。当存在更多系统时,由于系统通常具有专有的信息传递标准,因此,系统会出现碎片化,从而增加成本和互操作的复杂性。以我国当前支付体系为例,根据中国人民银行官网信息,截至 2019 年年底,中国人民银行已发放 270 张第三方支付牌照。其中,支付宝和财付通两家支付机构占据了超过九成的市场份额,分别达到 55.1% 和 38.9%。这两家支付机构已形成寡头地位,系统重要性特征日益明显。尤其是它们各自背后的互联网巨头均持有银行、证券、保险、征信、支付、财富管理等各类金融牌照,依靠用户流量和先进技术,已形成各自独有的金融生态圈。目前,第三方支付机构的兑付承诺主要来源于商业银行的存管备付金及隐含担保。与银行存款货币相比,第三方支付机构的兑付承诺较为脆弱。第三方支付机构寡头的形成加重了中央银行对私人部门的价值担保，使支付体系面临不断上升的系统性风险。《中国区域金融运行报告（2017）》提出，把规模较大、具有系统重要性特征的互联网金融业务纳入宏观审慎管理框架，对其进行宏观审慎评估，防范系统性风险。

央行数字货币因其法币地位及优越的技术特点而对其他支付手段形成挑战。有效增加支付选择的多样性，降低公众对系统重要性支付机构的依赖，这无疑将带来支付体系的重建，缓解其所面临的系统性风险。

5. 改善跨境支付，增强互操作性

跨境支付是现有支付体系的痛点，其存在的主要问题包括：①国际支付标准不统一，影响系统间的互操作性和转账的流畅性。②面临较高的操作及系统操作风险，可能会出现一个操作成功而另一个操作失败的情形，并引发信用风险和结算风险。③业务链条长，需要多家代理行参与操作，费用高、时间长。④资金流动透明度低，用户无法预见跨境支付的过程和完成时间，难以进行有效的流动性管理。

基于分布式账本技术的数字货币或可解决现有跨境支付风险。首版 Libra 白皮书表明，其使命是建立一套简单的、无国界的货币和为数十亿人服务的金融基础设施。不少中央银行正在积极探索利用可互操作的央行数字货币方案以改善跨境支付。例如，新加坡 Ubin 项目的第四阶段成功演示了即使不存在双方司法管辖区共同信任的第三方，基于哈希时间锁定技术，也可在分布式账本上实现跨境、跨货币交易。

当然，央行数字货币跨境支付可能产生外溢效应，影响他国的货币政策或金融稳定。Libra 等全球稳定币以及一些国家正在研发的央行数字货币，使美国开始"警惕"新型货币技术对美元地位的挑战。"美国不能把美元在国际金融体系中的主导地位视为理所当然""如果国际支付系统可以绕开在经济和地缘政治上与美元储备紧密联系的西方银行，那么，作为我们外交政策的核心和统一工具，经济制裁的有效性将受到严重威胁。这意味着美国的全球领导地位，特别是在行使软实力方面，将面临风险。此外，如果外国中央银行不再需要美元，那么就不会维持高规模的美元储备，购买美国政府债券的国际资金也将减少，从而限制美国财政政策，提高政府和消费者的利率"。因此，它强调，"要使美元保持储备货币地位，数字美元就必须将美国经济稳定、个人自由和隐私、自由企业和法治的长期价值观带入数字时代"，建议"美国应该而且必须在这一新的数字创新浪潮中发挥领导作用"。欧盟也将"保持欧元的全球声誉"列为其发行数字欧元的动机之一。

7.3.3 央行数字货币与宏观审慎监管

经过多年政策实践，我国中央银行逐步摸索和建立起货币政策和宏观审慎政策的"双支柱"调控框架，充分发挥央行政策在推动经济平稳较快发展、维护金融体系稳定中的作用。央行数字货币的中心化管理、可控匿名性等技术特征有助于解决宏观审慎监管面临的问题。

1. 基于央行法定货币的大数据分析

传统法定货币难以追踪，缺乏有效的实时监控手段，难以确定资金结构、流向及流通速度等数据，只能通过后验式统计与估算来形成，与实际的货币流通可能存在较大差异。中心化管理的央行数字货币的创造与记账等都由央行或央行组建的联盟中心来完成，央行拥有最高的决策和业务权限。在这样的背景下，基于央行数字货币的大数据实时提供货币流通分析，无疑将极大地便利央行定向性货币政策的操作及"脱实向虚"等问题治理。

因此，法定数字货币从系统设计之初，就需要在法律许可的范围内，重点考虑大数据顶层设计及相关的基础设施建设。在系统设计上，要注重大数据基础设施的拓展性，根据数据层、接口层、服务层和应用层的划分，保证数据收集、分析模型、应用接口都具有良好的安全性、灵活性和一定程度的开放性。在时域上，要提取数字货币发行、流通、交换、储存、回收的全生命周期的关键基础数据，为进一步的模型构建、仿真、分析和调控夯实基础。在空间域上，构建数字货币运行分布云图，清晰勾画法定数字货币运行的规模、地点、时间，并进行空间标注，形成数字货币运行分布的实时云图，清晰地了解数字货币的运行区域和运营重点域，为精准施策做好支持。

2. 基于央行数字货币的智能合约

央行数字货币的不易伪造性和安全性提供了嵌入智能合约的条件，将让宏观政策执行变得更加智能。有学者尝试性地提出央行数字货币发行的"前瞻条件触发（forward contingent）"机制，通过利用央行数字货币的数字化特性，在货币发行时预先设定符合政策导向的条件来实现货币的精准运营、实时传导、前瞻指引。目前，困扰中央银行的传导机制不畅、逆周期调控困难、货币"脱实向虚"、政策沟通不足等货币政策困境，将有可能得到很好的解决。

通过"时点条件触发（time contingent）"机制，央行可以根据不同的宏观经济条件，在系统中对预期数字货款的生效时点进行条件设定：如当贷款发生时，法定数字货币才正式生效，否则在商业银行系统中处于不生效状态；或可以更为严格地设置为在某一时点前贷款发出，数字货币才可生效，否则处于不生效状态；等等，从而减少货币政策传导时滞，避免资金空转。

"流向主体条件触发（sector contingent）"机制则可对贷款流向主体进行设定。前瞻条件可以设定为当贷款流向主体满足央行相关要求时，数字货币才正式被启用，否则处于失效状态。显然，该机制可以直接服务于近年来央行实施的定向降准和扶持政策，限定商业银行贷款流向的部门和主体，实施结构性货币政策，减少货币空转，提高金融服务实体经济的能力。

"信贷利率条件触发（loan rate contingent）"机制可以让商业银行的信贷利率满足关于基准利率的函数，从而实现基准利率向贷款利率的有效实时传导。前瞻条件可以设定为当银行的实际信贷利率达到相关规定区间的要求和限定条件时，法定数字货币正式被启用，反之处于失效状态。

"经济状态条件触发（economic state contingent）"机制可以根据宏观经济状态，逆周期调整商业银行对中央银行的资金归还利率，减少商业银行的风险特征及其贷款行为的顺周期性，实现对宏观经济的逆周期调控。具体地，中央银行可以依据贷款到期时的经济状况设定两种归还模式：①贷款归还且利率不调整，即商业银行根据在货币发行时点拍卖确定的政策利率来归还央行。②贷款归还但利率调整，由法定数字货币系统根据归还时点的经济信息，自动判定"经济状态条件"是否触发，如果触发则调整归还利率。

同时，由于法定数字货币在发行时即内置了这些条件设定，并能被商业银行公开获知，而这些条件设定恰是央行货币政策逻辑和意图的反映，因此，法定数字货币兼具了前瞻指引（forward guidance）功能。

7.4 我国 DC/EP 的探索与实践

我国的央行数字货币是由中国人民银行主导的，在传统纸质人民币正常继续发行的基础上，通过加密技术、以替代 M0 为目的发行的数字货币。数字人民币是数字金融发展的核心，是支撑中国数字经济发展的重要金融基础设施。党的二十大对加快建设数字中国作出重要部署。习近平总书记强调，要站在统筹中华民族伟大复兴战略全局和世界百年未有之大变局的高度，统筹国内国际两个大局、发展安全两件大事，充分发挥海量数据和丰富应用场景优势，促进数字技术和实体经济深度融合，赋能传统产业转型升级，催生新产业、新业态、新模式，不断做强、做优、做大我国数字经济。2023年2月，中共中央、国务院印发了《数字中国建设整体布局规划》。《数字中国建设整体布局规划》提出，到2025年，基本形成横向打通、纵向贯通、协调有力的一体化推进格局，数字中国建设取得重要进展。央行数字货币的研发与应用将在中国数字经济建设中发挥重要作用。

7.4.1 中国人民银行法定数字货币DC/EP的研发进展

我国的最早于2014年由央行授权设立法定数字货币独立研究小组，开始法定数字货币的相关研究，是世界上较早启动法定数字货币研究的国家之一。

2016年1月，中国人民银行召开数字货币研讨会，明确发行央行数字货币的战略目标，指出央行数字货币研究团队将积极拓展数字货币的关键技术和多场景应用。

2020年8月，商务部印发《全面深化服务贸易创新发展试点总体方案》，宣布在京津冀、长三角、粤港澳大湾区及中西部具备条件的地区开展数字人民币试点。随后，中国人民银行宣布，在深圳、成都、苏州、雄安新区及未来的冬奥会场景开展DC/EP内部封闭试点测试，以检验理论可靠性、系统稳定性、功能可用性、流程便捷性、场景适用性与风险可控性。

2020年10月23日，《中华人民共和国中国人民银行法（修订草案征求意见稿）》中的第十九条已明确"人民币包括实物形式和数字形式"。10月26日，党的十九届五中全会审议通过的《中共中央关于制定国民经济和社会发展第十四个五年规划和二〇三五年远景目标的建议》中明确提出要"稳妥推进数字货币研究"。

7.4.2 中国人民银行法定数字货币DC/EP的总体结构

目前，我国央行已完成法定数字货币发行原型方案的两轮修订，对外公开了发行数字货币的目标及部分核心特征。

1. DC/EP发行目标

DC/EP是由我国中央银行背书发行的数字货币，是央行对公众的负债。DC/EP属于法定加密数字货币，具有无限法偿权，是人民币的数字形式。DC/EP的发行目的是替代M0，不计付利息。

现阶段，M1 和 M2 基于商业银行账户，支持 M1 和 M2 流转的银行间支付清算系统、商业银行行内系统以及非银行支付机构系统等均运转有效，能够满足我国经济发展与货币流通的需要。

相比之下，现有实物现金的发行与流通成本较高，流通体系层级多，且携带不便、易被伪造、匿名不可控，存在被用于洗钱及恐怖融资等违法犯罪活动的风险，因此，实现数字化的必要性与日俱增。另外，非现金支付工具，如传统的银行卡和第三方支付等，都是基于银行账户的紧耦合模式。银行开户的实名制要求无法完全满足公众对易用和匿名支付服务的需求，不能完全取代 M0，特别是在账户服务和通信网络覆盖不佳的地区，民众对实物现金的依赖程度仍然很高。央行数字货币能保持实物现金的属性和主要特征，满足公众便携和匿名的需求，将是替代实物现金的最好工具。

2. DC/EP 体系的核心要素

DC/EP 运行框架的核心要素为一种币、两个库、三个中心（图 7-2）。

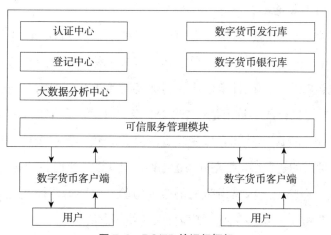

图 7-2　DC/EP 的运行框架

一种币是指由央行担保并签名发行的中国法定数字货币 DC/EP。

两个库为数字货币发行库和数字货币银行库。数字货币发行库是中国人民银行在央行数字货币私有云上存放央行数字货币发行基金的数据库。央行数字货币私有云是支撑央行数字货币运行的底层基础设施。数字货币银行库是商业银行存放央行数字货币的数据库，可以在本地，也可以在央行数字货币私有云上。在央行数字货币发行时，央行将数字货币发行给商业银行的数字货币银行库，商业银行向央行缴纳 100% 准备金，以作为发行基金进入央行的数字货币发行库。流通市场上的个人或单位用户在数字钱包里使用数字货币。

三个中心是认证中心、登记中心和大数据分析中心。认证中心负责集中管理法定数字货币机构及用户身份信息，是系统安全的基本组件，在可控匿名中起重要作用。认证可采用公开密钥基础设施（PKI）或基于标识的密码技术（IBC）等方式。登记中心负责权属登记和流水记录，包括央行数字货币和对应用户身份，法定数字货币产生流通、清点核对及消亡全过程。大数据分析中心依托大数据、云计算等技术，对海量的交易数据进行处理。通过支付行为分析、监管调控指标分析，掌握货币的流通过程，保障数字货币交易的安全性，并对洗钱等违法行为进行防范，为宏观政策的实施提供数据支持。

可信服务管理模块作为各参与方业务的接入点，负责数字货币应用相关的发行、管理、认证与授权。用户通过移动终端进行数字货币的交易。数字货币客户端应用存储在移动终端的安全模块中，消费者和商户可以通过支付平台与其他移动终端进行在线交易，或通过近距离无线通信（NFC）等进行离线交易。

3.DC/EP 的运营模式

央行数字货币可能的运营模式有两种：一种是单层（one-tier）运营模式；另一种是双层（two-tier）运营模式。单层运营模式也称超级央行模式，由公众在央行开通数字钱包账户，并在日常使用央行数字货币进行消费时，通过央行账户系统记录。我国发行央行数字货币是一个复杂的系统工程。我国幅员辽阔、人口众多，各地区经济发展、资源禀赋和人口受教育程度差异较大，在设计和运营（发行）、流通央行数字货币的过程中，要充分考虑系统、制度设计所面临的多样性和复杂性。单层运营模式将面临上述因素所带来的极大考验。双层运营模式则可提升央行数字货币的便捷性和服务可获得性，增强公众的使用意愿。

DC/EP 是双层运营模式：第一层是央行将 DC/EP 投放给商业银行和其他授权的商业机构；第二层是商业银行和其他机构再向公众发放和兑换 DC/EP，并负责运营。和传统的现钞一样，银行仍然是发放 DC/EP 的"主力军"。具体来看，商业银行等机构在中央银行开通数字货币账户，并缴纳 100% 准备金。当数字货币发行时，央行将数字货币发行给商业银行库，同时等额扣减商业银行存款准备金。社会公众通过在商业银行开通数字货币钱包账户来使用央行数字货币。

双层运营可以避免"金融脱媒"。在单层运营模式下，央行直接对公众运营数字货币，央行数字货币与商业银行的存款货币将形成竞争关系。显然，由央行背书的央行数字货币的信用等级高于商业银行存款货币，公众对银行活期存款需求的下降会对商业银行存款产生"挤出效应"，造成"存款搬家"现象，进而影响商业银行的贷款运营能力，引发"金融脱媒"。进一步地，商业银行吸纳存款能力降低会迫使其提高资金利率，增加社会融资成本，损害实体经济发展。

4. DC/EP 的投放模式

DC/EP 将以账户松耦合的方式投放。传统的电子支付，如微信支付、支付宝支付等均采用账户紧耦合方式，即用户需要绑定银行账户，通过银行账户进行价值转移，在实名制的账户管理制度下，无法实现匿名支付。DC/EP 则可能采用"账户松耦合+数字钱包"的方式，脱离银行账户，实现点对点的价值转移，减轻交易环节对金融中介的依赖，实现可控匿名。在松耦合账户体系下，可要求代理投放机构每日将交易数据异步传输至央行，既便于央行掌握必要的数据，确保审慎管理和反洗钱等监管目标得以实现，又能减轻商业机构的系统负担。

5. DC/EP 的管理模式

DC/EP 将实施中心化管理。为保持央行数字货币的属性，实现货币政策和宏观审慎的管理目标，DC/EP 应区别于各种私人数字货币的去中心化管理模式。首先，央行数字货币是中央银行对社会公众的负债，其债权债务关系不会随着货币形态由实物走向数字而改变，因而仍需保证央行在投放过程中的中心地位。其次，中心化管理是央行职能发挥的前提，为实施和加强货币政策与宏观审慎监管，需要有相应的制度安排来实现央行对数字货币的追踪和监测。最后，中心化管理不改变现有二元账户体系，能保持原有的货币政策传导方式。

本章小结

1. 数字货币的本质是加密货币。数字货币包括私人部门发行的私人数字货币，及由一国货币当局发行的以国家记账单位计价的法定数字货币。非对称加密与哈希算法奠定了数字货币的技术基础，区块链技术为数字货币提供了协同信任机制。

2. 维护安全高效的支付体系是中央银行的重要职责。央行数字货币凭借其中心化、可追踪等技术优势，将有效提升央行对资金流动的监测能力，在支付体系监管上发挥重要作用。

3. 宏观审慎监管是中国人民银行宏观政策的重要组成部分，发挥着推动经济增长与维护金融稳定的重要作用。基于法定数字货币技术特征的大数据分析及智能合约应用将改善央行的数据分析，实现货币精准投放、政策前瞻指引及逆周期调控。

4.DC/EP 是由中国人民银行在传统纸质人民币正常继续发行的基础上，通过加密技术及账户耦合的形式发行的数字货币。中国人民银行的数字货币 DC/EP 已走在世界前沿。

即测即练

复习思考题

一、名词解释

数字货币　私人数字货币　央行数字货币　非对称加密　哈希算法　区块链　DC/EP

二、问答题

1. 简述数字货币的定义及其分类。
2. 你认为是私人数字货币还是央行数字货币会成为实际流通货币？
3. 你认为天秤币能成为跨国金融基础设施吗？
4. 你认为央行发行法定数字货币的动机是什么？
5. 试述央行数字货币在金融监管中的作用。

参考文献

[1] 《比较》研究部. 读懂 Libra[M]. 北京：中信出版集团，2019.

[2] BECH M L，GARRATT R. Central Bank Cryptocurrencies [D]. Bank of International Settlement（BIS），2017.

[3] 姚前. 数字货币的发展与监管 [J]. 中国金融，2017（14）：38-40.

[4] 姚前. 理解央行数字货币：一个系统性框架 [J]. 中国科学（信息科学），2017，47（11）：1592–1600.

[5] 杨燕青，林纯洁. 关于 Libra 的 6 个核心问题及其监管原则 [N]. 第一财经，2019-07-08（A12）.

第 8 章　监管科技在银行业的应用

章首导言

我们应该带着以下 4 个基本问题来阅读本章。

首先,什么是银行监管?

其次,银行监管的理论基础是什么?

再次,引入银行业监管科技的必要性是什么?

最后,监管科技在银行业中的应用方式有哪些?

除上述 4 个基本问题外,在本章中,我们还将讨论银行业监管的制度演进、银行业监管的必要性、我国银行业监管的主要内容和指标等。与此同时,我们还将给出目前我国银行业监管科技的部分成果及相关应用案例。

学习目标

1. 了解我国银行业监管制度的演进历程。
2. 熟悉银行业的监管理论。
3. 掌握我国银行业的监管内容。
4. 熟悉监管科技在银行业中的作用。
5. 了解我国银行业监管科技的应用场景及成果。

能力目标

1. 锻炼学生对案例和场景进行总结的概括能力和抽象能力。
2. 培养学生对风险现象的识别能力和管理能力。
3. 提升学生的成就动机,激发学生的专业自豪感和认同感。

思政目标

1. 理解防范化解金融风险是推动高质量发展的底线要求,是维护人民财产安全的重要举措,是金融业健康发展的现实需要。
2. 使学生了解优化的金融产品体系、提升科技创新能力能够有效强化监管,提高防范化解金融风险的能力,保障银行业能够更好地服务于中国特色社会主义的经济发展。

本章知识结构图

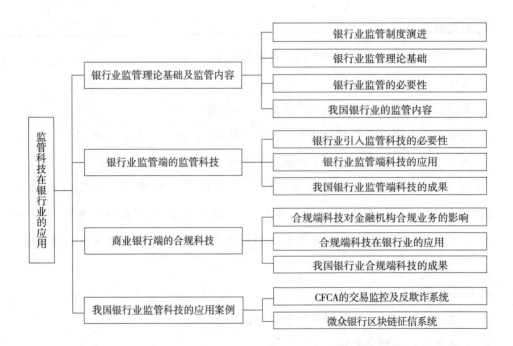

导入案例

2020 年 11 月 23 日,中国银保监会原则上同意包商银行进入破产程序。至此,这家在鼎盛时期资产高达 5 358 亿元,营业网点 291 个,员工总数超过 8 000 人,并获得多项荣誉的城商行，黯然落幕。从银行业风险监管的角度分析，包商银行的破产结局并不令人意外。

外部监管失灵集中表现在大股东监管失灵及信息披露不健全。明天集团利用监管漏洞，通过网状式股权结构实际控制包商银行，并违规占用大量资金，而监管机构对包商银行的资本监管集中于对银行年报的研判，但包商银行的年报存在信息披露不健全和不真实的情况。

内部监管失能集中表现为决策集中化，监管部门形同虚设。银行的事项决策受董事长控制，而董事长及部分董事与明天集团关系密切。监事会受制于董事会，失去监察作用，同时多名监事会成员也与明天集团存在关联。审计委员会形同虚设，无法进行常规审计工作。银行内部体系的合规管理部门设置过少且不独立，缺乏全面的合规风险管理评价制度。

思考：

1. 为何金融监管在银行业的发展中具有如此重要的作用？
2. 新安全格局与新金融科技背景下，如何对金融监管体系进行完善以保障银行业的安全与稳定？

8.1　银行业监管理论基础及监管内容

8.1.1　银行业监管制度演进

1. 银行业监管的发展脉络

银行业发展的同时也引发了大量的问题，因此，银行业监管应运而生。银行业出现于古埃及和古巴比伦时代，而银行业监管则萌生于古希腊和古罗马时期。

现代银行业监管始建于中央银行制度，绝大部分中央银行为保证金融体系的稳定运行而承担最后贷款人责任，实行对银行的监管政策，银行监管也逐步成为央行最重要的职能之一。1929 年，美国"大萧条"导致经济体系濒临崩溃，也暴露出金融体系存在的一系列风险。

从 20 世纪 80 年代开始，《巴塞尔协议》逐渐成为全球金融监管的标准，但此时的资本监管仍然以微观审慎监管为核心理念，这一理念旨在保证每家银行都能稳健经营，为金融体系的安全和稳定奠定了基础。直至次贷危机爆发之前，有关金融体系的系统性风险监管仍一直处于空白状态。

2007年，美国次贷危机引发了自"大萧条"以来最严重的全球金融危机，导致银行业的监管重心从微观审慎监管转为建立宏观审慎监管体系，以防范金融系统性风险及金融机构之间的风险互相传染。同时，银行业的监管也开始建立逆周期资本和贷款损失准备金制度，以便能够在金融体系风险管理与金融创新之间寻求平衡。

2. 我国银行业监管的制度演进

（1）1949—1977年："大一统"银行业监管时期。这一时期，我国的银行业监管主体为中国人民银行，中国人民银行既有隶属于央行性质的业务，又兼办部分专业银行的业务。在当时的计划经济体制下，事实上并不存在现代通行的"金融监管"概念，实质上是处于监管缺失的阶段。

（2）1978—1992年：中国人民银行混业监管时期。改革开放以后，我国逐步确立社会主义市场经济体制。1978—1984年，中国人民银行不再承担商业银行的业务，而是集中行使央行职责，专注于货币管理、宏观调控，以及对银行业、证券业、保险业和信托业的综合监管。此后，至1992年期间，我国银行业开始迈向多元化发展阶段。这一阶段，中国人民银行被正式确立为中央银行，业务由内部管理变为外部监管，我国的金融监管体制正式确立。这一时期，我国的银行业监管仍以合规性监管为主，存在着监管行政化严重等问题。

（3）1993—2003年：分业监管时期。随着金融机构设置的多样化和金融业务品类的多元化，历经监管机构变革之后，我国逐步建立证监会、保监会、银监会的分业监管体系。中国人民银行的日常金融监管权被剥离，主要业务为制定和执行货币政策，以及从事支付清算、外汇管理、征信和反洗钱等基本制度和金融基础设施的建设与监管工作。这一时期，以风险管理为核心的资产负债比例纳入银行业监管体系，监管机构开启了合规监管与审慎监管并行的时代。这一时期，我国同时加强了对国有商业银行的考核检查，建立了一套涉及银行业管理各个方面的法律体系，我国的金融监管步入法治化阶段。

（4）2004—2017年：分业监管完善时期。2003年，国务院成立中国银监会，这标志着我国的银行业监管进入新阶段。银监会在健全银行业监管法律体系的基础上，逐步形成以资本监管、风险管理和内部控制为主线的银行业审慎监管法规体系，同时明晰了银行业的监管目标，即在加强监管的同时，也需要鼓励银行的业务创新，保护银行业公平竞争，维护金融市场有效运行。

（5）2018年至今：功能监管开启时期。目前，我国在法律层面仍然比较明确地坚持"分业经营、分业监管"原则，但在金融实务中已经存在从事混业经营的金融集团，立法的监管规章层面也放松了对资金的监管，银行、证券、保险三业的资金可以相互流动和渗透，资本市场和货币市场已经部分融通，中国银行业将最终走上综合经营的道路已是业界共识。

2017年召开的全国金融工作会议提出成立"国务院金融稳定发展委员会"，负责统筹协调金融监管政策间、部门间及其与其他相关政策的配合。从监管机构来看，"一行三会+部级协调"整合为新的"一委一行两会"（金融稳定发展委员会、中国人民银行、银保监会、证监会）。在新的监管框架下，我国的金融监管将朝着机构监管、行为监管和功能监管相结合的方向发展。

8.1.2 银行业监管理论基础

银行业监管在本质上隶属于经济学领域。本章将银行业监管的经济学理论分析聚焦于学界常用的政治经济学、静态经济学、微观经济学等基础理论。当然，也存在其他解释监管制度和机制的经济学理论，如宏观审慎监管及相关理论、动态经济博弈均衡分析及行为经济学理论等。由于这些理论的涉及面较广，理论结构复杂，且部分经济理论尚未形成体系，因此本章不做过多介绍。

（1）政治经济学分析。政治经济学将监管看作市场经济条件下的利益分配工具，对监管所代表的利益主体的行为和动机进行分析，包括公共利益论、管制俘获论和管制利益论。

公共利益论认为市场失灵的存在将导致自由市场经济无法最大化配置资源，因此，政府有责任干预市场经济的运行，消除垄断和市场的负外部性，提供社会必需的公共产品，实现社会福利最大化。从银行业监管来看，政府监管的目的在于维护银行部门的安全和资金的合理配置，增强整个经济系统的配置效率。

管制俘获论认为，管制与公共利益无关，管制机构是被管制者"俘获的猎物"或"俘虏"。具有特殊影响力的利益集团（被管制者）在熟知管制规则之后，会基于自利动机进行寻租活动，使管制者成为被管制者的"俘虏"，共同分享垄断利润，这就使政府管制成为企业追求垄断利润的一种手段。

管制利益论认为企业和消费者利益集团会采取各种措施应对管制者施加的压力。在这种情况下，管制者不能完全代表生产者也不能完全代表消费者的利益。

因此，管制者将根据生产者利益集团和消费者利益集团的力量对比，将管制的价格定于利润为零时的竞争性价格与产业利润最大化时的垄断价格之间。

（2）静态经济分析。静态经济分析从经济学的供求分析与成本收益分析的角度来解释金融监管的必要性，主要代表有管制供求说和管制成本说。

管制供求说认为，经济管制可以被看作一种借助政府的强制力量来向特定的个人或集团提供利益产品，其同样受供求规律的支配。供给者是政府或政治家，他们在监管的交换中获得资源或投票权。需求者是专门的利益集团，在监管中尽力拓展经济地位。现行的管制安排是供给与需求两种力量相互作用的结果。

管制成本说认为金融监管与经济生活中的所有活动一样，都有成本和收益，金融监管存在适可而止的边界。在这一边界，管制的边际成本等于边际收益。

（3）微观经济学分析。微观经济学分析主要包括市场失灵论、金融脆弱性假设和银行挤提模型。

传统经济学认为外部性、信息不对称和竞争不足是市场失灵的主要原因，而政府监管能够纠正市场失灵。完全竞争的市场结构是资源配置的最佳方式，但现实经济中总会存在竞争。因为信息不对称而在金融制度上造成的问题可能发生在两个阶段：交易之前和交易之后，分别导致了逆向选择和道德风险问题。

市场失灵理论一般包括科斯定理和金融约束理论。科斯定理说明，如果没有交易成本，那么只要有法庭来执行合同即可，不需要其他机构（如政府、监管者等）。这一定理最关键的假设在于有效依法履行复杂合同的可能性。在实践中，这一假设要求过高，由法官实施法律的一种替代策略是监管者执法。金融约束理论认为发展中国家政府的两个重要目标是提高金融部门的稳定性和限制银行业的竞争。建立激励机制，保障金融机构高质量发展，限制银行业竞争，提高金融体系的安全性。此外，金融约束的相关政策是为了防止现有银行机构的过度竞争，同时限制资产替代性政策。

金融脆弱性假说认为，私人信用创造机构特别是商业银行和其他相关贷款人的内在特性使得它们不得不经历周期性危机和破产浪潮，银行部门的困境又被传递到经济体的各个组成部分，产生经济危机。

对于银行挤兑和存款保险而言，理论界有两类模型：纯粹恐慌的（自我实现的）银行挤提模型和基于信息的银行挤提模型。两个模型所得的结论均说明银行挤兑是一种均衡状态，即一旦条件满足，银行挤兑就会发生。而一旦发生挤兑，则将迫使银行终止生产性贷款，从而影响经济增长，甚至引发经济危机。因此，政府有必要采取措施，提供存款保险，突出加强银行业监管的重要性。

8.1.3 银行业监管的必要性

相较于一般行业，银行业有其特殊性，对银行业的监管也有别于其他行业。

（1）银行业的特殊性和中介功能特殊性。银行除了具有工商企业的运营特点外，还是经营货币的企业，因此具备特殊性。一方面，在国民经济中，银行具有举足轻重的作用；另一方面，银行基于其金融脆弱性，相较于一般的工商企业而言，更容易遭受系统性风险的侵蚀。有效的银行监管是防止系统性金融风险发生的前提条件，也是现代国家实现经济管理职能的重要手段。

银行同时具备揽储和放贷功能，并在时间和空间上将两者进行转换，但这一功能也容易使银行遭受挤兑风险。此外，银行机构内部、不同银行之间的联系远比其他非银行中介密切得多，这也导致银行业存在较强的风险传染性。

（2）减少信息不对称和不完全影响。银行的期望收益取决于贷款利率和还款的概率。信息不对称会使银行提高利率，但这可能会降低预期收益。由于违约率的存在，银行可能会在相对较低的利率水平拒绝一部分贷款要求，而不愿以高利率水平满足所有借款人的申请，这就出现了信贷配给。银行规制是解决因信息不对称、不完全而产生逆向选择和道德风险的有效手段。

（3）降低系统性风险和负外部性效应。银行的经营目标是利润最大化和风险最小化，这容易导致金融资源集中流向风险较小、利润较高的经济部门，从而使得社会的各个经济主体获得的信贷机会不均等，导致社会经济发展不均衡。同时，银行业的高杠杆业务产生较高的债务资产比会导致极强的风险传染性。

外部效应就是市场主体给其他经济主体带来的无须偿付代价的利益或得不到赔偿的损失，有正效应和负效应之分。如果一家银行出现流动性危机，那么就可能会波及整个银行体系，同时也可能破坏整个支付结算体系，并通过货币信用紧缩影响经济增长。因此，需要监管来限制银行倒闭，以保持金融体系的健康稳定发展。

（4）消除垄断不利影响。现实中，银行业的垄断可能造成价格歧视、寻租等有损资源配置效率和消费者利益的不良现象，如降低银行的服务质量，减少金融产品的有效产出，造成社会福利损失。因此，应通过监管消除垄断。

8.1.4 我国银行业的监管内容

（1）银行业的监管目标。从全球主要国家央行的监管体系来看，银行规制大致可分为：①经济性规制，包括对定价、利润、市场准入退出的控制。②审慎性规制，包括对银行产品和经营过程的监督。③信息性规制，即向公众和监管者提供信息的要求。

银行业监管的目标应涵盖：①维持银行体系的稳定性。②提高金融体系尤其是银行体系的有效性。③保护消费者免受银行服务部门等的损害。④政府为实现其政治目标而对金融体系额外增加的干预或规制，以防止银行业务被用于金融犯罪。

（2）我国银行业的监管法律体系。在银行业务日趋全球化、复杂化的背景下，法律无疑是提高银行监管水平的有力保障。除了监管规章外，调整银行市场中各经济主体之间的关系、对金融犯罪行为的定性及惩治等都需要以相关法律、法规为准绳。目前，我国已经初步形成较为完备的银行监管法律体系，但仍需要比照国际监管规则进一步完善相关立法。

目前，我国的银行业监管法律体系包括 3 个层次：第一层次是法律，第二层次是行政法规，第三层次是行政规章。此外，最高人民法院公布的有关司法解释，也是银行业监管法的重要法律渊源。银监会自成立以来，对已经实施生效的规章、规范性文件进行了全面清理，还根据商业银行发展现状及趋势颁行了许多新的规章和规范性文件。这些法律文件大致可以分为规范市场准入、银行业务管理和银行内部管理三类。

（3）我国银行业监管的内容。我国银行业监管的主要内容涉及银行金融机构的市场准入监管、市场运营监管和市场退出监管 3 个环节。

市场准入监管是指银行业监管当局根据法律、法规的规定，对经营银行产品的机构在进入市场时进行管制的一种行为。市场准入监管可以使银行业的机构数量保持在一个相对合理的水平，把不符合市场准入条件的机构拒之门外。内容主要有：审批机构设立、审批注册资本、审批任职资格和审批业务范围。

市场运营监管是指对银行机构的日常经营进行监督管理的活动。概括而言，市场运营监管的主要内容包括：银行机构资本适度和资本构成、资产质量状况、支付能力和盈利状况等。

市场退出监管是指在银行业金融机构已经发生或可能发生信用危机时，银行业监管机构认为为保护存款人利益而有必要关闭该机构，并依法对该机构退出市场的全过程实施监督。我国银行退出市场有接管、重组、撤销、解散和破产等方式。

（4）我国银行业的监管指标。自 2008 年次贷危机爆发以后，宏观审慎监管下的逆周期监管、银行系统性风险防范成为银行业监管的重点，监管目标也发展为微观审慎与宏观审慎相结合。巴塞尔委员会颁布的最新成果《巴塞尔协议Ⅲ》是针对《巴塞尔协议Ⅱ》中的问题提出来的解决方案。朝着宏观审慎与微观审慎兼顾、资本监管和流动性监管并重、资本数量和质量同步提高的改革方向，《巴塞尔协议Ⅲ》通过引入储备资本、逆周期超额资本、杠杆率等工具来衡量资本充足情况，通过新建流动性覆盖率和净稳定资金比率等指标来管理流动性风险，建立了全球一致的流动性监管量化标准。

中国银行业监管当局在进行适合我国银行业改革的相关研究中明确了微观审慎与宏观审慎兼顾、资本监管和流动性风险监管并重、资本数量和质量同步提高的改革原则，并提出在我国同步推进实施《巴塞尔协议Ⅱ》和《巴塞尔协议Ⅲ》。2011 年 4 月 27 日，中国银监会颁布《中国银监会关于中国银行业实施新监管标准的指导意见》，这一文件被业内人士称为"中国版巴塞尔协议Ⅲ"（表 8-1）。文件中初步研究制定了新的四大监管工具（资本充足率、杠杆率、贷款损失准备与流动性）的监管标准。

表 8-1　"中国版巴塞尔协议Ⅲ"

颁布时间	文件名称
2011 年 4 月 27 日	《中国银监会关于中国银行业实施新监管标准的指导意见》
2011 年 6 月 1 日	《商业银行杠杆率管理办法》（2015 年 4 月 1 日施行修订版）
2011 年 7 月 27 日	《商业银行贷款损失准备管理办法》
2012 年 6 月 7 日	《商业银行资本管理办法（试行）》
2014 年 1 月 17 日	《商业银行流动性风险管理办法（试行）》

依据《巴塞尔协议Ⅲ》关于银行资本及流动性监管的新标准，银监会发布相关法规，形成了当前中国银行业四大监管工具的指标体系（图 8-1）。

资本充足率是指商业银行持有的资本与风险加权资产之间的比率。《商业银行资本管理办法（试行）》对资本监管指标要求、资本充足率计算、资本充足率监督检查和信息披露、商业银行内部资本充足评估程序等进行了全面规范。商业银行资本充足率（表 8-2）主要包括：一级资本充足率（商业银行持有的一级资本与风险加权资产之间的比率）与核心一级资本充足率（商业银行持有的核心一级资本与风险加权资产之间的比率）。

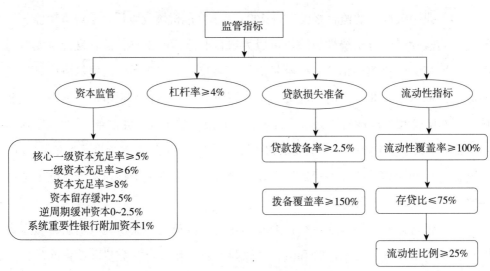

图 8-1　中国银行业四大监管工具的指标体系

表 8-2　新监管标准下的资本充足率要求　　　　　　　　　　　　　　　　%

	核心一级资本（扣减调整项）	一级资本	总资本
最低资本要求	5	6	8
储备资本	2.5	2.5	2.5
最低资本要求+储备资本	7.5	8.5	10.5
系统性重要银行附加资本	1	1	1
系统性重要银行	8.5	9.5	11.5
逆周期超额资本	0~2.5		

相较于《巴塞尔协议Ⅲ》，我国在一级资本的要求略松，但在允许部分商誉以及递延税项为非扣减项，要求更加严格。

杠杆率是指商业银行持有的一级资本与商业银行调整后的表内外资产余额的比率。《商业银行杠杆率管理办法》全面规定杠杆率的计算、监督管理及信息披露等事项，杠杆率监管标准规定不小于4%，比《巴塞尔协议Ⅲ》的标准高1%。

$$杠杆率 = \frac{一级资本 - 对应资本扣减项}{调整后的表内外资产余额} \times 100\%$$

杠杆率的优势在于逆周期监管。在经济繁荣时期，杠杆率可以对银行形成约束，迫使其增加资本。在经济下行期，杠杆率可以监测银行的过度去杠杆化行为；加强风险控制，杠杆率是银行风险承担、资产过度扩张的最后防线；监管成本低，杠杆率的使用便于监管，同时减少了风险加权资产计算过程中可能存在的模型风险。

我国《商业银行贷款损失准备管理办法》规定，银行业监管机构将设置贷款拨备率与拨备覆盖率指标，以考核商业银行贷款损失准备的充足性。贷款损失准备占各项贷款余额的比例应不低于 2.5%；拨备覆盖率为贷款损失准备占不良贷款的比例，要求不低于 150%。两者较高者为商业银行贷款损失准备的监管标准。

流动性指标可以分为合规性指标和用于分析、评估流动性风险的监测指标。合规性指标包括流动性覆盖率、存贷比、流动性比例，监测指标包括资产负债期限错配、融资来源多元化和稳定程度、无变现障碍资产、重要币种流动性风险及市场流动性等不同维度的相关指标。

8.2 银行业监管端的监管科技

在经济全球化和金融复杂化的背景下，信息业与金融业逐渐在发展中趋于融合。金融业务和金融产品越来越依赖于信息技术，而信息技术又持续驱动金融业的创新发展和格局变革。信息技术不但产生新的金融工具和交易方式，还影响和改变现有的金融模式。

我国的金融业市场规模和金融科技发展速度在世界范围内处于领先地位，但在监管科技领域尚处于起步阶段，发展水平不能满足金融治理体系和治理能力现代化的需求。2017 年 6 月，中国人民银行发布《中国金融业信息技术"十三五"发展规划》，提出要加强金融科技和监管科技的研究与应用，研发基于云计算、应用程序编程接口、分布式账本技术和密码技术等的金融监管平台和工具，应用数字化监管协议与合规性评估手段，提升金融监管效能，降低从业机构的合规成本。党的二十大报告中关于"加强和完善现代金融监管"和"完善科技创新体系"的论述为我国银行业监管科技的发展指明了方向。我国银行业监管的未来发展应合理利用数据要素，加快数字化转型，强化科技手段应用，实现业务的全链条监管。

8.2.1 银行业引入监管科技的必要性

（1）"影子银行"对监管的挑战。在 2007 年美联储年度大会上，保罗·麦卡利（Paul McCully）首次提出"影子银行"这一概念，认为"影子银行体系"是"游离于监管体系之外的,与传统、正规、接受中央银行监管的商业银行体系相对应的金融机构,主要指投资银行、对冲基金、货币市场基金、债券保险公司、结构性投资工具等不受监管的非银行金融机构"。

我国的"影子银行"系统可以划分为"银行影子"和传统"影子银行"。"银行影子"是指银行以规避监管和贷款相关限制为目的,以不规范的会计记账为手段,通过创造信用货币来为企业提供融资业务。"银行影子"实际上是银行开展的"类贷款"业务,其本质与银行贷款相同。传统"影子银行"主要是指非银行金融机构在银行之外独立开展的,通过货币转移来创造信用,并为企业提供融资的业务。

虽然二者对于货币的作用机制不同,但都会导致金融风险的积聚。"银行影子"主要导致会计反映的基础信息不准确,同时可能形成货币的过度供给;传统"影子银行"则主要通过货币内部的结构转移,使货币从投资者手中转移到融资者手中,可能会导致货币流向高风险领域。在监控无法系统跟进的情况下,大量的金融创新和货币宽松将会导致影子银行的规模过度扩张,金融系统网络的多层嵌套、隐性担保和久期错配等将导致风险积聚,极易造成流动性和信用方面的风险。

(2)互联网金融对监管的挑战。中国人民银行等十部门联合发布的《关于促进互联网金融健康发展的指导意见》将互联网金融定义为"传统金融机构与互联网企业利用互联网技术和信息通信技术实现资金融通、支付、投资和信息中介服务的新型金融业务模式"。互联网金融是互联网和金融的结合体,利用新兴的互联网技术、在线支付功能和通信技术形成新的金融模式。

从社会资源分配的角度来看,互联网巨头开展互联网金融(如支付宝、微信支付等)可能存在双重垄断,即互联网垄断和金融垄断,进而获得叠加的超额利润,可能会引发新的社会不公,这不利于互联网金融的长期发展。同时,在互联网巨头开展互联网金融的价值分配中,会导致超额利润流向私人部门,进一步加剧社会资源的分配不公。

从信息获取的角度来看,对市场主体来说,互联网金融可以降低信息不对称,但对监管者来说,这能够分散信息和转移信息,导致无法获得监管所需要的信息。同时,非金融与金融的混合会使监管者获取信息的难度增加。互联网金融的匿名性和虚拟性能够隐蔽监管所需要的关键信息。

从金融风险的角度来看,互联网金融同样存在较多风险:①虚拟性风险。互联网金融的虚拟性导致验证交易者的身份、交易的真实性难度加大,增大了交易者之间在身份确认方面的信息不对称,并有可能会转化为信用风险。②信息技术的风险特征容易带来信息安全隐患,信息风险具有传递性、复杂性、隐蔽性和突发性的特点。③长尾风险。互联网金融拓展了交易的可能性边界,服务了大量不被传统金融覆盖的人群(长尾特征),使互联网金融具有投资者以个人投资者为主、投资金额小而分散、风险涉及人数众多等有别于传统金融的风险特征。

此外,因互联网的金融业态而产生各类"灰金融"现象,即未受到监管与监督、没有信息披露或透明度很低、风控缺位或不到位的金融活动。"灰金融"游离于非法金融和正规金融之间,以透明度低、公开性差的状态镶嵌于经济增长过程中。同时,"灰金融"极有可能蜕变成"黑金融",即金融违法犯罪,主要包括各类金融投资欺诈、非法集资、暴力催收等恶意行为,隐含黑社会性质。

(3)金融危机对监管的冲击。随着互联网技术、信息通信技术的发展及互联网金融的兴起,各国金融市场的竞争日益激烈,各类金融产品创新层出不穷。但较为迟滞的监管手段无法有效规避此类创新对金融体系稳定的影响。2008年世界金融危机的爆发迫使各国金融监管机构反思当前的监管模式、监管手段和监管工具存在的问题,监管部门更加关注监管的合规内容,同时也更依赖和严格遵守繁复、冗长的监管法规和监管流程,这在很大程度上给监管部门造成了繁重的监管压力,也大大增加了监管成本。

在金融危机之后,随着各国金融监管政策的收紧,金融机构的合规成本持续增加。各国金融机构为了适应新的监管要求,符合反洗钱等监管政策,遵守相关监管制度,避免因不满足合规要求而带来的巨额罚款,纷纷加大了人力资源和资金的投入。此外,数字和技术驱动的合规监控手段也得到更多机构的重视。银行风控和合规工作所需信息的数据量不断增多,给银行机构的数据管理带来巨大挑战。

(4)新兴科技对监管的支持。金融危机以来,监管机构发现银行业的监管范围和规模空前扩大,监管遇到越来越多的挑战,传统技术难以满足当前的监管要求。随着金融科技逐渐成为金融机构的发展重点,监管机构对新技术本身的架构、优势、局限性及金融业务的结合点难以完全了解。同时,新技术与金融业务的结合模糊了原本的金融业务边界,增加了监管的范围和难度。

以大数据、云计算、区块链技术为代表的新兴科技的开发与应用,有助于丰富监管手段和方法,为发展监管科技提供技术支持:①监管机构运用监管科技能降低监管中的信息不对称,更好地观察金融机构的合规情况。②云计算、

AI 等新技术的运用能提升自身的监管效率和监管能力,更好地防范系统性金融风险。同时,监管科技的开发和应用可以提高银行机构的合规效率。

随着互联网技术和新兴科技的广泛应用,各类金融创新模式和创新产品不断涌现,导致金融风险趋于隐蔽化、复杂化、网络化,传统的监管难以发现和度量这些潜在风险。面对这一挑战,2017 年 4 月 25 日召开的中央政治局工作会议明确要求,"确保风险防控耳聪目明,形成金融发展和监管强大合力,补齐监管短板,避免监管空白"。为此,监管机构和金融实体必须与时俱进,积极开展新兴科技在金融行业监管领域的应用,以应对金融市场出现的新变化、新挑战。

8.2.2 银行业监管端科技的应用

国际清算银行下属的金融稳定研究所在 2018 年发布的《监管科技的创新技术报告》中提出,监管科技在监管端的运用可以分为数据收集和数据分析两大方面。京东金融研究院就此报告对监管端的监管科技进行了梳理。

监管科技在监管端的应用分类如图 8-2 所示。

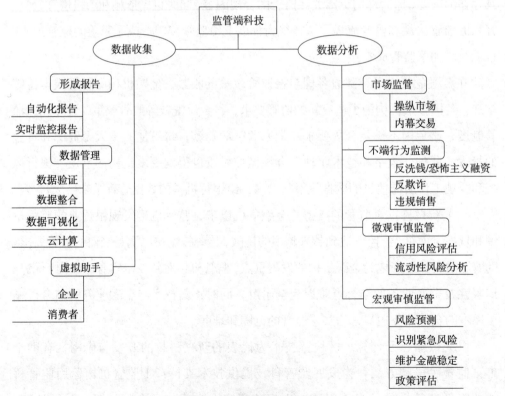

图 8-2 监管端科技的应用分类

（1）形成报告。报告包括自动化报告和实时监控报告两种。在自动化报告中，监管端科技解决的关键是数据推送方式，典型应用为奥地利中央银行（OeNB）搭建的报告平台。这一平台成为连通被监管单位 IT 系统和监管机构之间的桥梁。该系统允许银行在不增加数据提供者管理负担的情况下，向 OeNB 传送关键信息。自动化报告的另一项重要方式是"数据进栈"。运用此技术的典型监管机构为卢旺达国家银行（BNR），该行通过"电子数据仓库"直接从被监管金融机构的 IT 系统中抓取数据。目前，实时监控报告系统也有部分国家在使用，如澳大利亚证券和投资委员会设立的市场分析和情报系统，能够实时监控澳大利亚的一级资本市场和二级资本市场。这对各国的央行系统也有借鉴作用。

（2）数据管理。数据管理包括数据验证、数据整合、数据可视化和云计算。数据验证主要包括检查数据接收，数据的完整性、正确性、合理性及一致性。新加坡金融管理局运用监管科技进行包括数据清理和质量检查在内的数据验证工作。数据整合运用监管端科技应用程序组合多个数据源监管端科技以支持分析工作，通常包括结构化数据和非结构化数据。意大利银行通过将可疑交易举报（结构化数据）和新闻评论（非结构化数据）整合起来进行反洗钱调查。数据可视化指运用相关工具将大量的、密集的、复杂的数据以容易理解的形式呈现给监管者，如荷兰银行内部开发的交通信号灯和仪表板，将数据传输转化为逻辑指引。云计算能够实现更大、更灵活的存储、移动容量和计算能力，如 FCA 开发的用于收集、存储和处理市场数据的云解决方案。

（3）虚拟助手。虚拟助手的应用方式主要有：①监管机构使用聊天机器人自动答复消费者投诉，如菲律宾中央银行就开发了一个聊天机器人来答复消费者投诉。②监管机构使用聊天机器人向被监管机构提供帮助，如 FCA 打算通过开发聊天机器人来与被监督机构交流，从而有效回答简单的日常问题。③通过机器解读法规来促进合规性建设。虚拟助手通过自然语言处理将规范文本转换为机器可读格式，提高一致性和合规性，缩小监管目的和法条释义之间的差距。同时，机器解读还可以帮助监管机构有效评估监管变化带来的影响，审视监管改革，降低监管的复杂性。

（4）市场监管，主要应用于证券监管方面，详见后续章节内容。

（5）不端行为监测。金融的不端行为监测包括反洗钱/恐怖主义融资监测分析、反欺诈/潜在欺诈识别、违规销售预测等实际应用场景。监管科技可以监测到人工监测所不易发现的异常交易、关系和网络,如新加坡金融管理局用自然语言处理和机器学习来分析可疑交易报告,以便发现潜在的洗钱网络。同时,监管机构可以使用可视化分析来识别具有误导性的金融产品销售广告。

(6)微观审慎监管。微观审慎监管包括信用风险评估、流动性风险分析等。意大利银行开始探索如何将机器学习算法运用于贷款违约预测。该算法主要通过汇合不同的数据来源,将混合数据输入机器学习工具,自动生成信贷违约的预测来实现这一目的。通过运用神经网络分析技术,荷兰银行正在研究一种自动编码器,以监测来自实时结算系统支付数据中的异常,即流动性流量异常。

(7)宏观审慎监管。宏观审慎监管包括风险预测、识别紧急风险、维护金融稳定和政策评估等方面。在识别宏观金融风险方面,意大利银行运用多样化技术预测房价和通货膨胀。对于新型风险信号的识别而言,荷兰银行将系统处理的大量交易转换为风险指标,将传统的计量经济学方法运用于处理数据、开发算法获取相关的交易类型来识别风险信号。在情感分析方面,意大利银行通过研究即时推文中的情绪表达来快速预测小额零星存款,一般在负面情绪多时,零星存款增长率也较低。在维护金融稳定方面,欧洲中央银行和英格兰银行使用热图来突出潜在的金融稳定性问题,而热图由对被监管机构日常数据和其他数据(如压力测试)的自动分析来生成。

8.2.3 我国银行业监管端科技的成果

2019年2月22日,中共中央政治局就"完善金融服务、防范金融风险"举行第十三次集体学习。习近平指出,防范化解金融风险特别是防止发生系统性金融风险是金融工作的根本任务,要运用现代科技手段和支付结算机制,适时动态监管线上线下、国际国内的资金流向流量,使所有资金流动都置于金融监管机构的监督实业之内。这些论断明晰了金融监管工作的指导思想,统筹了金融监管科技的重点方向。

1)我国监管科技政策

近年来,我国监管科技在持续快速发展。同时,相关的政策文件(表8-3)也在持续规范和完善监管科技在我国金融领域的应用与发展。

表 8-3 我国监管科技的相关重要政策文件

时间	政策文件	主要内容
2016 年 12 月	《"十三五"国家信息化规划》	区块链被列入《国家信息化规划》
2017 年 6 月	《中国金融业信息技术"十三五"发展规划》	加强金融科技和监管科技的研究与应用，研究基于新技术的金融监管平台和工具，提高金融监管效能，降低从业机构合规成本
2017 年 7 月	全国金融工作会议	提出监管科技与国家金融战略的需求实现了高度契合
2017 年 10 月	党的十九大报告	提出数字中国、智慧社会的创新发展思路，明确指出需要"深化简政放权，创新监管方式"
2018 年 8 月	《中国证监会监管科技总体建设方案》	明确提出三大发展阶段、五大基础数据分析能力、七大类 32 个监管业务分析场景
2019 年 12 月	中央经济工作会议	深化科技体制改革，加快科技成果转化应用
2019 年 12 月	《金融科技（FinTech）发展规划（2019—2021 年）》	建立健全我国金融科技发展的"四梁八柱"，进一步增强金融业的科技应用能力，实现金融风控水平的明显提高、金融监管效能的持续提升

2）我国银行业监管端科技的应用

（1）监管科技在识别和防范银行机构流动性风险中的应用。银行的流动性风险主要来自资产端和负债端。资产端的流动性风险主要来自于信贷违约，负债端的流动性风险主要来自于挤兑。同时，流动性风险也会通过单一银行传染到其他银行和其他非银行金融机构。

从根本上来说，识别银行体系流动性风险的困难集中于信息的不完全和不充分，以及银行市场间的各主体关系错综复杂。央行可以通过大数据分析技术来提升信息获取的充分性和数据分析能力，并使用人工智能和机器学习等监管科技手段构建银行体系流动性风险的网络模型，发现并掌握银行之间和银行与其他主体之间深层次的金融关系，提升流动性风险的预警能力。

（2）监管科技在监管"影子银行"中的作用。"影子银行"是我国金融监管需要着重关注的领域，监管科技的引入将有助于解决"影子银行"监管中信息不对称的问题，了解资金流向，实现穿透式监管。在监管过程中，资金流向需要依靠会计记账进行反映，这些记账数据需要进一步汇总、分析，监管部门在分析后对风险进行识别，从而采取监管措施。监管科技的引入将提高整个过程的运行效率。

基于区块链技术，可以掌握"影子银行"的会计记账信息。监管部门在接入记账网络之后,可以利用区块链的去中心化、开放性、信息不可篡改等颠覆性优势,第一时间看到所有业务信息,然后进行加工处理,形成监管的数据和判断。

大数据和云计算技术使数据的加工处理更为有效,有利于监管识别相应风险。从宏观方面而言,资金的来源和流向是否配比,风险的积累是否可控,也可以通过大数据技术进行分析和判断。

人工智能技术可以使监管层对风险的回应更加及时。一旦监管部门获取大量有关资金流向的数据以及"影子银行"引发的风险案例数据,则可以采用人工智能技术构建模型,在资金流向信息和风险案例之间建立联系。在以后的监管过程中,人工智能技术可以从多个维度帮助监管部门判定资金的流向是否会积聚并产生金融风险,以及该风险的大小。

(3)我国银行业监管端科技的部分应用成果如表 8-4 所示。

表 8-4 我国银行业监管端监管科技的部分应用成果

参与方	机构	监管端科技成果
监管机构	原银监会	用分布式架构搭建 EAST 数据仓库
	深圳市金融办	以大数据、区块链等先进技术为核心,构建风险模型,对新兴金融业态进行非现场监管
	中国人民银行反洗钱监测中心	组织建设第二代系统大数据综合分析平台
第三方监管端科技机构	蚂蚁金服反洗钱中心	通过大数据搭建智能反洗钱体系
	金丘科技与银联商务	打造中小企业信用链,共享中小企业的信用数据

8.3 商业银行端的合规科技

高效、低成本地保持合规是诸多金融机构要考虑的首要问题。2008 年世界金融危机之后,一系列新出台的监管政策及对不符合相关监管而进行的巨额罚款使金融机构不断增加合规支出,金融机构急需合规科技来提高合规效率、降低合规成本。

8.3.1 合规端科技对金融机构合规业务的影响

金融机构的合规业务主要包括合规管理、合规报告、尽职调查、政策跟踪以及拓展业务的合规等,合规科技在其中产生了积极影响(表 8-5)。

表 8-5 合规科技对金融机构合规业务的影响

合规业务	痛点	引入合规科技的影响
合规管理	需要大量的人力管理、储存合规文件,管理合规进程	数字化合规流程,提高合规管理能力
合规报告	需要大量的人力填写符合合规报告标准的数据,并生成相应的报告	自动收集数据,按照合规报告标准自动生成报告,减少合规人力成本
尽职调查	无法做到实时监控,无法保证客户数据的及时性和有效性,工作量大,无法对客户有全面的了解	实时监控客户基本交易信息,对比多项涉及用户的信息,提高尽职调查质量
跟踪政策	需要雇佣合规专员长期跟踪各项法案的修订情况或新增法案情况,效率低	自动跟踪法案修订情况或新增法案情况,提取与公司所涉及业务相关的法规,提高政策跟踪能力
拓展业务	需要公司多部门联合法律专员了解业务拓展地区的政策,花费大量的人力物力,效率低	合规科技使得各地区的合规更加集成,提高公司在新地区的业务拓展速度

8.3.2 合规端科技在银行业的应用

京东金融研究院经过对国际合规科技的资料进行收集整理,梳理出了合规科技的基本路径,指出合规科技的主要着力点包括数字化、数据加密和传输技术、数据的识别和分析三方面(图 8-3)。

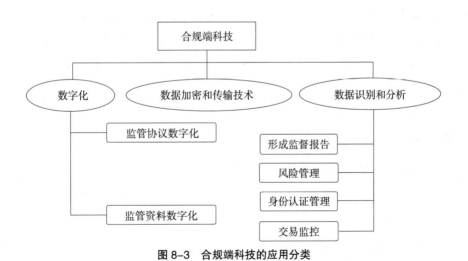

图 8-3 合规端科技的应用分类

(1)数字化。数字化主要表现在监管协议数字化和监管资料数字化两个方面。合规端科技的数字化运用对监管规则进行数字化的解读,并嵌入机构和各类业务中,以便监管规则能够更及时和充分地被理解,有效提升合规效率,降低合规成本。

2018年4月，东南亚星展银行（DBS）通过人工智能、机器学习和NLP来为银行提供合规管理，降低合规成本。在监管资料数字化方面，合规端科技能够将所有与监管相关的资料，包括数据、文件、图像、音视频等进行数字化处理，并以数字格式存储。

（2）数字识别和分析。数字识别与分析包括形成监督报告、风险管理、身份认证管理和交易监控4个方面。首先，合规端科技可以通过识别和分析数据形成监管报告。具体而言，是通过大数据分析、即时报告、云计算等技术实现数据自动分析并形成监管报告。马林银行通过监管科技系统实现银行监管跟踪流程的自动化，能够从来自多个州和联邦的监管信息海洋中自动识别出最相关的合规性要求。通过监测合规性和监管风险，银行可以依据合规端科技预测未来的风险。近年来，新的、复杂的监管规则在金融行业激增，造成了一系列问题，如"创新银行"能否获得银行牌照或传统银行能否保持优势等。这也使得各方成本不断增加，资源竞争更加严峻。大量的新法规也使得银行的风险管理和融资管理比以往任何时候都更加复杂。此时，合规科技可以发挥作用，即通过风险管理决定必要的投资，将风险转化为竞争优势。合规端科技可以帮助服务对象完成尽职调查和KYC程序，进行反洗钱、反欺诈的筛查和监测。运用监管科技能够有效节省认证时间，降低合规成本，提高认证效率。最后，合规端科技还能够提供实时交易监控和审查的解决方案。

（3）数据加密和传输技术。合规端科技在数据加密和数据传输中的运用主要基于区块链和云计算等先进技术，以确保数据的安全性、完整性、有效性，防止数据被篡改。

8.3.3 我国银行业合规端科技的成果

1）我国商业银行合规端科技的应用场景

合规端科技基于大数据、人工智能、云计算、区块链、物联网等系列技术，适用于多种银行业务场景。

（1）风控系统场景——百融金服。百融金融信息服务股份有限公司（以下简称百融金服）依托人工智能和大数据技术为金融机构提供一站式风控解决方案。百融金服的核心产品"策略引擎"构建覆盖贷前准入、贷中监控、贷后催收的智能风控管理平台。在满足信贷业务风控需求的同时，百融金服将平台功能组件化、参数化、智能化。百融金服还将多年的运营经验形成标准数据产品、规则产品及评分模型,并为风控专家和算法工程师提供自定义功能。

(2)运营监管场景——中国工商银行物联网平台。对银行业而言,物联网对金融监管改革具有强有力的助推作用。物联网对银行外延的拓展强化了银行与各经济主体之间的联系,使其更紧密地结合,形成新的生态体系。

2017年6月,中国工商银行自主研发的工银物联网金融服务平台成功上线。结合物联网具备的物品感知、位置定位和跟踪监控等技术特点,该平台在消费金融、信贷融资、业务运营、基础设施等领域发挥重要作用:①在消费金融领域,将物联网技术应用于抵押品监管、消费支付服务、网点营销、智能POS管理等,以大幅提升风控能力和客户体验感。②在信贷融资领域,运用物联网技术监控抵押品、质押品的实时数据,有效管控相关物品和资金面临的风险,提升风险管控能力,推动普惠金融和供应链金融等业务的发展。③在业务运营领域,通过物品标识、智能容器、生物识别、追踪监控等技术,围绕物品操作场景优化业务流程,提升防范各类操作风险的能力。

(3)异常业务场景——光大银行反洗钱算法。随着国家金融市场的快速发展,大量的资金流动中隐藏着许多不正常、违规违法的资金流。传统的复杂规则模型已难以有效发现日益专业化、组织化、隐蔽化的洗钱犯罪团伙。光大银行在反洗钱可疑案例分析中引入大数据分析挖掘技术,基于数据挖掘算法设计实现智能化反洗钱模型,提高自动化分析推理能力,有效提高案例甄别精准度。

光大银行通过深入研究多个真实洗钱案例,设计出"复杂资金网络关系发现算法"。这一算法可以通过线性时间消耗计算出节点数量随指数级增长的复杂资金网络,能快速计算出较长观测期内所有客户的资金网络关系。光大银行成功将这一算法导入银行的信息系统中,提高了模型筛选精度和上报案件质量。

2)我国商业银行 CompTech 的部分应用成果

我国商业银行的监管科技试点如表8-6所示。

表8-6 我国商业银行的监管科技试点

应用名称	试点单位	生态构建目标
基于物联网的物品溯源认证管理与供应链金融	中国工商银行	依托中国工商银行融e购电商平台的品牌形象,形成覆盖多个维度的全新金融生态圈
微捷贷产品	中国农业银行	对客户进行精准画像,打造全流程的线上运作贷款模式

续表

应用名称	试点单位	生态构建目标
中信银行智令产品	中信银行/中国银联/度小满/携程	通过"智慧令牌",统一绑卡、集中管理、场景共享
AI BANK Inside产品	百信银行	基于AP技术的AI BANK Inside产品,开放金融服务,深度赋能生态合作伙伴

8.4 我国银行业监管科技的应用案例

（1）中国金融认证中心（China Financial Certification Authority，CFCA）的交易监控及反欺诈系统。中国金融认证中心旗下的交易监控及反欺诈系统（图8-4）是一套基于大数据分析的风险监控系统，采用分布流式计算平台架构，通过机器学习和神经网络等数据挖掘技术进行智能分析。该系统具有智能、高效、实时、易用等特点，已经在多家银行和第三方支付机构成功上线并稳定运行。

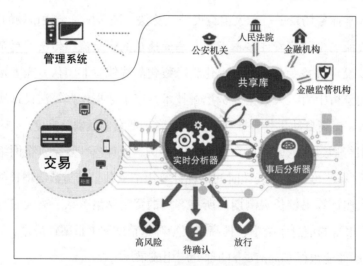

图8-4 交易监控及反欺诈系统

（2）微众银行的区块链征信系统。微众银行的区块链征信系统（图8-5）及征信方法通过数据挖掘模块进行数据的采集及重组，并利用PKI密钥模块进行数据的单独加密，以保证数据的真实、唯一，利用区块链的信用模块进行数据的识别比对、评分模块的积分。该方法提供的分布式征信算法系统能够实现个人及企业的信用等级评算；同时通过大量的数据采集及加密操作来确保数据的唯一性、真实性及评算结果的准确性。

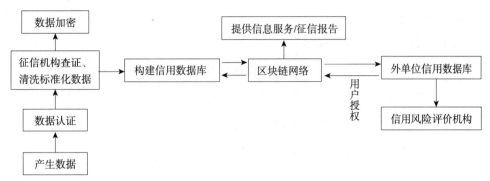

图 8-5　微众银行的区块链征信系统

本章小结

1. 狭义的银行监管是指维持银行体系稳定和安全的监督管理行为；广义的银行监管则包括为实现银行的稳定性、安全性和效率性所采取的所有措施。

2. 银行监管的经济学原理包括政治经济学、静态经济学、微观经济学等。

3. 我国银行监管的主要内容包括银行金融机构的市场准入监管、市场运营监管和市场退出监管。

4. 银行业的监管科技基于新兴科技的支持，在应对"影子银行"对银行监管的挑战、互联网金融对银行监管的挑战、金融危机对银行监管的冲击等方面发挥重要作用。

5. 监管科技在银行业的监管应用中主要有监管端科技和合规端科技的应用。我国银行业在监管端科技应用包括识别和防范银行机构流动性风险、监管"影子银行"等。在合规端科技应用包括数字化、数字识别和分析、数据加密和传输等技术。

即测即练

复习思考题

一、名词解释

银行监管　管制供求说　市场失灵　资本充足率　杠杆率　影子银行

二、简答题

1. 简述银行业监管的必要性。
2. 我国银行业监管的目标、内容及指标有哪些？
3. 试述银行业引入监管科技的必要性。
4. 监管科技如何应对"影子银行"的监管？
5. 简述区块链技术如何应用于个人征信。

参考文献

[1] 裴桂芬. 银行监管的理论与模式：兼论日本的银行监管 [M]. 北京：商务印书馆，2005.

[2] 杰克逊，西蒙斯. 金融监管 [M]. 吴志攀，等译. 北京：中国政法大学出版社，2003.

[3] 郭春松. 中国银行业监管协调与合作研究 [M]. 北京：中国金融出版社，2007.

[4] 何贝倍. 我国银行业监管法律体系的制度分析 [M]. 北京：社会科学文献出版社，2015.

[5] 李直，朱忠明，王博林. 中国银行业监管发展与改革研究 [M]. 北京：中国发展出版社，2015.

[6] 陈辉. 监管科技框架与实践 [M]. 北京：中国经济出版社，2019.

[7] 韩沂，等. 交叉性风险穿透监管研究：基于上海银行业实践探索 [M]. 北京：中国金融出版社，2018.

[8] 周杉，刘学鹏，高焰. 银行业监管国际经验及我国实践研究 [M]. 成都：四川大学出版社，2017.

[9] 孙国峰. 监管科技研究与实践：中国支付清算协会监管科技研究组优秀课题成果集 [M]. 北京：中国金融出版社，2019.

[10] 谢平，刘海二. 金融科技与监管科技 [M]. 北京：中国金融出版社，2019.

[11] 许闲，等. 合规与监管科技 [M]. 北京：中国金融出版社，2021.

[12] 潘健. 新中国中央银行职能的法规诠释 [J]. 当代中国史研究，2009（5）：96–102.

[13] 李腾. 商业银行应用物联网技术的实践解析 [J]. 金融纵横，2020（12）：85–89.

[14] 邱宜干. 包商银行被接管的深层原因分析 [J]. 现代营销（经营版），2019（12）：150–151.

第 9 章 监管科技在证券业的应用

章首导言

随着证券行业多年的发展与完善,证券交易体系逐渐成熟,证券交易的体量也日益增加,各个市场的参与者为了实现其利益最大化所采取的多样且隐蔽的非法交易行为对证券市场的秩序造成了很大的冲击。在金融行业和金融监管的信息技术基础设施快速发展的背景下,为了创造更安全的市场,让投资者受益,监管当局和证券公司对监管科技的运用是必不可少的。本章以证券行业中的两大类监管科技:监管端的监管科技和合规端的监管科技的发展和内容为主线,从理论上系统地介绍监管科技在证券行业中的应用,从而厘清当今庞大的证券交易体系中存在的诸多监管问题。

学习目标

1. 了解证券行业和证券行业监管的基本发展历程。
2. 熟悉证券行业中监管科技的影响和作用。
3. 掌握证券行业中监管端和合规端的应用科技趋势。

能力目标

1. 培养学生对案例中现象的理解和分析能力。
2. 培养学生在业务实践中探索创新思维的信心。

思政目标

通过对比国内外证券行业中监管科技的发展历程,了解金融科技中证券业创新监管的前沿内容,认同我国的证券行业监管政策和实践道路,增强制度自信。

本章知识结构图

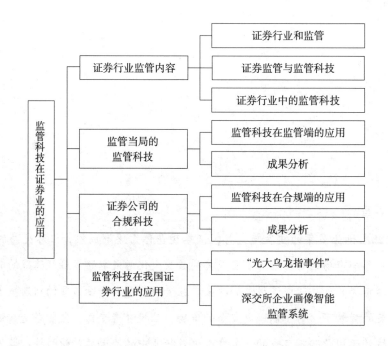

导入案例

在社会主义市场经济的发展过程中,证券行业发挥着越来越重要的作用,但也频发乱象。2021年,证监会借助北斗卫星导航系统,对獐子岛集团股份有限公司(简称獐子岛公司)27条采捕船只的数百余万条海上航行定位数据进行分析,委托第三方机构还原真实航行轨迹和采捕海域,进而确定实际采捕面积,并据此认定獐子岛公司的成本、营业外支出、利润等存在虚假,最终在6月24日宣布依法对獐子岛公司信息披露违法违规案做出行政处罚及市场禁入决定。

众所周知,獐子岛公司在近几年陆续发布过"扇贝跑了"或"扇贝饿死"之类的公告,为其业绩下跌寻找理由,同时虚构成本、营业外支出和利润额。虽然多数人都认为是獐子岛公司故意搪塞,但苦于长期找不到足以反驳的证据。在证监会对证券行业的监管行动中,这次借助北斗卫星侦破獐子岛公司"扇贝跑路"

谎言，无疑是科技手段的一次成功运用。

其实，证券市场中的公司及其实际控制人通过信息不对称欺骗投资者的现象并不少见，主要包括财务造假、内幕交易、信披违规等。通常来说，投资者希望了解上市公司的经营情况，其依赖渠道主要是公司公告，但如果上市公司伪造公告，那么，就会严重扰乱证券市场秩序、损害投资者利益。这时，证监会作为监管方就必须行使必要的监管职责。

思考：

1. 在证券行业市场中，如何更新传统的监管方和企业合规检查？
2. 对比传统的监管模式和方法，监管科技具有哪些优势？

9.1 证券行业监管内容

9.1.1 证券行业和监管

证券行业指从事证券发行和交易服务的专门行业，主要经营活动是沟通证券需求者和供给者的联系，并为双方证券交易提供服务，促使证券发行与流通的高效进行，并维持证券市场的运转秩序。各国定义的证券行业略有不同，一般来说，证券行业由证券经纪公司、证券交易所和有关的商品经纪集团组成。所谓"证券"实际上就是一份合同，声明持有人有责任在未来某一时刻购买或出售所列资产。证券行业的联系面极广，相关的有证券的购买者、供应者、内部产业、管制者、服务设施及部门，其基本功能有媒介储蓄和投资、制造并维持一个有秩序的证券市场、分析经济和金融信息、帮助投资者进行投资管理等。

伴随着改革开放的大潮和全国资本市场的发展，我国证券行业锐意进取，开拓创新，为我国经济高速发展、资本市场平稳运行贡献了重要力量。从国内证券行业的总体发展历程来看，可以分为三个阶段：第一阶段是初步发展时期，这一时期为1949—1979年，具体有建立证券交易所和发行公债两种表现；第二阶段是1980—2016年的快速发展时期，在这一时期，证券行业逐渐走向规范化的道路，构成了较为完整的市场体系；第三阶段是2017年之后的新发展阶段，国家加大了证券行业对外开放的力度，深化了金融供给侧的结构性改革，推动了经济发展。

美国证券行业萌芽于独立战争时期，在第一次和第二次产业革命期间得到迅猛发展。20世纪90年代，技术创新、全球化等主要价值驱动因素使证券行业发生了巨大变化,这使得证券行业可以创造新的价格和价值主张,制定个性化的服务,这为美国证券行业保持赢利潜力提供了条件。然而,2008年世界金融危机之后,美国证券行业经历了重大重组,其中心的层次结构虽然基本稳定,但在空间上呈现出明显的收缩和分散趋势,因此,如何平衡是美国证券行业尚未解决且亟待解决的问题之一。如今,在大数据、云计算及区块链等新兴技术产生的背景下,美国也正积极地为证券行业的发展和维护寻找新的动能。

9.1.2 证券监管与监管科技

在证券交易中,企业管理者掌握的信息往往多于投资者,在与投资者的博弈中处于优势地位,这就会在交易完成前后分别发生"逆向选择"和"道德风险"问题,进而导致市场失灵,最终降低市场的运行效率。

1. 证券监管的发展历程

我国自建立证券交易市场以来,一直在探索中吸取教训、总结经验。总体来看,我国的证券监管可以分为3个发展阶段。第一阶段是1978—1989年的低层次交易阶段。1990年以前,我国的证券市场刚刚起步,发展经验不足,多数地方的证券市场缺乏立法监管。此时的证券交易市场水平低、层次低,缺乏统一的标准。第二阶段是1990—2000年,此时是交易所阶段。1990年年底,上海证券交易所和深圳证券交易所成立,同时,中国证券市场研究设计中心在北京创建了全国证券交易自动报价系统,是我国开启证券行业新历程的标志。1992年之后,统一的全国证券监管体制逐渐建立起来。第三阶段是2001年至今,这一阶段中的证券交易监管逐渐规范化、国际化。随着我国证券公司数量的快速增加,监管模式也逐渐细化,针对证券监管的法律法规也更加健全,同时,自2001年加入世贸组织后,我国证券市场逐渐与国际接轨,国际化的步伐进一步加快。

2. 证券监管的原则与制度

为了保护投资者利益,保证市场公平、高效和透明,减少系统性风险,国际证监会组织在相关的法律框架下实施了38条原则,总共分为十大类:与监管机构有关的原则;与自律有关的原则;执行证券监管的原则;监管合作原则;发行人原则;与审计师、资信评级机构和其他信息服务供应商有关的原则;集合投资计划原则;市场中介机构原则;二级市场及其他市场原则;与清算和结算有关的原则。

就全球范围而言，共有三种证券监管制度：以美国为代表的集中型、以英国为代表的自律型和以法国为代表的中间型。集中型监管是指政府建立专门的证券监管机构并制定相应的法律法规对全国证券市场进行统一监管；自律型监管则是政府较少监管，依靠证券自律机构进行自主监管；中间型监管就是介于前两者之间，既有政府监管，又有自律因素。在我国，政府设立的中国证券监督管理委员会是主要的监管机构，对证券市场进行全方位的监督。

虽然监管科技还处于起步阶段，但它在金融行业，尤其是在证券行业的应用已经走在了规划设计的前面。在国内外实践监管科技的案例中，证券行业中的应用是非常普遍且广泛的。

9.1.3 证券行业中的监管科技

监管科技在证券行业中的应用十分广泛，如在证券发行、证券市场交易、信息披露、证券违法行为、市场风险监测分析及预警、助力证券投资者保护制度建设等方面。

如图 9-1 所示，美国纳斯达克交易所基于区块链的私人证券交易系统 LINQ，在"首次公开招募股"（initial public offering，IPO）之前对非上市公司股票的所有权进行监测、记录和存储。通过使用分布式账簿等方法将企业股票发行、增资配股、分红等信息转化为数字化的形式记录上链，提供证券发行和转让的全部历史记录，并提高可审计性。

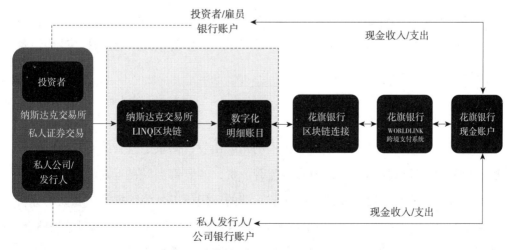

图 9-1 纳斯达克与花旗银行通过 LINQ 系统运用 DLT 建立合作

随着技术创新速度的加快，证券监管科技覆盖的技术也越来越广，主要有云计算、大数据、区块链、人工智能等。云计算可以帮助优化监管信息的处理流程，提升信息处理速度，同时将证券业务和风险控制系统上云；大数据的应用体现在对数据的收集分析，通过构建关键监管系统来提高监管效率，满足特定的监管目标；在区块链方面的实践则是将分布式账本技术嵌入日常证券市场活动中，运用区块链的去中心化及不可篡改等特点，实现数据安全共享，提高流程透明化程度，保障数据的安全性和真实性；人工智能与监管科技的有机结合，使得监管手段更加多样化，监管更加高效。总而言之，这些新技术以更高效的合规和更有效的监管为价值导向，在具体表现形态上有两大分支——运用于监管端的监管科技和运用于合规端的监管科技。两者在证券行业中的具体内容和应用，将在下文阐述。

9.2 监管当局的监管科技

从监管端来看，面对金融科技背景下更加复杂多变的证券交易市场环境，监管部门有运用监管科技的充足动力：① 2008 年世界金融危机后，对证券交易的监管上升到前所未有的高度，监管机构渴望获取更加全面、更加精准的数据；②监管部门面对海量数据，需要借助科技提高处理效率和监管效能。近几年，证券市场对参与者的监管要求大大增加，反映了全球金融服务日益复杂的本质。同时，随着证券市场规模的不断增长，证券行业变得越来越数字化和数据驱动。与自动化程度较低的替代品相比，技术驱动的合规监控的优势变得越来越明显。大数据、云计算、人工智能等新技术的出现与发展，使得科技能够更好地助力证券行业，为证券公司进行交易行为监测，进而为稳定市场秩序提供更具时效性、准确性及智能化的解决方案。

9.2.1 监管科技在监管端的应用

监管端的监管科技主要从监管机构的角度出发，侧重于监管的有效性和高效性。为了提高监管质量，更好地履行监管职责，各监管当局在近几年纷纷加大了对监管科技的推动力度。监管科技在监管端的运用可以分为数据收集和数据分析两大方面。数据收集过程中可以形成实时监测报告，进行数据管理，通过数据整合、数据确认、数据可视化、云计算、大数据等方法确保数据质量，以及通过虚拟助手采集消费者、被监管机构的相关信息,实现数据收集的自动化。数据分析运用于:不端行为监测分析、风险监测及微观和宏观审慎监管等。

表9-1对当前世界各国金融监管机构监管科技领域的探索实践。

表9-1 当前世界各国金融监管机构在监管科技领域的探索实践

技术名称	开发应用金融监管机构
数据收集领域	
应用编程接口	澳大利亚证券和投资委员会、菲律宾央行
数据推送	澳大利亚证券和投资委员会、SEC、奥地利央行
数据提取	澳大利亚证券和投资委员会、卢旺达国家银行、菲律宾央行、FCA
机器可读	FCA、新加坡金融管理局
云计算	澳大利亚证券和投资委员会、墨西哥国家银行和证券委员会、荷兰银行、FCA、SEC
聊天机器人	菲律宾央行、SEC
数据分析领域	
大数据	澳大利亚证券和投资委员会、意大利央行、墨西哥国家银行和证券委员会、荷兰银行、FCA、美国证券交易委员会、新加坡金融管理局
人工智能	墨西哥国家银行和证券委员会、荷兰银行、FCA、SEC、新加坡金融管理局
自然语言处理	澳大利亚证券和投资委员会、意大利央行、墨西哥国家银行和证券委员会、FCA、SEC、新加坡金融管理局
机器学习	澳大利亚证券和投资委员会、意大利央行、墨西哥国家银行和证券委员会、荷兰银行、FCA、SEC、新加坡金融管理局、奥地利央行
监督学习	澳大利亚证券和投资委员会、意大利央行、荷兰银行、FCA、SEC
无监督学习	澳大利亚证券和投资委员会、奥地利央行、荷兰银行、FCA、SEC
主题建模	FCA、SEC
随机森林	澳大利亚证券和投资委员会、意大利央行、美国金融行为监管局、SEC
图像识别	SEC
神经网络	荷兰银行、SEC、奥地利央行

在数据收集方面,监管科技通过对证券市场的交易数据进行实时的监测、验证和可视化处理,以确保数据质量,最后形成自动化报告并将相关数据推送给监管当局,帮助监管部门实时掌握证券市场动态。

1. 实时监控

监管科技能够实现实时监控。澳大利亚证券和投资委员会是率先使用SupTech的机构之一,它于2013年推出了一个证券市场监测系统,名为"市场分析和智能"

(market analysis intelligence，MAI)。此监管端平台允许实时监控澳大利亚的一级资本市场和二级资本市场，可以从所有股权和股权衍生的产品和交易中提取实时数据，提供实时警报，并识别在执行调查或监测时可能出现的异常情况。MAI系统的运作包括：①识别在执行过程中调查或发现的市场中的异常，发出与日常操作、工作流程保持一致的实时警告，使工作流程暂停进入调查分析阶段，以找出更深层次的原因，再根据调查结果确定优先级，并在适当的时候启动深度调查。②通过大数据进行历史分析，以提出完整的市场报告，用于评估较为大型和复杂的风险。该系统能够为ASIC提供澳大利亚金融市场不断变化的图景，并持续以丰富的数据获取更多建议，实现市场监控的实时化。

2. 数据质量管理

如果没有准确、及时和充分的高质量数据，SupTech工具就没有真正的价值。SupTech至少要使监管人员能够从传统的基于模板的报告转向高质量数据的自动收集。它能够通过使用机器学习来发现质量问题，如数据缺口、不一致和错误，并能够自动进行数据清理和巩固验证，为质量提供保证。数据的高质量化虽然需要行业之间的密切协调，但可以整合跨部门和当局的报告要求，从而降低复杂性、提高透明度和降低长期成本。高质量的数据也可以增加跨数据量和跨时间的可比性，为分析提供新的切入点，还可以促进内部风险数据和监管数据的协调。例如，奥地利中央银行的证券监管部门在2015年实施的报告系统，该数据报告平台搭建在奥地利报告服务（Austrian Reporting Services，AuRep）有限公司上。这是一种基于输入的方法，标准化的高质量数据由部门输入到公司的数据库。其最大的优势就是在保持原有成本的前提下能够向监管端源源不断地传输高质量的交易数据。

3. 自动化报告

SupTech能够实现报告的自动化，而自动化报告一般会融入数据推送和数据提取技术。数据推送方式是菲律宾证券监管委员会正在实行的一种方法，即通过开发一个API自动报告高质量的和接近实时的数据。该工具提供许多后台功能，如自动验证、数据可视化和报表定制。另一种方法是数据提取方法，监管机构根据预先确定的规格，自动从系统中获取数据，并根据标准化的任务自动将其转变为所需的报告。卢旺达国家银行证券监管部门是最早运用该方法的监管机构之一，它通过电子数据仓库直接从被监管系统中抓取数据，每24小时自动完成一次，或者在某些情况下每15分钟自动完成一次，还有一些是每月完成一次。它结合部门的内部数据系统，使报告能够流线性地生成，为监管者和决策者提供重要信息。

在数据分析方面，监管科技通过分析大量的数据进行市场监管和对可疑交易进行监测，提升监管的效率和有效性，最大化配置监管资源。如图9-2所示，证券市场的每个交易日都会产生大量的数据。因此，证券监管机构在处理不端行为监测、风险监测和微观宏观审慎监管方面具有较为丰富的经验。

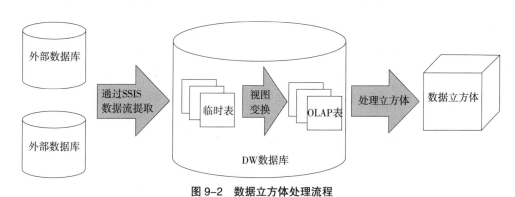

图9-2　数据立方体处理流程

资料来源：Andreas de Ruiter，"Should you use a data warehouse with a tabular cube?"

4. 不端行为监测分析

监管科技可以在监测分析证券行业不端及非法行为中发挥优势。例如，监测分析反洗钱/恐怖主义融资智能技术监测到人工监测不易发现的异常交易、关系和网络。同时，监管科技还可以进行反欺诈，潜在欺诈识别机器学习算法能够帮助识别潜在的欺诈行为。在内幕交易调查中，执法部门通过高级相关交易调查系统（advanced relational trading enforcement metric investigation system，ARTEMIS），使用拥有着超过60亿条电子股票和期权交易记录的电子数据仓库分析多个交易者之间的模式和关系。该部门还有一个量化和风险分析中心，负责进行高级数据分析，以生成新的线索并协助调查。我国证监会在面对非法行为时，也会运用监管科技进行监管，如证监会对"老鼠仓"的监管。"老鼠仓"一般被界定为"利用未公开信息交易股票"的行为，行为人一般是证券公司等金融机构的从业人员，利用其通过职务所知悉的法定内幕信息以外的其他未公开的相关信息，从事相关交易活动，转嫁风险或牟取非法利益。在大数据技术及机器学习中无监督学习的帮助下，监管人员可以根据交易数据的特征自动识别异常账户。在这种情况下，即便子账户不是主账户的直系亲属账户也可以快速将它们找到,并判断这些账户之间的关联性,从而着重监管。

5. 风险监测

这方面涉及的工具和底层技术主要包括硬件提升与算法更新、云计算和数字加密技术,主要通过获取和处理大量的结构化数据,借助加密技术,提高数据共享的安全性,保障数据的完整性和隐私性,对风险进行监测与防范。关于监管科技在证券市场风险监测和分析方面的运用,SEC 早有探索,2013 年,它就通过引入市场信息数据分析系统(market information data analysis,MIDAS)分析股票市场产生的大数据,如图 9-3 所示。

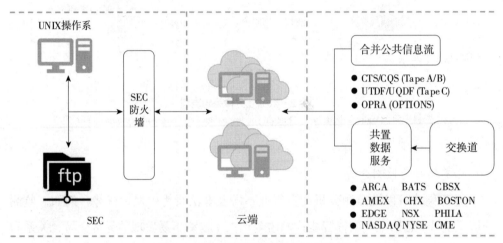

图 9-3　SEC 利用云计算分析市场数据

MIDAS 每天都会从国家股票交易所和证券买卖汇总记录带有的专有信息中收集和处理约 40 亿条记录,以微秒粒度为其跟踪的每条消息加上时间戳。该系统能使 SEC 的交易和市场部门监控市场行为,了解市场事件,并以高精度测试股票市场的假设。除在内部使用 MIDAS 外,SEC 还在一个支持 Python 和 Jupyter Notebook 等强大研究工具的分析平台上免费向公众提供许多数据系列。另外,SEC 通过打造综合审计追踪系统(consolidated audit trail,CAT)全面追踪在美国的所有国家证券市场系统的活动,包括订单开始、路演、取消、修改和执行的全过程。

6. 宏观微观审慎监管

在宏观方面,监管科技可以用来识别宏观金融风险、金融市场中新出现的风险信号，以及运用 NLP 进行情感分析及维护金融稳定和进行政策评估。例如，荷兰银行的研究人员利用日常数据定义跨欧洲的自动化实时支付结算快速转账系统与其他金融市场基础设施之间的网络指标、运营指标和流动性流量，以此识别宏观金融风险，从而分析并判断证券交易市场中存在的风险。

在微观方面，监管科技可以运用机器学习评估信用风险，或运用神经网络分析流动性风险。同时，监管科技还可以稳定证券行业和政策评估，如美联储、欧洲央行和英国央行利用热图确定潜在的证券市场稳定问题。热图由受监管实体的每日数据及其他数据（如压力测试）自动分析生成。

9.2.2 成果分析

上面阐述了监管科技在监管端的数据收集和数据分析两大方面的运用，下面就 SEC 中监管端的监管科技综合应用进行案例分析，以期对监管端科技有更深刻的认识。

为了提高数据质量和使用效率，SEC 规定强制使用基于 XML 的可扩展商业报告语言（extensible business reporting language，XBRL）。这种技术可以快速、精确地处理商业数据，以便企业之间进行准确的分析和对比。同时，XBRL 还可以将同一份数据提供给不同的企业，以防止数据遗漏或重复录入，大大提高了数据的使用效率。

证券市场瞬息万变，为了保证市场交易的合规性和安全性，SEC 通过 MIDAS 监控证券交易市场，该系统每天可以处理 40 亿条记录，能够帮助 SEC 及时、准确地了解市场发生的事件，同时，SEC 还会把其处理的数据分享给投资者和研究者，以增加市场透明性。

ARTEMIS 是 SEC 建立的打击市场操纵的系统，SEC 通过该系统分析个人或组织交易买卖的所有证券的种类和交易时间，从中得出交易规律。如果发现有证券恰好在重大事件发生的前后进行交易，即使金额较小，也会被调查。SEC 通过该系统能够准确调查疑似违规行为的交易动机，提高了证券市场的监管效率。

与此同时，SEC 在 2017 年出台了《613 规则》，该法案要求各级交易所和其他行业自律组织建立并完善自己的证券交易数据库，并在规定时间内将数据上传到中央数据库，这样，SEC 就改善了原有数据库交易信息记录不完全的问题，完善了证券监管制度，有效地打击了证券交易违法行为。

9.3 证券公司的合规科技

国际金融协会将合规科技定义为金融机构在合规成本上升的背景下，运用技术手段实现合规的技术解决方案。巴塞尔委员会认为，合规科技主要指金融机构为使提交的报告符合监管要求、流程所运用的各种金融科技手段。一些国家或地区通过法律形式，要求金融机构必须应用新的技术手段，推动金融创新及合规科技的发展。

自 2007 年次贷危机以来，监管不断升级，各类监管处罚不断加码，全球金融机构的合规成本节节攀高。2018 年 4 月 20 日，美国富国银行（Wells Fargo）因违反《消费者金融保护法》《联邦贸易委员会法案》的规定，延长抵押贷款利息锁定期的收费，强制消费者购买不必要的汽车保险，被美国消费者金融保护局（Consumer Financial Protection Bureau，CFPB）和货币监理署（Office of the Comptroller of Currency，OCC）处以 10 亿美元罚款。作为企业服务的重要组成部分，合规服务受到前所未有的重视。

合规科技的基本路径是金融机构端与监管端以数字化的方式互相连通：机构端可以从监管端获取数字化的监管要求并准确转化为内部约束，确保机构和业务实时合规；机构端能够实时向监管端传输数据，动态形成各种合规报告，减少人工干预，提高准确度。

9.3.1 监管科技在合规端的应用

合规科技的主要着力点包括数字化（包括数字化的监管协议、数字化的监管材料）、数据的识别和分析运用（形成监管报告、风险管理、身份认证管理控制及交易监控）和数据加密与传输技术。

1. 数字化

（1）数字化的监管协议。合规端的数字化运用对监管规则进行数字化的解读，并嵌入机构和各类业务中，根据监管规则变化保持更新。当前，证券公司在全球市场上运作，拥有相互依赖的机构和工具，经常受到跨越多个司法管辖区和监管机构的交叉法律和监管机构的管理。这种新的、更复杂的市场带来了更多的盈利机会，也带来了更多的亏损。为了应对市场不断变化的风险，监管机构经常颁布新的规则，反过来又增加了市场的复杂性。这是因为金融创新的根源往往在于试图逃避或套利。市场的这种新的复杂性使公司总是将更多的资源投入合规职能，以便在更复杂的环境中与新规则和市场惯例保持一致，所以证券公司等金融机构会采用数字化的方式应对监管规则的变化。例如,澳大利亚的监管科技公司 Atlas 使用人工智能来帮助企业适应监管,它能够将数百万个非结构化文档,如金融工具市场指令 II(markets in financial instruments directive II,MiFID II)、通用数据保护条例(general data protection regulation,GDPR),数字化于其云平台上,使 Atlas 能够在几秒钟内为合规查询提供答案。它主要利用 NLP 技术对监管规则进行研究,目标是使客户感觉是在与合规专家交谈。

(2)数字化的监管材料。CompTech 的数字化运用能够将所有与监管相关的资料,包括数据、文件、图像、音视频等都进行数字化处理,并以数字格式存储。众多金融科技公司已经将自动化应用到生产经营的各个领域。首先,监管机构可以通过建立资料收集系统自动收集金融信息并生成数据报告,以降低人工收集、分析信息的量;其次,为了应对数字化货币、无现金支付可能带来的金融风险,可以推动数字化监管,这不仅可以提高数字化处理效率,还能够对数字化业务进行追踪,洞察交易目的;最后,善用人工智能创建智能化的证券监管体系,虽然智慧监管只能在监管过程中起到辅助作用,但智能化监管能够反映更多的可能性,为监管工作提供辅助性的可选项。证券公司利用合规科技建立投资数据、文档在线中央存储库,它能够使所有有权查看特定数据的成员看到相同的数据,减少错误,并且可审核追踪。

如图 9-4 所示,卢森堡的监管科技公司 AssetLogic 建立了投资数据、文档在线中央存储库,它能够使所有成员确切地看到:谁在何时输入了什么信息,以及任何后续更改。

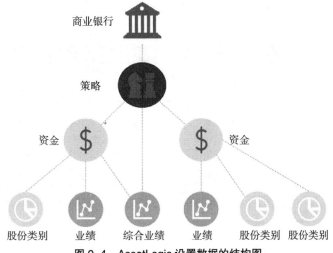

图 9-4 AssetLogic 设置数据的结构图
资料来源:AsetLogic 官方网站。

2. 数据的识别和分析运用

在数据识别和分析方面，合规科技致力于为金融机构提供解决方案，以更加有效地满足监管规定、提高管理能力、实现交易监控、降低运营成本。目前，合规科技呈快速发展态势，主要的实践应用有身份认证管理和交易监控。

（1）身份认证管理控制。CompTech 的一项重要运用是帮助服务对象完成尽职调查和 KYC 程序，进行反洗钱、反欺诈的筛查和监测。证券机构违反 KYC 程序将使公司声誉遭到损害，或是遭到重大罚款，甚至面临刑事惩罚，但人工 KYC 认证程序将耗费大量的时间和费用，且准确性难以得到保证，而运用监管科技能够有效节省认证时间，降低合规成本，提高认证效率。

例如，一家英国的监管科技公司 Onfido 在企业身份认证管理方面拥有较丰富的经验，其认证产品包括 ID 记录检查、文件材料检查、面部识别。ID 记录检查能够将客户的详细信息与一些全球数据库的信息进行匹配；文件材料检查能够确保客户的资料不是伪造或被篡改的；面部识别能够降低冒充欺诈的风险，确保用户是本人。

（2）交易监控。CompTech 还能提供交易监控和审查的解决方案。监管技术有助于识别可疑交易行为，自动屏蔽低风险预警信号，从而将更多的资源投向处理高风险的交易行为，提高交易监控的效率，降低成本。

例如，加拿大的监管科技公司 Allagma 提供的 eTaxMan 解决方案，能够通过交易监控打击销售税欺诈，该方案是一种多模块产品，可用于经济中的销售税合规和欺诈监测。

图 9-5 展示了美国监管科技公司 Feedzai 的平台，它致力于通过大数据、机器

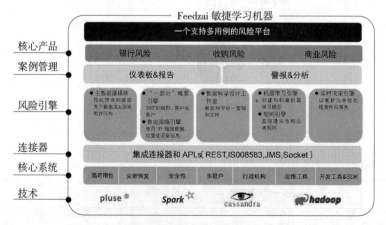

图 9-5　Feedzai 智能平台监测和防止欺诈的方案图
资料来源：Feedzai 官方网站。

学习、人工智能监控风险，保护使用者的用户体验，同时通过交易监控发现滥用行为，以阻止欺诈的发生。另一家美国公司 InStep 则通过跟踪每笔交易涉及的主体来为风险管理提供及时可靠的解决方案，将信用卡、自动清算（automated clearing house，ACH）、数字钱包、银行账户等支付类型置于 eDNA™ 的监控之下，以防止与在线支付交易相关的欺诈行为。

3. 数据加密与传输技术

数据加密技术是指将一个信息经过加密钥匙及加密函数转换，变成无意义的密文，而接收方则将此密文经过解密函数、解密钥匙还原成明文。CompTech 在数据加密和数据传输中的运用主要基于区块链和云计算等先进技术，以确保数据的安全性、完整性、有效性，防止数据被篡改。美国监管科技公司 Dome9 的产品 Dome9 Arc 构建了一个创新的软件即服务平台，可以在公共云基础架构环境中随时为所有企业提供全面的安全性、合规性检查和治理办法。其高级身份和访问管理（identity and access management，IAM）保护系统能够防止凭证受损和身份被盗用，在需要本地身份和访问管理保护之上提供额外防御层，能够有效防止数据被篡改。

9.3.2 成果分析

9.3.1 小节阐明了监管科技在合规端的数字化、数据的识别与分析和数据加密与传输技术等三大方面的运用，下面将着重就国内外的具体应用进行分析，以期对合规端科技有更深刻的认识。

德勤的统计数据显示，目前已有 248 家合规科技公司，这些公司多成立于 2010 年之后。其中，美国、英国的公司占比最高，其他国家紧随其后，但在这份统计中未看到我国公司的身影，这可能是由于我国监管科技行业刚进入起步阶段，且目前主要是国内的大型互联网公司在开展监管科技业务。其中，具有代表性的有：阿里云通过提供 Flink 技术框架设计支持，帮助证券公司实现实时监控，并能分析数据结构，为公司的合规决策提供了简明指标。

对于国外的应用实例而言，下面主要以澳大利亚的 Identitii 为例介绍合规端科技的运用。Identitii 旨在促使证券机构加快交易核查进程，使其对手方与最终客户之间能够安全、可信和可审计地进行信息交换。该公司主要基于标识化和私有分布式分类记账，对涉及高度复杂交易的各方进行身份识别，使用基于权限的系统共享和丰富每个对手方所需的信息。

Identitii 的特色产品为 Cascade。如图 9-6 所示，Cascade 是一款针对证券公司的产品，允许与公司客户交换丰富的信息，而对遗留系统的更改较小。Cascade 解决了复杂的文件转换器、锁箱、电子邮件和传真问题。它使证券公司能够通过扩大渠道来为客户提供更丰富的体验。它将用于企业的 ERP 系统的预配置适配器整合集成文件，使用可配置的访问点从客户处收集文档，在付款前启用付款详细信息的预验证，通过网络跟踪交易过程的详情并提供交易信息的审核记录。

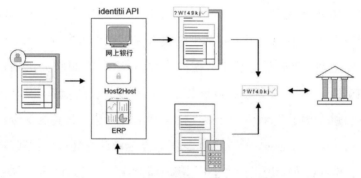

图 9-6　通过 Cascade 在银行与企业间交换信息图
资料来源：Identitii 网站。

Identitii 与机器人过程自动化 RPA 公司 BluePrism 合作，共同设计技术，帮助财务信息系统数字化和自动化企业的支付和交易流程，以便更好地发现欺诈行为。Identitii 将其验证引擎、完整性和许可数据共享功能集成到 BluePrism 的数字化员工队伍中，用于企业自动化工作流程。这将有助于企业更好地组织和核实典型的人工、耗时的企业交易过程中所需的数据，并提供必要的反洗钱审查和金融犯罪制裁检查。

9.4　监管科技在我国证券行业的应用

9.4.1　"光大乌龙指"事件

2013 年 8 月 16 日 9 点 30 分，证券交易开始，光大证券策略投资部执行 ETF 套利交易策略，开展自营业务交易，当天交易 11 分钟，交易一切正常。11 点 06 分，程序化交易软件发出买入计 26 082 笔 180ETF 成分股指令。11 点 07 分，上海证券交易所发现异常，随即电话问询，与此同时，交易员也发现成交金额巨大，出现异常，一边请示领导,一边撤单。为了对冲巨量成交的多头股票持仓风险,卖出股指期货 IF1309 合约。截至上午 11 点 30 分收盘,股票成交金额合计约为 72.7 亿元,对冲卖出股指期货 IF1309 合约共 253 手。午市休盘的一个半小时,光大证券召集相关人员召开临时会议,会议最终决定:72.7 亿股票持仓,风险敞口太大,必须减少持仓,将已买入的 ETF 成分股申购成 ETF 卖出,还有反向对冲继续卖出股指期货合约。13 点,下午交易开始,光大证券公告:临时停牌,有重要事项未公布。光大证券策略投资部执行临时会议决定,将已买入的股票申购成 50ETF 以及 180ETF 在二级市场上卖出,同时,卖出股指期货 IF1309 合约、IF1302 合约。13 点 35 分,下午交易 5 分钟,光大证券向上海证券交易所申请交易作废。16 点 27 分,证监会对上证指数异常原因曝光,指出是光大证券自营账户大额买入所致,决定展开调查。

经证监会初步核查,光大证券自营的策略交易系统包含订单生成系统和订单执行系统,存在程序调用错误、额度控制失效等设计缺陷,并被连锁触发,导致生成巨量市价委托订单,并直接发送至上交所。在核查中尚未发现人为操作差错,但光大证券的该项业务内部控制存在明显缺陷,信息系统管理问题较多。上海证监局已决定先行采取行政监管措施,暂停相关业务,责成公司整改,进行内部责任追究。同时,证监会决定对光大证券正式立案调查。

证监会认定光大证券异常交易构成内幕交易、信息误导,违反内控管理规定等多项违法违规行为,并对其进行行政处罚:没收光大证券违法所得,并处以 5 倍罚款,对相关人员分别给予警告、罚款并采取终身的证券市场禁入措施。停止光大证券从事证券自营业务(固定收益证券除外),暂停审批光大证券的新业务,责令光大证券整改并处分有关责任人员,并将整改情况和处理结果报告证监会。

1. 原因分析

光大证券"8·16"事件的发生始末惊动了整个证券市场,是沪深交易所开市以来最令人震惊的"乌龙事件"。事件的本质源于光大证券利用高频交易机制进行短期套利和内幕交易获利,此次事件也引起了监管部门对高频交易和内幕交易的反思。

(1)高频交易。高频交易是用计算机算法完成的高频高速地触发交易,极短时间内选定交易品种,确定交易时间段,选择交易价格、委托量,如何止损等进行自动决策的交易。高频交易的特点有:①速度快。证券机构借助强大的计算机系统和复杂的程序运算,在极短的时间内自动完成大量的订单,从极小的价格波动区间中获得利润。②下单频繁。③主要依靠机器下单。

高频交易在大量交易的同时提高了市场流动性，降低了交易成本，使得市场中的价格更加有效，但当计算机出现错误、人为操作失误时，高频交易也会在短时间内给股市带来巨大冲击。由于高频交易的交易速度极快，人工方式难以纠正错误，因此在高频交易出错时，小则可能导致非系统性风险，大则可能导致系统性风险。

要维护金融安全：①要明确高频交易的概念。监管机关可以基于高频交易的概念，把握其本质特点，对市场上将来可能出现的其他高频交易行为做出扩大解释，弥补监管漏洞。②要完善高频交易人的市场准入制度。各证券期货交易所可以建立统一的监控体系，监测实时发生的交易，同时建立高频交易追踪系统，以便于监管部门对过去的不法行为追踪取证。③要强化高频交易系统的风控功能。系统自身应具备自动阻止异常指令的行为，即当申报价格和数量异常或不符合交易策略时，应自动停止，由监管人员确认交易指令信息，确保交易安全。

（2）内幕交易。内幕交易并没有统一的定义。哈佛大学教授认为"内幕交易是指某些人利用内部关键信息买卖一个公司的股票"。我国将内幕交易罪定义为证券交易内幕信息知情人或非法获取内幕信息的人，在内幕信息公开前买卖相关证券，或者泄露该信息，或者建议他人买卖相关证券的行为。基于以上定义，内幕交易有几点缺陷：①它加重了证券市场中的逆向选择问题，如管理层对公司的逆向选择和投资者对上市公司的逆向选择。②它将会降低公司的信息沟通效率。公司职员为了牟求内幕交易的利益，会迟滞或阻碍信息向上一级传递，从而损害公司的运行效率。③它在市场流动性的方面有负面影响。如果内幕交易在不提高股票价格的同时导致了更大的买卖价差，那么就意味着降低市场流动性。

根据证监会的处罚决定书："光大证券因程序错误以 234 亿元的巨量资金申购 180ETF 成分股，实际成交 72.7 亿元，可能影响投资者判断，对沪深 300 指数，180ETF、50ETF 和股指期货合约价格均可能产生重大影响，同时，这一信息在短时间内处于未公布状态，符合内幕信息特征。"光大证券在此次"光大乌龙指"事件中，担任着两种不同的角色。一方面，光大证券本身就是上市公司；另一方面，光大证券又扮演着机构投资者的角色。它承担着需要向大众进行信息披露的义务，中国证监会的处罚决定书也指出，其未在短时间内进行信息公布，可能影响投资者的判断而被认定为内幕交易。虽然证监会在此次事件上迅速做出反应，但是频繁发生的证券市场内幕交易行为等问题，引起了证券市场界的广泛关注。

因此，对于内幕交易而言，监管体系也做出了相应的改进措施。

① 建立完备的证券市场数据库系统。通过在证券市场建立完备的数据存储系统，可以使公司在申请上市之初将相关信息存储在数据库中，并保持不断更新的状态。证券交易所设立监控系统，实时监控股票的交易量，在发生异常交易问题时，随时向证券监督机构的管理人员发出信息。同时，提供相应投资人的交易历史和常用策略分析等重要资料，再由证券监管机构经过分析之后做出判断。

② 建立证券市场激励及责任机制。要建立健全内幕知悉人管理制度，依法管理内幕信息知情人，并建立相应的奖励及惩罚制度。将其纳入民事赔偿范围，通过推动股东诉讼有效遏制内幕交易行为。如果是内幕人员，则可对其提起民事损害赔偿诉讼，如果该交易者没有股东身份，则可甄别保存在证券交易所电脑终端储存的交易记录。内幕交易行为属于严重的证券欺诈行为，建议采用双倍赔偿或多倍赔偿原则。

2. 启示：监管科技应该如何解决

由于在"光大乌龙指"事件发生时，我国的监管科技尚未完善，因此光大的高频交易与内幕交易等不正当操作手段未能得到及时监管，最终给证券市场带来巨大的损失。近年来，面对日益多元化和复杂化的证券市场，监管科技的引入已经成为发展趋势。为此，中国人民银行成立金融科技委员会，提出"强化监管科技应用实践，积极利用大数据、人工智能、云计算等技术丰富金融监管手段，提升跨行业、跨市场交叉性金融风险的甄别、防范和化解能力"。银保监会印发了《银行业金融机构数据治理指引》，引导证券机构加强数据治理，充分发挥数据价值。同时，证监会公布了《中国证监会监管科技总体建设方案》，标志着证监会完成了监管科技顶层设计，并进入了全面实施阶段。在监管科技的帮助下，可以实现对证券市场高频交易行为、内幕交易行为的监测，将历史交易和账户持有人数据与其他数据源相结合，以实现纵向、多发行者和多交易者数据分析，做到事前控制，及时防范潜在的金融风险。在类似事件中，如果监管端能够及时收集与整合数据，形成实时风险监控报告，并进行宏观和微观的审慎监管；如果合规端能够通过监管科技将风险转化为竞争优势，提高金融运行的硬件设施和制度安排，促进金融机构的合规建设，那么我国证券行业必能长久稳定地发展下去。

9.4.2 深交所企业画像智能监管系统

"光大乌龙指"事件的发生反映出对证券行业的监管实施监管科技的必要性。为了提高科技监管水平,深交所启动并设计开发了企业画像智能监管系统,旨在为公司监管提供数据支持和风险监测预警。

据相关资料介绍,企业画像智能监管系统以深交所多年积累的上市公司监管数据资料为基础,通过计算机技术对数据进行分类处理,形成标签体系,帮助一线监管人员快速把握公司的特征和风险。实际上,画像的概念最早是与用户相关联的。商家和企业可以利用大数据对用户进行刻画,以了解他们的产品偏好、消费观念和财富等级等重要营销信息。受此启发,监管层也可以对企业进行刻画。企业画像就是对企业的基本情况、经营状况、消费决策等多维度企业商业信息数据进行描述,从而全面了解企业现状。该功能主要应用于税收管理、违法监控和风险预警等监管领域。本案例主要分享了深交所针对监管痛点设计的企业画像技术,分析其解决思路及实施效果,并给出思考和总结。

在解决深交所监管痛点方面,企业画像智能监管系统(图9-7)主要从7个方面着手:①整合内外信息,建立公司多维画像。②结合公司数据经营、股权股东、诚信记录、重大事件等方面的数据,由系统分析和计算得出多维标签。目前有共计441个指标涉及630条细化规则的标签体系。③针对监管业务的重组审查和年报审查两大应用场景,提供智能审查辅助功能。④基于所内数据和第三方数据,构建企业图谱。⑤集成深交所系统内的所有监管函件、公司公告、法律法规等文件,

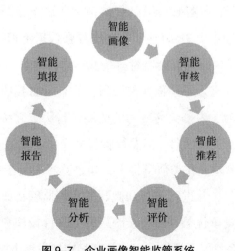

图9-7 企业画像智能监管系统

提供快捷信息检索功能。⑥依托大数据，利用智能技术，探索资本系识别、财务舞弊分析、公告信息抽取等监管辅助功能。⑦利用算法技术，提供金融舆情智能分析与咨询功能。

企业画像智能监管系统主要运用了以下3种技术。

（1）文本抽取是指在各个文字段落和数据表格中抽取证券行业信息，分三步实现：①实现计算机对金融文本的结构识别。②在此基础上针对特定公告的样本进行学习，利用模型实现字段内容的初步定位。③在第二步抽取出来的文本信息的基础上进行精确定位、细化。

（2）知识图谱通过刻画上市公司的内在属性及其复杂的业务关系来达成以下目标：①采集与融合内外数据。②设计符合深交所公司监管业务需要的模型。③研发支持本图谱应用的技术框架，并搭建相应的系统平台。④构建一套描述上市公司复杂关系的图谱数据实例。⑤基于上述实例数据，实现资本系挖掘等场景分析应用。

（3）财务舞弊分析是指通过对原始财报数据进行分析，确定使用的数字段及公司样本采样，并在此基础上设计财务特征构建，具体方法如下：①对比原始数据，构建财务特征。②基于已有的财务舞弊行政处罚和监管函件，进行特征筛选及模型训练。③对模型的结果输出进行匹配解释，使结果便于业务人员理解及使用。

在实施该项目的过程中，深交所采用快速研发、持续交付的方式，让用户得以第一时间体验新功能。通过多次迭代和功能完善，业务效果不断提升，用户访问量也大幅增加。企业画像智能监管系统于2016年年底启动，目前，一期、二期项目陆续上线，已应用于上市公司的日常监管、年报审查、重组审查等。

以重组审查应用为例，企业画像智能监管系统在高度非结构化、上百页的重组方案中自动抽取关键信息并运算，自动提示交易标的、交易对手方、交易方案设计的异常情况和潜在风险点，识别交易方案的主要关注点，在重组问询函题库中挖掘查找类似重组案例，并将相关监管问询范例智能推送给监管人员，为监管人员的决策执行提供更有利参考。此外，企业画像智能监管系统还能进行个性化定制，以让信息检索得心应手。它的信息检索功能涵盖公司公告、监管函件、法律法规、问询函题库等监管常用文件，利用词库录入、分词技术等，支持多种筛选条件下的标题和全文检索，可根据具体需求灵活运用，应用场景包括对比定期报告和临时公告、借鉴以往监管案例、辅助各类统计需求等。自正式上线以来，管理部门的所有监管员均使用企业画像智能监管系统进行日常监管工作，对深交所所有上市公司 2018 年年报进行自动审查，合计提示了 14 000 条异常关注点，平均每家公司约为 7 条，大大提高了年报审核的效率和质量。同时，深交所的这次尝试也为后续的投资者画像、市场画像、机构画像等科技监管项目提供了经验。

综上可知，在该项目的开发和实施过程中，深交所充分认识到"数据是科技监管建设的第一步"，并充分挖掘新技术的优势，提升监管工作的科技化水平，最终发挥了科技在信息披露监管和财务异常识别等方面的作用。未来，企业画像智能监管系统仍会不断地被实践探索，具体来说主要有：①加强基础制度建设。②加大重点领域风险防控。③推进全链条监管。④切实履行退市工作主体责任。

本章小结

1. 证券监管科技是科技和证券监管的结合。在证券市场更加复杂多变、风险更高的现状下，证券监管科技以数据为核心，依托区块链、云计算、人工智能等技术，对证券行业进行更高效、更准确的监控和管理。具体而言，监管科技有两大分支，分别是运用于监管端的监管科技和运用于证券机构合规端的监管科技。

2. 将监管科技全面深入地运用到证券交易监管的领域中，可以大大提升市场监管自动化程度和准确率，降低市场和企业的合规成本，提高交易效率。证券监管科技对证券交易市场的发展有一定的推动力，其广泛运用有利于金融业的发展和社会主义市场经济的建设。

3. 为了让监管科技在证券行业发挥更大的作用，在今后的发展中需要将其运用到证券交易的全过程，辅以区块链及人工智能等新技术，让数据更加标准和可靠。此外，监管端与合规端的合作发展也是证券监管科技的主要发展趋势。

4. 目前，我国正在大力发展证券监管科技，可以借鉴西方发达国家运作规范、体系健全和合规高效的经验，完善我国证券业监管科技体系。

 即测即练

复习思考题

一、名词解释

证券行业　机器可读　机器人流程自动化　"光大乌龙指"事件　高频交易　内幕消息

二、问答题

1. 什么是证券行业？为什么要进行证券业监管？
2. 监管科技在证券行业中的应用包括哪些？
3. 证券行业中监管科技发展的原因有哪些？
4. 对于证券行业而言，监管科技在监管端的应用可分为哪两个方面？
5. 试对证券行业中监管端的监管科技进行举例，并分析其优势。
6. 对于证券行业而言，监管科技在合规端的主要流程包括哪4个部分？

参考文献

[1] 王国刚，郑联盛. 中国证券业70年：历程、成就和经验 [J]. 学术研究，2019（9）：88-97，177-178.

[2] 何海锋，银丹妮. 监管科技在证券监管中的运用研究 [C]// 中国证券业协会. 创新与发展：中国证券业2018年论文集（下册）. 中国证券业协会，2019.

[3] 蔚赵春，徐剑刚. 监管科技（RegTech）的理论框架及发展应对 [J]. 上海金融，2017（10）：63-69.

[4] 孙国峰，王素珍，朱烨东. 中国监管科技发展报告 [M]. 北京：社会科学文献出版社，2019.

[5] 邓建鹏，张夏明. 2020年中国监管科技发展综述 [M]// 欧阳日辉，刘怡，柏亮. 中国数字金融创新发展报告（2021），2021：111-129.

[6] ARMSTRONG P. Developments in RegTech and SupTech [EB/OL]. [2018-11-27]. https: //www.esma.europa.eu/sites/default/files/library/esma71-99-1070_speech_on_regtech.pdf.

[7] 益言. 监管科技发展的国际经验及启示 [J]. 中国货币市场，2021（5）：66-70.

[8] 吕晴，金蕾. 金融监管创新技术：SupTech的发展及各国实践 [J]. 金融发展评论，2018（12）：47-53.

[9] 行业风险监测课题组. 监管科技在行业风险监测中的应用[M]//孙国峰,王素珍,朱烨东. 中国监管科技发展报告（2019），2019：187-202.

[10] 喻华丽，陈明忠，许明峰，等. 深交所：以企业画像辅助智能监管[J]. 当代金融家，2021（7）：44-45.

[11] 陶峰，万轩宁. 监管科技与合规科技：监管效率和合规成本[J]. 金融监管研究，2019（7）：68-81.

[12] 何海锋，银丹妮，刘元兴. 监管科技（SupTech）：内涵、运用与发展趋势研究[J]. 金融监管研究，2018（10）：65-79.

[13] 傅强. 监管科技理论与实践发展研究[J]. 金融监管研究，2018（11）：32-49.

[14] 李伟. 监管科技应用路径研究[J]. 清华金融评论，2018（3）：20-22.

[15] 辛杨. 我国证券行业监管创新发展研究[J]. 现代商业，2021（25）：97-99.

第 10 章　监管科技在保险业的应用

章首导言

政府对保险业的干预形成了保险监管。保险作为经济体系的一部分,其监管理论可用经济监管理论来解释。政府开展保险监管缘于保险市场存在的市场失灵现象,如市场支配力、外部性、公共物品和信息不对称问题。通过加强保险监管可以增加金融体系的稳定性,带来全社会的正外部性收益。保险监管的概念有广义和狭义之分。广义的保险监管是指在一个国家范围内,为达到一定目标,从国家、社会、保险行业、保险企业自身等各个层次上对保险企业、保险经营活动及保险市场进行的监督与管理。狭义的保险监管则仅指国家对保险企业、保险经营活动及保险市场的监督与管理。无论是广义的还是狭义的保险监管,都可以理解为对保险业的监管。

学习目标

1. 了解保险监管、监管科技、合规科技的概念。
2. 熟悉保险科技与监管科技的联系与区别。
3. 掌握保险监管的目标、内容及体系。

能力目标

1. 了解保险监管科技的常见场景。
2. 熟悉监管科技对保险业的影响。

3. 掌握信息技术在保险监管中的应用。

4. 掌握信息技术在合规科技中的应用。

思政目标

1. 了解保险监管是为了更好地促进保险业健康发展。

2. 熟悉合规经营是企业发展的根基,体现企业应具有的社会责任感。

本章知识结构图

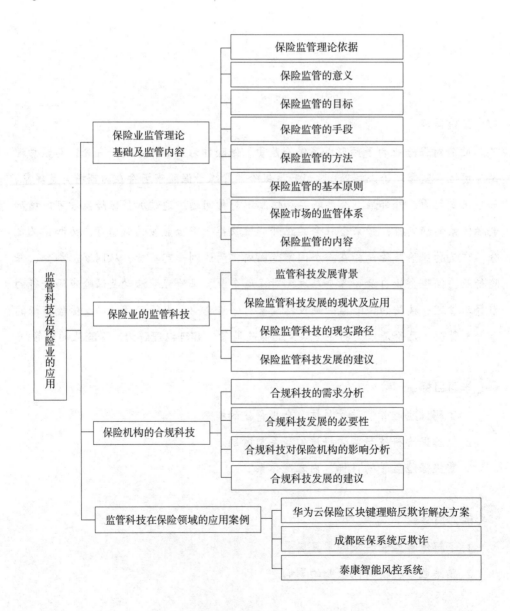

导入案例

"相互保"与"相互宝"有什么不一样吗?

2018年10月16日,蚂蚁金服将区块链技术运用于互联网保险,与信美人寿联合推出一款0元可加入的保险产品——"相互保",宣称每位成员为每个患病者分摊的金额将不超过0.1元。低门槛、后付费加入模式,使其迅速成为受千万人追捧的保险热销产品。背靠支付宝平台,7天后,"相互保"的用户量达到千万级。

然而,很快,信美人寿就受到了银保监会的约谈,指出《信美人寿相互保险社相互保团体重症疾病保险》涉嫌违规。11月27日,蚂蚁金服将"相互保"转变为"相互宝",宣称"相互宝"是一款基于互联网的互助计划,其产品性质等也随之发生了巨大变化。

"相互保"是一种"众筹+保险"相结合的相互保险,保险公司从每个理赔案件中抽取10%的管理费,本质上仍属于保险范畴,受银保监会监管;升级后的"相互宝"摇身一变成为网络互助计划,背后不再由保险公司承保,仅仅由支付宝承担管理运营责任,银保监会仍是监管主体似乎缺乏相应依据。

思考:

1. 你是否会加入"相互宝"?
2. "相互宝"的监管主体是否应该是银保监会?

自2008年世界金融危机以来,金融监管政策逐步加强。随着人工智能、区块链、云计算、大数据、物联网等新技术在金融业的广泛应用,常规金融监管手段与金融监管技术越发难以应对金融领域的发展现状。新技术在监管领域的应用提高了监管部门的监管效率,降低了监管成本。各家金融机构持续加大合规科技领域的投入力度,利用先进技术增强合规及理解新规的能力,核查自身是否违背监管政策,是否符合反洗钱等相关制度与要求,共同推动金融监管科技的迅速发展。

10.1 保险业监管理论基础及监管内容

10.1.1 保险监管理论依据

1. 公共利益论

公共利益论认为,政府干预经济的目的应当是寻求社会福利的最大化,问题是如何衡量所谓的社会福利。目前,人们进行福利分析的思维架构大多建立在社会福利的有效配置目标上。如果把各种资源配置于各项社会用途,除非损害其他人的利益,任何人都不能获得额外利益,学者们将这种资源配置的状况称为"帕累托有效"。如果可以通过某种方式将资源重新配置,使在不损害他人利益的情况下,至少有一人能够获得额外利益,这种资源配置状况被称为"帕累托改进"。

2. 私人利益论

私人利益论认为,监管者为了获得来自行业的资金及其他支持,可能会表现出倾向行业(保险人)的偏见;相反,为了获得消费者(选民)的支持,可能会表现出倾向于消费者的偏见(如压制价格),即使长期效果是有害的。

私人利益论中最著名的监管理论是所谓的"俘获理论",该理论认为,监管者被其所监管的行业俘获而为该行业的利益服务。组织严密、资金充足的特殊利益集团可以左右立法者和监管者,从而使他们为其所用。保险业的特殊利益集团包括保险人、再保险人、保险代理人、银行、证券公司、保险经纪人,以及其他为保险业提供服务的公司。例如,外国保险人经常抱怨某些东道国的监管者禁止其进入市场,或不能给予其公平待遇,其原因在于东道国的特殊利益集团对当地的保险监管者施加了不正当的影响,而这种影响通常对当地保险消费者是有害的。

3. 经济管制论

经济管制论也被称作"政治"监管理论,该理论认为,监管将在现有政治和行政管理体制内,通过不同私人利益集团的讨价还价而确立。这里的利益集团包括消费者、监管者、政治实体(法院和立法机构)及被监管的行业。利益集团的影响取决于政治资源的丰厚程度、监管事项的重要性和复杂性。这些集团具有不同的性质,讨价还价的结果也会依监管事项的不同而有所变化。

10.1.2 保险监管的意义

保险业不仅是社会经济补偿制度的重要组成部分,关乎国计民生,对社会经济的稳定和人民生活的安定负有重大责任，而且是经营风险的特殊行业。保险经营与风险密不可分，保险事故的随机性、损失程度的不确定性、理赔的主观性和差异性使得保险经营本身存在着不确定性。道德风险日益严重、欺诈手段五花八门，使得保险成了高风险行业。保险公司经营亏损或倒闭，一方面会直接损害保险公司自身的存在和利益；另一方面还会严重损害广大被保险人的利益，危害相关产业的发展，进而影响社会经济的稳定和人民生活的安定。因此，保险业具有极强的公众性和社会性。国家对保险业进行严格的监管是有效保护与保险活动相关的行业和公众利益的需要。

10.1.3 保险监管的目标

1. 保护被保险人的利益

保险公司从事保险经营活动行使的是私权力，公司主要追求自身的利益。保险监管机构的监管行为行使的是公权力，追求的目标是维护公共秩序和公众利益。《中华人民共和国保险法》第133条规定："保险监督管理机构依照本法和国务院规定的职责，遵循依法、公开、公正的原则，对保险业实施监督管理，维护保险市场秩序，保护投保人、被保险人和受益人的合法权益。"

2. 防止利用保险进行欺诈

利用保险进行欺诈获得不当利益，违背了保障经济与社会稳定的初衷。保险行业的特殊性，特别是农业保险、医疗保险等政策性、民生保险，需要把防止保险市场中的欺诈行为列为监管的目标之一。欺诈行为表现在投保人与保险人两方面。保险人利用保险进行欺诈，主要表现为不具备必要的偿付能力，或超出规定的业务范围经营保险，还表现在保险人利用拟定保险条款或保险费率的机会进行欺诈，如在保险条款中使用容易产生误解的含糊词语来逃避责任等。当然，在保险监管中也要防止投保人的道德风险，防止投保人或被保险人以不具可保利益的标的进行投保，故意隐瞒事实真相或制造保险事故，骗取赔款。

3. 促进保险业健康发展

对保险市场实施监管的另一个目标在于保持市场的适度竞争，限制甚至避免垄断行为或恶性竞争行为，从而有助于效率目标的实现。保险监督管理部门对于保险公司采取不正当竞争手段的行为，必须采取处罚等措施，纠正不规范的竞争行为，防止恶性竞争，创造一个良好的竞争环境，为保险业寻求一条可持续的发展道路。因此，需要建立完善的市场准入与退出机制，并对保险机构的兼并、破产等行为实施监管，防止一家保险企业经营不善导致偿付危机的扩散，维护保险业的整体稳定发展。

4. 提高保险业的经济效益和社会效益

通过保险监管，可以实现企业经济效益和社会效益的统一，并保证保险企业适度的经营规模，减少资金占用，扩大承保范围，满足经济发展和社会稳定对保险保障的需要。从宏观角度来说，保险监管不仅是保持政治、经济独立性的重要因素，而且还服务于就业、资本积累、外汇增长等宏观经济目标。

10.1.4 保险监管的手段

1. 行政监管手段

行政管理是指依靠行政机构的职权，通过下达行政命令、行政规定和行政指示等多种形式来干预人们的行动。保险作为市场经济的一个组成部分，不可能完全脱离国家的行政管理而独立存在，更不会绝对排斥利用行政方式监管保险。世界上多数国家都不同程度地运用行政手段干预保险经营活动，在垄断型保险市场的国家更多地使用这种管理方式。在这些国家中，除国有保险公司外，没有外国保险公司或其他保险人介入，国有保险机构使政企合一的组织行政管理方式畅行无阻，成为国家对保险业进行监管的主要手段。

2. 经济管理手段

根据客观经济规律的要求，运用多种经济杠杆来管理经济，这是国家对保险业进行宏观监管的重要方式。其特点是不带强制性，利用经济杠杆刺激管理对象，它是一种间接的监管方式。利用经济手段监管经济是商品经济关系的内在要求。在经济管理方式上，国家主要运用财政、税收、价格、信贷或利息等经济杠杆对保险业进行宏观控制。凡是符合政策的，国家就予以支持；否则，就进行抑制。

3. 法律监管手段

法律监管是指以国家制定的法律、法令、法规等多种形式来处理、调解各方面的经济纠纷和经济关系。国家通过保险法律对保险企业的创业资本额度、保险企业领导人员的素质、保险企业的经营险种、保险企业的管理体制和经营原则、保险条款、保险费率等问题做出明确规定，以此控制保险业的发展方向和发展规模，确保保险企业按照国家的总目标发展。在保险监管中采用法律手段是由保险经营的特点决定的。保险合同从订立到终止，包括承保和理赔，每个过程、每个环节都受法律的约束。只有坚持依法办事，严格按照法律规定进行管理，才能有效维护保险交易各方的合法权益，充分发挥保险的经济补偿作用。

10.1.5 保险监管的方法

1. 现场检查

现场检查是指保险监督管理机构及其分支机构派出监督管理小组到各保险机构进行实地调查。现场检查有临时检查和定期检查两种，临时检查一般只对某些专项进行检查，定期检查要对被检查机构做出综合评价。现场检查的重点是检查被检查保险机构的内部控制制度和治理结构、财务统计信息、保险投诉等方面。它的内容包括：被检查保险公司的报告和报表是否准确，被检查保险公司的总体经营状况是否良好，内部控制制度是否完善，承保和理赔是否合理，各项责任准备金提取数额是否合规，非现场检查或以前现场检查过程中发现的问题，执行保险法律法规的情况。

2. 非现场检查

非现场检查是指保险监督管理部门通过审查和分析保险机构的各种报告和统计报表，依据报告和报表审查保险机构对法律法规和监督管理要求的执行情况的一种检查方式。非现场检查能反映保险机构的潜在风险，尤其是现场检查间隔阶段发生风险的可能，从而可以提前防范风险并在风险表现化、扩大化和公开化之前，迅速制定化解措施，是一种事前监督。保险监督管理机构在进行非现场检查时，一般要报送各类报表，通过对报表资料的归并、汇总和上报，发现个别保险机构存在的问题和暴露的矛盾，了解整个保险系统及市场体系的总体趋势，为保险监督管理机构的业务咨询工作提供依据。为确保非现场检查方式在保险风险监督管理中发挥应有的效力，就要求保险公司报送的报表具有时效性、准确性和真实性，以便在对数据资料进行分析比较时，能对照整个监督过程，改进薄弱环节。

10.1.6 保险监管的基本原则

1. 依法监督管理原则

依法监督管理原则是市场经济的客观要求。保险监督管理部门必须依照有关法律或行政法规实施保险监督管理行为，保证保险监管的权威性、强制性、统一性和严肃性。

2. 独立监督管理原则

独立监督管理原则是指保险监督管理部门在行使保险监督管理职权时，不受其他单位和个人的非法干预，具有独立性，同时，保险监督管理部门实施监督管理行为而产生的责任（如行政赔偿责任）也由保险监督管理部门独立承担。

3. 公开性原则

公开性原则是指保险监督管理的各种信息需体现透明度，除涉及国家秘密、企业商业秘密和个人隐私外，应尽可能向社会公开，建立完整的保险业信息披露制度，增加保险监督管理的透明度，这样既有利于保险监督管理的效率，也有利于保险市场的有效竞争。

4. 公平性原则

公平性原则是指保险监督管理部门对各监督管理对象要公平对待，监督管理对象在法律面前和在服从监督管理的问题上都应平等。保险监督管理部门对各监督管理对象必须采用同样的标准，不能对一些监督管理对象较宽，对其他监督管理对象却较严。市场经济要求公平竞争，公平监督管理可以创造公平竞争的市场环境。

5. 保护被保险人利益原则

保护被保险人利益原则是指保护被保险人利益和社会公众利益。保险监督管理的根本目的是保险监督管理各项工作的出发点，同时也是评价和衡量保险监督管理部门工作的最终标准。

10.1.7 保险市场的监管体系

1. 外部监管机构

（1）中国银行保险监督管理委员会。在中国银行保险监督管理委员会成立之前，我国的保险监督管理机构是中国人民银行和中国保险监督管理委员会。1998年11月18日，国务院批准设立了保监会，专门行使保险监管职能。2018年，保监会和银监会合并组建中国银行保险监督管理委员会。银保监会是全国商业保险的主管部门，是国务院直属事业单位，根据国务院授权：依照法律、法规履行行政管理职能，统一监督管理全国保险市场，拟定保险业的发展战略、行业规划和方针政策；拟定保险监管的规章制度，起草有关法律和行政法规，监督和检查保险业务经营活动，维护保险业的合法、稳健运行。

（2）中国保险行业协会。保险业自律监管组织是保险企业自愿参加的、进行自我约束管理和相互协调的行业性组织，通常为保险行业公会或各种专业协会。中国保险行业协会成立于2001年2月23日，是经原保监会审查同意，并在国家民政部登记注册的社会团体法人，不依附于任何个人和组织，具有独立性和非营利性，是我国保险业自愿结成的全国性自律组织。中国保险行业协会代表协会会员对政府有关保险的立法与管理措施发表意见，反映情况，对政府决策产生直接或间接的影响，协调会员在市场竞争中的行为。协会制定的协议或规定虽然没有法律效力，但会员都有遵守的义务，具有一定的约束力。在业务方面制定统一的保险条款格式，协调最低保险费率、统一回扣或佣金，为政府保险监管部门提供专业依据。

2. 内部控制与审计机制

内部控制机制是保险公司管理层为保证企业经营管理整体目标的实现而制定并组织实施的，对内部各部门和人员进行相互制约和相互协调的一系列制度、措施、程序和方法。内部审计是一种独立、客观的确认和咨询活动，通过运用系统化和规范化的方法，审查、评价并改善保险机构的业务活动、内部控制和风险管理的适当性和有效性，以促进保险机构完善治理、增加价值和实现目标。2010年8月10日，保监会印发了《保险公司内部控制基本准则》，要求保险公司各层级的机构和人员，依据各自的职责，采取适当措施，合理防范和有效控制经营管理中的各种风险，防止公司经营偏离发展战略和经营目标。2015年12月7日，保监会印发《保险机构内部审计工作规范》（保监发〔2015〕113号），要求保险机构应建立与公司目标、治理结构、管控模式、业务性质和规模相适应，与预算管理、人力资源管理、作业管理等相对独立的内部审计体系。

10.1.8　保险监管的内容

1. 业务监管

（1）保险经营范围的监管。基于各类保险业务的性质不同，经营方式和核算原理各有特点。各国保险法大多对保险企业的业务范围有所限制，要求保险企业在法定范围内经营相应的保险业务，普遍禁止保险企业兼业和兼营。

（2）保险合同条款和保险费率的监管。保险条款是保险合同的核心内容，是保险人和投保人关于保险权利与义务的约定。保险主管机构对保险合同及其条款进行审定，对保险关系双方都会产生积极的影响，有利于维护保险关系双方的权益。

保险费率是保险商品的价格，是保险商品交换的依据。合理的保险费率有助于将保险商品的交换关系建立在公平的基础上，促进市场良性发展。因此，各国保险监管部门为了稳定保险经济关系、规范保险企业的经营行为、维护被保险人的合法权益，都不同程度地对保险条款和费率进行监管。

（3）保险资金运用的监管。资金运用是保险企业收入的一项重要来源，是壮大和保证保险企业偿付能力的重要手段。保险资金的运用应遵循投资的基本原则：安全性原则、流动性（变现性）原则、收益性原则、分散性（多样性）原则，其中，安全性原则是保险资金运用的首要原则。

2. 偿付能力监管

偿付能力是指保险公司偿付其到期债务的能力。一般来说，偿付能力监管直接表现为偿付能力额度的监管，具体包括最低偿付能力额度监管和实际偿付能力额度监管。

1）保险公司资本金监管

保险公司的开业资金又叫资本金，属于一种备用资金，是保险公司的资产。保险公司资本金监管的目的，旨在保证在发生特大自然灾害、各种准备金不足以支付时，保险公司有足够的偿付能力承担保险责任。我国《保险法》规定：在全国范围内开办业务的保险公司（即全国性保险公司），实收货币资本金不得低于人民币5亿元；在特定区域内开办保险业务的保险公司（即区域性保险公司），实收货币资本金不得低于2亿元人民币。

2）保险公司准备金监管

（1）总准备金。总准备金是指保险公司在经营过程中逐渐积累，为应付超常损失和巨灾损失而从每年的利润中提存的准备金，是构成保险公司偿付能力的重要因素。总准备金是保险公司的资产，其积累速度应与其承担的风险责任和业务发展速度相适应，与经营的连续性、赢利性和业务的增长性相结合，合理分配企业盈余。在我国，总准备金由公积金和保险保障基金组成。按照《保险法》和《公司法》的规定，保险公司在分配当年的税后利润时，应当提取利润的10%为公司的法定公积金。

（2）责任准备金。责任准备金是保险企业按照《保险法》的规定，从收取的保险费或经营利润中提取的准备用于履行保险赔付责任的货币金额,是保险公司的负债。我国《保险法》规定,保险公司应根据保障被保险人利益、保证偿付能力的原则,提取各项责任准备金。保险公司的各项责任准备金包括:未到期责任准备金、未决赔款准备金、寿险责任准备金及长期健康险责任准备金。

3. 公司内部控制监管

内部控制是保险公司的一种自律行为,是公司为完成既定工作目标,防范经营风险,而对内部各种业务活动实行制度化管理和控制的机制、措施和程序的总称。保险公司的内部控制一般包括组织机构控制、授权经营控制、财务会计控制、资金运用控制、业务流程控制、单证和印鉴管理控制、人事和劳动管理制度、计算机系统控制、稽核监督控制、信息反馈控制、其他重要业务和关键部门的控制。

10.2 保险业的监管科技

金融科技在传统金融体系之外快速形成了全新的金融生态,金融再造工程绕开了很多传统的金融监管和法律。例如,在银联之外诞生了第三方支付和网联;在银行这一信用中介之外出现了P2P信息中介;在各类交易所市场之外出现了股权众筹;在IPO之外出现了ICO;在法定货币之外出现了虚拟货币和数字货币;在央行征信中心之外出现了大数据征信;在传统理财之外出现了互联网理财、智能投顾等;还有互联网保险、网络小贷、现金贷、助贷机构等。这些变化亟需重构金融监管,以应对科技驱动不断加速迭代创新的金融业。在金融科技高速发展的过程中,虽然大数据、人工智能等技术在金融领域的应用极大地扩展了监管范围,增加了监管难度,但同时也为监管科技的应用提出了要求,即监管机构应主动使用新技术对金融科技类金融机构乃至整个金融行业进行监管,从而最大限度地提升监管能力。

10.2.1 监管科技发展背景

以大数据、云计算、人工智能、区块链等技术为代表的金融科技发展得如火如荼,金融机构也通过技术手段创新了业务体系,获取了更多的客户信息,并实现了规模的扩张。金融科技是一把"双刃剑",在带来金融创新与便利的同时,也不可避免地造成新的金融监管矛盾。在新的金融环境下，监管空白引发了影子银行、监管套利等乱象，预警与控制风险需要新的金融监管体系。保险科技的发展必然对监管机构提出使用监管科技的要求，无论是从监管机构、金融机构层面，还是从科技企业的维度来看，有效使用监管科技，防范金融科技带来的风险势在必行，监管科技逐渐成为新时代管理金融风险的重要途径。

在保险领域，要关注金融科技发展过程中的消费者保护、数据保护和反欺诈等问题，保险科技的快速发展为全球保险业带来了巨大的技术红利。与金融科技不同，在保险领域的监管科技应用并未取得行业共识，保险监管科技尚处于研究空白。在我国，保险业的发展正处于由新兴的资产驱动负债模式向传统的负债驱动资产模式转型的阶段。在这一阶段，中国第二代偿付能力监管制度体系和偿付能力风险管理能力现场评估相继出台并开始推行。但是，保险公司偿付能力造假的问题也时有发生，对银保监会的监管工作提出了更高的要求。因此，如何对保险业进行有效监管、如何提升保险机构的经营能力等，是保险业发展过程中亟待解决的问题。

10.2.2 保险监管科技发展的现状及应用

1. 保险监管科技的发展现状

对于新兴的金融业务而言，我国一直以来采取的都是"先发展后监管"的方式，即在初期给予行业较高的发展自由度，提供足够的发展时间和发展空间。保监会制定了一系列监管制度，不断完善我国的保险监管体系。早在2009年，保监会便出台了保险公司加强信息化、应用信息技术手段开展业务的相关政策。但是，在互联网保险快速发展的同时，风险隐患日益加剧，各种潜在的问题不断显现。因此，自2015年下半年起，保监会加强了互联网保险的监管。自2016年以来，保险行业的监管进一步加强，这对线上销售的理财型保险产生了巨大冲击。到2017年6月，中国人民银行等十七部门联合印发《关于进一步做好互联网金融风险专项整治清理整顿工作的通知》。此后，2017年7~9月，保监会分别针对互联网车险、信用保证保险、航空延误险进行了规范和风险提示，并在2017年9月进一步印发了《关于在互联网平台购买保险的风险提示》。

中国保险业的发展历史较短，保险监管体系仍需进一步升级。更重要的是，在金融科技持续发展的新时代，地方金融监管实践仍面临数据采集滞后、分析能力不足和数据真实性识别等问题，传统的指令式监管体系已无法适应时代发展的需要。例如，在"互联网+保险"领域，监管制度对行业发展产生了重要影响。自 2016 年以来，保险行业的强监管使互联网保险保费收入的增幅大幅下降，当年的同比增速仅为 5.1%，远低于保险行业总体 27.5% 的增速。从监管的角度来看，为准确掌握保险机构的资产负债管理情况，监管机构不仅需要接收、整理保险机构提交的资料，还应该主动借助监管云、监管大数据平台、资产负债监测系统等技术手段对保险业的资产负债情况进行把控；从合规的角度看，为了更好地实现监管遵从、开展合规经营，保险机构不仅要升级资产负债管理体系，以有效地对接监管，还应运用人工智能、区块链等技术手段使资产负债得到有效匹配，提升保险服务能力，降低合规成本；从行业创新发展的角度看，为了进一步扩大保险市场、提升保险份额，第三方监管服务机构不仅应为监管机构和保险机构提供便捷服务、搭建桥梁，还应广泛运用监管科技手段，提升监管服务效率，使监管机构能够与保险机构无缝衔接。因此，在我国保险业具有快速发展动能之际，保险监管部门应进一步关注监管政策对我国保险业长远发展的影响。新时代，保险监管部门要注重运用大数据、人工智能等技术手段，借助监管科技的优势提升监管能力。

2. 监管科技发展的技术应用

保险机构的合规成本迅速提升，成为制约保险机构创新发展的负担之一。为了在合规经营的同时有效控制风险，保险机构需要通过监管科技手段控制合规成本。借助监管科技的力量，金融机构可以有效提升合规能力，降低合规的复杂性。

（1）通过使用云计算等技术，金融机构能够高效整理、收集更加准确的监管信息，从而增强监管信息的可得性。同时，通过 API 的对接可以实现监管数据及时、准确的传输。

（2）借助机器学习和人工智能技术，金融机构能够有效减少监管合规的人力投入和干预成本，并且可通过技术手段持续简化和优化监管流程。

（3）通过大数据和数据可视化技术，金融机构能够有效分析数据，减少监管沟通成本，数据挖掘结果可以应用在产品上，从而提升自身的商业价值。

（4）通过人工智能等监管科技手段，监管机构能够主动挖掘风险事项、分析监管数据、搜寻判断风险点，从而显著提升监管效率。

（5）通过数据加密和动态模拟技术，金融机构能够更好地控制风险，降低试错成本和合规成本。

受金融科技和保险科技的冲击，金融监管趋严的态势不仅使金融机构的合规成本持续提升，也对监管机构提出了技术升级、优化监管能力的要求。通过使用监管科技建立大数据平台，地方金融监管部门可实时传输、有效整合和共享金融业务的相关数据，突破数据壁垒，消除相互间存在的信息不对称，形成"动态+实时"的监管体系，提高地方监管的实时性和有效性。采用"云计算+分布式"的技术架构，根据数据量调用计算能力，有效运行突发性、海量的数据，为各类金融机构设计符合自身情况的风险控制模型，确保信息的有效捕捉，综合预测、实时预警信息报送，及时跟踪分析交易风险。地方监管机构还可围绕数据采集、数据分析、政府监管、金融服务等构建独具特色的"地方财政异地监管体系"。国务院金融稳定发展委员会和其他相关监管机构需要基于大数据等技术加强监管协调，保险业监管机构需要尽快运用监管科技提升监管能力，发展监管科技势在必行。

10.2.3 保险监管科技的现实路径

1. 规划顶层设计，健全保险监管科技的政策管理体系

保险监管科技的发展落后于保险科技。由于监管科技属于"自上而下"推动的产业类型，因此，应从顶层设计的角度及早谋划我国的保险监管科技产业布局：制订监管科技的长期发展规划；重视规划引领，建立健全整体发展纲要、总体发展框架、基本指导思想和原则；明确监管需求，监管部门根据自身的监管需求去寻求或实现监管科技的帮助；鼓励市场供给，鼓励成熟的技术提供商或头部科技公司为政府部门或监管机构提供技术服务或监管科技系统外包；行业自律，为了避免重蹈过去互联网保险发展乱象的覆辙，从事监管科技的企业必须要共同维护行业环境，建立较为统一的市场规则，对企业行为和市场行为有所制约。

对于保险科技的规则构建而言，应当遵循功能性监管原则。把保险科技发挥保险核心功能的部分纳入保险监管范畴，对发挥承保管理、风险管理、中介代理的科技创新，按照既定的传统规则实施准入管理，适度要求"持牌"作业，设定技术、业务、资质门槛，避免形成技术套利和监管盲区，坚持统一性监管原则。

保险监管科技作为新型监管手段和传统保险监管方式的有益补充，目前尚未确定立法原则和相关法律法规。要加快出台监管科技管理办法，在数据安全、采集、

报送和风险智能评估等方面提供法律保障，做好监管科技新规和传统保险监管政策的有效衔接和有益融合。积极健全保险监管科技的技术标准体系，推进监管规则数字化共性标准和统一数据元，使监管数据的采集、分析、交互、报送、自动化处理等流程变得更加畅通，并具备先进性和可操作性。

2. 构造监管科技的基础设施

我国监管科技的发展在业务模式开发、核心底层技术研发、关键技术标准制定等方面仍需加强。为此，需要有关部门进一步建立健全监管科技的相关基础设施，包括相关政策法规、技术标准和基础算法模型等。以大数据和云计算为底层技术，可以借助现有的保险基础设施条件，如保单登记平台（中国保信）、保险资产登记平台（上海保交所）与保险机构间的专线网络、系统对接接口、开发运维及 IT 基础设施，建立完善保单和保险资产清单的数据采集、存储和分析处理平台，顺势构建保险监管科技基础平台。结合保险业的相关基础设施建设，搭建以云计算技术为基础的数据存储、处理、分析平台，统一完善保险机构、保险资产管理机构、保险中介机构的数据实时报送接口，向中央数据库实时传输全生命周期的保单数据、清单级的保险资产实时交易数据，并以这些原始数据为基础，融合保险监管统计报表、偿付能力监管报表、准备金报表等财务数据，行政处理、机构管理等行政管理数据，其他金融和经济领域数据，以及欺诈、洗钱、经济犯罪等信用风险数据。运用统计、精算及大数据分析建模技术，实时发现新的风险线索、风险规则、风险规律。把监管规定和有关政策转译为保险机构的业务规则，再将这些业务规则数字化为系统交互的接口规范，最终以系统嵌入对接保险机构的核心业务和财务系统，进行合规应用落地。进一步夯实行业数据的元标准和交互标准，充分利用保险业基础设施与保险核心系统交互的网络基础与接口设计，将监管合规要求变为标准的应用接口嵌入保险公司的核心业务、财务、准备金等系统中，建立实时数据集成系统和自动化监管报告系统，实施监控和监管规则，发现风险异动快速做出监管响应。新的监管政策法规在出台前，应预留一定的窗口时间，确保保险机构和保险基础设施按照新的业务规则和系统交互规范完成系统升级改造，实现监管者政策发布、行业各方接口对接与保险公司系统自动化合规处理的同步联动，有效助力监管政策实施。

3. 构筑保险监管科技的新生态体系

监管科技的新生态涉及三类主体，包括金融监管机构、保险机构，以及监管科技公司或同样致力于监管科技的金融科技公司。我国保险市场化的程度和企业定价风控能力相对薄弱，构建一个怎样的保险科技生态，对保险市场创新活跃度和市场风险水平有直接影响。为此，监管部门应借鉴国际保险科技和国内金融科技的监管经验和模式，尽早谋划和发布保险科技的监管框架，明确监管的核心目标、主要原则及风险防范指引。在应对监管科技运用中存在的种种困难时，需要多方主体共同努力，构筑监管科技新生态，在保证监管机构主导地位的前提下，引入监管科技公司，并建立通畅的沟通机制，集合技术人才和法律人才，确保监管规则不被歪曲解读，并构建我国的监管沙盒制度，为金融科技发展提供创新、有序的监管环境。

10.2.4 保险监管科技发展的建议

（1）借助人工智能解决监管不足的问题。充分发挥技术优势，用计算机替代人力，通过人工智能扩大监管的广度和深度，最大化提升监管能力。监管部门还可以与科技企业合作，将市场上最新的技术应用于保险监管：一方面直接提升银保监会的监管能力；另一方面使银保监会了解科技创新的进展。

（2）使用区块链解决国内监管的协调问题。通过区块链技术，监管机构可以确保保险数据的点对点传输，搭建不可篡改的去中心化信息网络，促进国务院金融稳定委员会和中国人民银行、银保监会、证监会等实现监管协调。

（3）通过大数据解决监管过程中的信息不对称问题。保险业的核心在于数据，保险监管也极大地依赖于保险数据，数据的缺乏将限制银保监会的监管能力。因此，银保监会应搭建大数据池，通过数据量的最大化解决保险监管中的信息不对称问题。

（4）控制系统性风险。自第五次金融工作会议以来，防止系统性金融风险一直都是保险监管的重中之重。基于大数据和云计算等技术，银保监会可以更好地识别风险，将系统性金融风险遏制在摇篮里。

（5）设计保险监管沙盒机制。借鉴英国FCA等监管机构的经验，监管机构应建立更多保险沙盒，为保险机构提供试错机制，提供保险业创新发展的空间。

（6）加强国际监管协调。基于世界交易所联合会等机构的建议，我国监管部门应与国际保险监督官协会等国际保险业监管机构协调，运用监管科技建立统一的保险科技监管方案。

10.3　保险机构的合规科技

保险企业需要使用人工智能提升客户体验，使用区块链加强数据安全，利用大数据挖掘客户需求，加强全面风险管理，设立专属科技团队，降低合规成本。

10.3.1　合规科技的需求分析

保险机构等被监管机构运用合规科技的出发点与监管层有所不同，如何高效、低成本地保持合规是诸多被监管对象首要解决的问题。自 2008 年世界金融危机之后，监管逐渐趋严，一系列新出台的监管政策及不符合监管要求导致的巨额罚款使金融机构不断增加合规支出，金融机构急需合规科技提高合规效率，降低合规成本。2018 年，根据银保监会官网信息，原保监会共披露行政罚单 1 450 张，同比增长 59%，披露监管函 47 份，同比增长 24%，主要涉及对投保人约定保单以外的利益、虚列费用及编制虚假资料、欺骗投保人、未按照规定报送相关信息及隐瞒与保险合同有关的重要情况等。

10.3.2　合规科技发展的必要性

（1）去中介化是指在互联网保险快速发展的过程中，保险代理、保险经纪等功能逐步被替代。在大数据、人工智能等金融科技的帮助下，保险机构，特别是大型保险机构能够更有效地挖掘客户需求，提供高品质服务，如平安财产保险公司的车险通过智能调度系统实现了极速查勘、极速理赔。随着保险公司的网络及后台系统不断增强，保险中介逐步被技术替代，从而导致保险去中介化。保险去中介化的趋势要求保险业监管机构进一步强化对各种保险业务的监管，甚至要加强与银行业监管机构、证券业监管机构的协调监管。

（2）混业化是指金融科技覆盖了保险、银行、证券等众多金融机构，金融业务间的混业发展要求国务院金融稳定发展委员会和中国人民银行等监管机构加强协同，实现监管协调。然而，在现有的监管机制和监管模式下，保险业监管机构存在监管盲区，对很多保险公司无法进行监管或监管效率不足。

（3）跨界化是指科技企业和保险机构的边界开始模糊化，科技企业参股保险公司或保险中介机构，进而从事创新型保险业务，保险机构也通过发展保险科技进行业务创新。

10.3.3 合规科技对保险机构的影响分析

1. 合规科技对保险机构合规业务的影响

金融机构的合规业务主要包括合规管理、合规报告生成、尽职调查、政策跟踪及新拓展业务的合规等。合规科技的引入对缓解这些合规业务的痛点产生了积极的影响，主要表现为人力成本的节省、合规效率及合规质量的提升。若合规管理、报告业务引入合规科技，构建数字化合规流程，则可自动收集数据，按照合规报告标准自动生成报告，减少合规人力成本，提高合规管理能力。合规科技助力实时监控客户基本交易信息，对比多项涉及用户信息，提高尽职调查质量。

2. 合规科技的作用

（1）减少合规成本，提高风控能力。传统的合规工作、内部风险控制工作需要大量的人力和时间，合规人员需要手动填写合规报告，完成合规所需的各项重复性指令，在繁杂的合规过程中，难免会发生错误。合规科技的一个主要表现形式是合规文件的数字化与合规管理的自动化。合规科技可以帮助金融机构解放合规人员的劳动力。实时的账户监控，多渠道的信息对比，提升了金融机构对异常用户的识别能力，并减少人为错误。固定、标准的报告生成模式也会极大地提高金融机构的合规进程，减少合规成本，提高内部监管能力，增强风险治理。从目前保险公司已经基本普及的智能化客服方式中可以看出，应用人工智能，减少的人力成本对公司效益的提升作用是显而易见的。同时，在承保方面，目前正在研究通过人工智能技术实现健康险的智能医疗、健康情况诊断分析进行智能核保，缩减核保时间和工作量。在理赔方面，可以完成智能查勘定损、健康险病例审核等工作，从而提高理赔的效率和精准程度。

（2）减少信息不对称，增强业务创新能力。以区块链技术为底层架构可以在保险行业中实现诸多创新，通过区块链技术塑造的智能合约可以实现合约对账、储存、交易和账户管理上的升级，在产品的运营过程中可以实现自动理赔、清结算、身份验证和交易风险控制，以达到提升用户体验、改善服务流程、降低运营成本的效果。由云计算支撑的大数据平台在前端可以通过实现投保人与被保险人的信用评级进行准确承保，从而降低道德风险与逆向选择风险，并通过对数据的收集分析来提升理赔准确率，实现快速理赔。在产品运营后端，可以通过云计算实现便捷支付，有利于准备金的合理运用，提高公司风险管理评级。云计算无论是在保险产品开发还是运用的过程中都起到了非常大的推进作用，提高了信息的实时交互性。大数据的分析通过为客户提供个性化的产品及高效的承保流程来优化客户体验。例如，通过 UBI 的车险改革，利用车载传感器收集驾驶员的相关数据信息，针对驾驶员进行风险等级划分，制定更加合理的保险费率和精算方式。在健康险领域，通过可穿戴设备的普及，个人健康、运动、生活等数据收集变得更加容易，为健康领域的险种开拓提供更多可能。

（3）追踪政策变化，加快合规响应。传统的合规人员需要花大量的时间跟踪所在行业监管机构的新政策发布或政策修订，以确保本金融机构符合相应规范，工作量也会因金融机构所在的司法管辖区数量大及管辖区监管趋势严而上升。合规科技利用爬虫技术与 NLP 技术，实时跟踪新发布的法规及修订的政策，快速更新金融机构的合规管理策略，提高合规响应速度。

（4）集成合规方案，提高合规质量。传统的金融机构进入新的地区经营，在应对当地政府的监管时，通常需要多部门联动，公司的业务部门和合规部门一同参与，这个过程漫长且风险较高，稍有不慎，可能就会招致罚款，甚至会面临退出该地区的风险。合规科技可以提高合规集成度，帮助金融机构快速了解它们拟进入或已进入的市场政策背景，并制定相应的合规方案。这个应用有助于机构以一个相对较小的风险暴露快速进入新市场，拓展自身的业务范围。

10.3.4 合规科技发展的建议

（1）使用人工智能提升客户体验。从保险业发展的宏观、微观角度来看，保险业要解决的最终问题是如何为客户提供优质的保险服务。因此，在技术进步的背景下，保险企业应不遗余力地借助人工智能等技术提升客户体验。

（2）使用区块链加强数据安全。近年来，客户信息泄露是保险企业遭到投保人和被保险人投诉的问题之一，而区块链具有不可篡改、去中心化等技术优势，有助于保护投保人和被保险人的权益，所以，保险企业应进一步加强区块链的应用。

（3）利用大数据挖掘客户需求。为了提升客户体验，保险企业需要进行全面的客户分析，大数据技术为保险企业提供了技术支持，所以，保险企业应通过大数据等技术为客户提供更优质、更优惠的保险服务。

（4）加强全面风险管理。保险企业的核心职能之一是分散风险，保险企业自身的风险管理是经营过程中的重要任务。人工智能、云计算等技术为保险企业提供了风险监测的工具，也增强了保险企业的全面风险管理能力，有助于保险企业从本质上降低经营风险。

（5）设立专属科技团队。由于保险科技具有极强的专业性和较高的门槛，因此，保险企业应尽可能组建独立的保险科技开发团队、子公司或合营公司，并向银保监会等监管机构备案，在监管的范畴下进行多元化的技术开发，提升保险创新能力。

10.4 监管科技在保险领域的应用案例

近年来，随着保险覆盖面的扩大，保险欺诈犯罪活动日益增多。2020年，保险诈骗类涉刑案件已达保险业案件总量的90%，案件风险形势严峻。市场呼吁完善反保险欺诈长效机制，将风险苗头扼杀在摇篮里。为适应上述保险欺诈风险的新形势和新变化，提升反保险欺诈的工作效能，监管部门明确表态，将运用大数据、区块链等高科技手段重拳出击。为防范化解欺诈风险、严厉打击金融犯罪，2021年3月底，银保监会下发了《关于做好2021年大数据反保险欺诈工作的通知》及《大数据反保险欺诈手册》（2021版），其主要目标有：①提高大数据反欺诈的有效性，包括提高数据质量、加快数据融合、提升数据价值。②优化风险模型，增强大数据反欺诈科学性，包括强化跨区域欺诈线索筛查、适应欺诈风险的区域差异、推进保险公司风控升级。③健全制度机制，夯实大数据的反欺诈基础，包括深化反欺诈执法协作、建立反欺诈行业联盟、探索高风险名单制度。

10.4.1 华为云保险区块链理赔反欺诈解决方案

基于华为云区块链服务，构筑保险行业联合反欺诈解决方案，有效预防保险欺诈、骗保、反复理赔等欺诈行为的发生，助力保险企业实现创新驱动，提升行业核心竞争力。

场景介绍：保险行业的业务流程复杂，数据隔离，理赔业务的过程复杂且流程长，持续时间长，容易导致不法分子在同一起事故中向多家保险公司反复索赔或骗保，严重影响正常客户的理赔体验，扰乱保险行业的正常发展。

场景特点：通过联盟链构建"会员、保险公司、公估机构、资金管理方、第三方支付平台、会员代表方"，通过"分布式共识"让用户的每一个环节都与区块链应用紧密结合，保证信息上链、组织上链，从参与社群到透明、安全、可追溯，进而识别欺诈风险。

10.4.2 成都医保系统反欺诈

区块链技术的去中心化、数据不可篡改、集体监督维护等特征，能够帮助传统保险业建立有效的反欺诈监督制约机制。以区块链为底层支撑技术，使每笔保险资金流向都公开透明，资金流转数据都不可篡改，资金去处和用途都有迹可查，实现可持续运作与高质量发展。在提高保险机构的信息披露水平和透明度的同时，也使监管部门能以较低的成本，更有效地监管保险行业的运行，及时监督保险资金流向和使用途径，提早防范保险欺诈，进一步提高监管的针对性和效力。

截至 2018 年年末，成都基本医疗保险参保人数 1 682.22 万，"两定"机构数量超过 13 000 家。2018 年全年，门诊统筹结算超 614 万人次，住院医疗费用结算超 293 万人次，日均医保刷卡 26.13 万人次，每天的医保基金支出超过 7 100 万元。数据存储日均新增 5G，累计超过 150T。面对如此庞大的"数据金山"，医保管理者该如何撬动？对此，成都市医保信息服务中心以大数据分析手段为主，以循证医学为辅，结合当前的大数据算法，建立了大数据反欺诈平台。通过智能引擎对结算数据、电子病历等平台采集到的住院、门诊相关数据进行全方位、多维度、长周期的分析，挖掘其中的行为模式、常用药方和治疗项目。再根据数据聚类，将存在其中的真实性问题数据识别出来，达到辅助工作人员决策、对医疗单位和参保人精细化管理、控制欺诈骗保行为的目标。

从现实欺诈场景出发，平台共设计了频繁就医识别监测、住院时间重叠识别监测、滞留住院识别监测、虚假医疗服务识别监测在内的 4 种算法模型。例如，频繁就医识别监测重点针对有关联关系的参保人在相同时间、相同医院的就诊行为监测。利用聚类算法识别出就诊行为高度一致的可疑行为，作为联合骗保疑点。住院时间重叠识别监测的直观数据表现是患者的住院时间存在重叠，可能导致患者在报销的过程中，由于各种原因，出现两次及以上的医保报销，造成医疗资源的浪费。滞留住院识别监测重点针对患者在就诊的过程中出现连续 7 天以上未发生实质性治疗的行为监测，该类患者的结算费用明细往往只有护理费、诊查费、床位费等，存在滞留住院、浪费医疗资源的嫌疑。虚假医疗服务识别监测重点针对工作人员在对参保人药品、诊疗项目进行报销时发生对码错误的行为，具体数据表现包括医院端名称与中心端名称不匹配，导致医保报销出现错误的经办人员违规操作等。通过这套系统，截至 2019 年 4 月底，成都市医保中心共找到可疑就诊记录 3 526 条，查实违规记录 3 192 条，查实准确率达到 90.53%，涉及金额

3 133 519.9 元，有效减少了基金损失。在保险业信息化发展的背景下，用户信息数字化、业务电子化、流程系统化，这些都为保险公司积累了大量的数据。

未来，保险科技可以在以下健康管理过程中达到提质控费的效果：当病人接受诊断时，保险科技通过知识图谱技术为医生提供诊断辅助，根据该病人的用户画像，提供不同诊疗方案的可能住院时间及费用；在病人接受治疗时，保险科技可以提供病程演化模拟，为下一步治疗提供参考；在医保支付阶段，保险科技可以提高案件赔付处理速度，优化用户体验。例如，使用图像识别等手段将案情数据电子化，再使用人工智能技术判定高保险欺诈可能案件，对未被判定为高风险的案件自动赔付，同时将少部分高风险案件提交人工处理，做到在提高赔付效率的同时降低人工成本。我国医疗领域保险科技发展的瓶颈在于医疗数据标准化程度较低且各主体之间关联关系复杂，有关部门应在打破"数据孤岛"现状的同时提高医疗数据的标准化程度。高质量的数据是提高健康风险管理水平的基础设施。

10.4.3 泰康智能风控系统

据泰康在线负责人介绍，传统的规则式核保风控模式仅能使用浅层用户特征，风险判断不够准确，而泰康在线智能风控系统机器学习式的风控模式可在海量数据中提取十五大维度、4 000 多个风险特征，并通过不断学习，可更加全面、准确地预测个人诈骗风险。截至 2021 年 6 月，泰康在线智能风控系统以大数据为驱动，已累计识别欺诈团伙 458 个，涉及人员近 8 000 人，涉及金额超 860 万元。行业普遍认为，一些高新技术被广泛应用于保险反欺诈环节，逐渐成为防控风险的必要手段。但是，紧抓数据核心依然是提高大数据反欺诈有效性的关键。

本章小结

1. 政府对保险业的干预形成了保险监管。保险作为经济体系的一部分，保险监管理论可用经济监管理论来解释。

2. 保险监管的目标在于保护被保险人的利益，防止利用保险进行欺诈，促进保险业健康发展及提高保险业的经济效益和社会效益等。

3. 我国保险监管的内容主要包括业务监管、偿付能力监管及公司内部控制监管。

4. 从监管的角度看，为了准确掌握保险机构的资产负债管理情况，监管机构不仅需要接收、整理保险机构提交的资料，还应主动借助监管云、监管大数据平台、资产负债监测系统等技术手段对保险业的资产负债情况进行把控。

5. 从合规的角度看，为了更好地实现监管遵从、开展合规经营，保险机构不仅需要升级资产负债管理体系，以有效对接监管，还应运用人工智能、区块链等技术手段使资产负债得到有效匹配，提升保险服务能力，降低合规成本。

6. 保险监管科技的基本思路包括构造监管科技基础设施、优化监管力量和资源配置、构筑保险科技生态体系、坚持功能性监管和统一监管原则等 4 个方面。

7. 合规科技在保险机构中的应用包括：报告生成自动化，风险管理高效化，身份识别模块化，合规管理简易化，交易监控智能化等。

即测即练

复习思考题

一、名词解释

保险监管　保险创新　保险科技　保险监管科技　保险合规科技　偿付能力监管　内部控制监管

二、问答题

1. 保险监管的内容有哪些？
2. 保险科技与互联网保险是什么关系？
3. 保险科技存在哪些风险？
4. 保险监管科技的现实路径有哪些？
5. 保险科技可以推动哪些创新型保险业监管？

参考文献

[1] 许闲. 合规与监管科技 [M]. 北京：中国金融出版社，2021.

[2] 许闲，尹晔. 国际视角下的金融科技、保险科技与监管科技发展 [J]. 保险理论与实践，2020（2）：43-46.

[3] 李建军.金融科技理论与实践[M].北京：中国财政经济出版社，2021.

[4] 孙国峰，王素珍，朱烨东.中国监管科技发展报告（2020）[M].北京：社会科学文献出版社，2020.

[5] 孙国峰.从 FinTech 到 RegTech[J].清华金融评论，2017（5）：93-96.

[6] 奇斯蒂，等.保险科技权威指南[M].卢斌，王鹏，张小敏，译.北京：中国人民大学出版社，2020.

[7] 申曙光.现代保险学教程[M].北京：高等教育出版社，2003.

[8] 张洪涛，张俊岩.保险学[M].4 版，北京：中国人民大学出版社，2014.

[9] 魏华林，林宝清.保险学[M].4 版，北京：高等教育出版社，2017.

[10] 刘妍，等.保险学[M].北京：高等教育出版社，2019.

[11] 陈辞，李炎杰.保险监管的经济学动因：保险市场失灵及其表现[J].技术经济与管理研究，2010（5）：144-147.

[12] 杨东.监管科技：金融科技的监管挑战与维度建构[J].中国社会科学，2018（5）：69-91，205-206.

[13] 单鹏.保险科技生态：基于保险与标的物的技术进步[M].北京：中国金融出版社，2018.

[14] 单鹏.保险监管科技的现实路径[J].金融电子化，2018（11）：92-93.

[15] 万鹏，贾立文.中国保险业的监管科技应用研究[J].保险理论与实践，2018（7）：59-75.

[16] 魏迎宁.关于保险监管理念的思考[J].清华金融评论，2018（8）：19-20.

[17] 张曌.基于现代科技 ABCD 的互联网保险场景化[J].中国金融，2018（7）：36-41.

[18] 夏诗园，汤柳.监管科技的理论框架与完善路径研究[J].西南金融，2020（11）：86-96.

[19] 吴月.试论我国监管科技的应用困境及路径选择[J].金融发展研究，2019（5）：28-33.

第 11 章 监管科技在国家审计中的应用

章首导言

随着电子信息技术的发展,监管科技已经不仅仅局限于金融业中,而是扩展到各个行业的监管与合规的应用中。伴随国家机关电子政务建设的稳步发展,各行各业广泛使用计算机、数据库、网络技术等进行管理,传统的审计技术和方法显得力不从心。审计对象、审计内容及审计环境的变化,要求审计技术方法的变革,因此出现了计算机审计。随着技术的飞速发展,大数据、人工智能、区块链、云计算等新兴技术对审计工作也产生了重要影响,出现了"互联网+"的审计模式。

本章先解释审计的基本内容,然后从大数据技术、人工智能技术、区块链技术和云计算技术等方面讨论监管科技对审计的影响,附录部分主要介绍了我国"金审工程"的相关建设情况。

学习目标

1. 熟悉审计的定义和目标。
2. 了解审计业务的分类。
3. 掌握大数据技术对审计内容和审计方法产生的影响。
4. 熟悉人工智能技术对审计的影响。
5. 了解区块链技术、云计算技术对审计的影响。

能力目标

1. 强化学生分析问题、解决问题的能力。
2. 培养学生在实际业务中运用各类技术的能力。

思政目标

1. 让学生深入体会审计职业道德的基本原则：诚信、独立、客观、公正。
2. 引导学生坚定地保持谨慎且敬业的工作态度，培养自身正义、独立的品质。

本章知识结构图

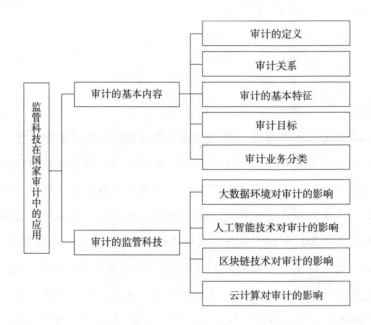

导入案例

L县位于H省西北，森林覆盖率高，该县共有国家级、省级生态公益林××万亩（1亩=666.6平方米）。20××—20××年，中央、省级财政累计下达生态公益林补助资金××万元。该省审计厅一方面根据财政部、林业主管部门提供的资金指标文件、账本、凭证等资料，统计该县纳入补贴范围的生态公益林情况；另一方面分别从国土、林业、城建等部门采集土地利用现状图、土地利用总体规划图、生态公益林现状图层、生态公益林到户数据、遥感影像图、矿权开采图及其他测绘地形图等数据。使用ArcGIS软件对不同来源的图层数据进行叠加、查询、统计分析。

最终审计发现，该县存在：生态公益林界定及规划调整方面的问题；虚报生态公益林面积，多获取补偿基金的问题；享受补贴林农的认定不准确及补贴发放方面的问题；公益林补偿基金发放、管理及使用等方面的问题。

资料来源：甘肃省审计厅．大数据在林业资源审计中的应用实例（一）[EB/OL]. [2021-8-18]. http：//sjt.gansu.gov.cn/sjt/c108758/202108/1778603.shtml.

思考：

1. 什么是大数据审计？它给审计工作带来了哪些影响？
2. 有哪些新兴的科学技术被应用到了审计工作中？

11.1　审计的基本内容

审计是社会经济发展到一定阶段的产物。早在公元前 1 000 多年的西周时期，就已经孕育了审计的萌芽。随着社会的发展和经济的繁荣，审计已经成为一个经济社会中的独立监督行业，成为当今国家治理、公司治理、市场治理中不可缺少的监督、鉴证和评价工具，对维护市场经济安全运行、促进市场经济协调发展起重要作用。

11.1.1　审计的定义

审计产生之初，社会经济活动简单，会计记录能够反映社会生产经营活动的全貌，审计工作以审查账簿为主。随着经济的发展，企业资金来源的多样化，审计的工作内容扩大到对企业的偿债能力、赢利能力及财务状况变动情况做出报告，审计的概念也发展为鉴证被审计单位的会计报表能否合法、公允地反映企业的财务状况、经营成果和资金变动情况。由于受托责任关系的复杂化，财产所有者和经营者之间建立了管理责任关系，因此，以评价受托管理责任为主的绩效审计应运而生，审计的概念随之涵盖了财务审计和绩效审计两大领域。

关于审计的定义，国内外很多著作和研究报告均有不同的解释。具有代表性且被广泛引用的是美国会计学会于 1972 年颁布的《基本审计概念公告》中给出的定义，即"审计指为了鉴证有关经济活动和经济现象的认定与所制定标准之间的一致程度，而客观地收集和评估证据，并将结果传递给有利害关系的使用者的系统过程"。这个定义有以下几个要点。

（1）审计的职能是鉴证和评价，限于对经济行为和经济事项认定范围内有关事项的评价和鉴证。

（2）审计的对象是经济行为和经济事项的认定。经济行为和经济事项是被审计单位开展的与经济相关的经营活动和管理活动；认定是用来反映被审计单位从事经济活动的结果或做出的结论，如发布的经济信息、披露的财务报告等。

（3）审计的原则是客观性。其要求审计人员客观公正，以事实为依据，独立进行审计取证并发表审计意见。

（4）审计的评价目标是对一致性发表意见，并将结果传达给有关使用者。一般情况下，审计工作的结果都可以用审计意见和审计报告的形式来体现。

（5）审计的核心环节是取证和评价。审计证据是用来反映经济行为和经济事项认定的真实状态的资料。审计需要花费大量的资源来获取这些证据，然后和既定标准进行比较，得出审计结论。

（6）审计是一个系统化的过程，包括从制订审计计划开始，到实施审计程序、获取审计证据，直至形成审计意见的全过程。

11.1.2 审计关系

审计关系指审计活动所涉及的审计人、被审计人和审计委托人之间的责任关系。其中：审计人（审计机构和审计人员）是第一关系人，通常要求独立于其他关系人；被审计人（即被审计单位）是第二关系人，通常是财产的经营管理者或经营受托人，是审计活动的监督对象，其既要按照委托人的要求履行经济责任，又要接受和配合审计工作；审计委托人是第三关系人，通常是财产的所有者或经营委托人。审计委托人一方面委托经营，另一方面委托审计。

审计关系中的三方关系人之间形成以下两种受托责任关系。

（1）受托经营责任关系。审计委托人（财产所有者）委托被审计人（财产经营管理者）管理其财产，被审计人按照经营契约的规定经营管理委托人的财产，并定期向委托人报告财产经营管理情况，形成受托经营责任关系，包括受托财务责任和受托管理责任。这是开展审计活动的前提。

（2）受托监督责任关系。审计委托人委托或授权审计人员对财产经营者的受托财务责任或受托管理责任的履行情况进行审计，审计人员按照审计契约的规定报告审计结果（提供审计报告），这就是受托监督责任关系。

11.1.3 审计的基本特征

独立性、客观性、公正性是审计的 3 个基本特征,是审计工作质量的保障,其中,独立性是保证审计客观性和公正性的前提,也是审计的根本属性。

独立性是指审计组织和人员能够排除干扰、个人利害关系,不偏不倚地实施监督和鉴证,并客观、公正地发表审计意见,出具审计报告。

客观性是指审计人员要以事实为依据、以法律规范为准绳,对被审计事项的起因、状态、性质、影响做出符合其本来面目的判断和评价。

公正性是指审计人员要坚持不偏不倚的第三方态度,不受各种关系的影响,根据获取的证据和职业判断与评价结果,得出评价意见和结论。

独立性既包括审计组织机构的独立,又包括审计人员的独立。审计的客观性和公正性仅仅针对审计人员做出要求,通常无法要求一个审计机构保持客观性和公正性。

11.1.4 审计目标

审计目标是对被鉴证和评价的事项发表意见,但需要明确审计应对这些事项的哪些方面发表意见,这就是审计目标的具体内容。审计目标包括以下几个方面。

1. 公允性目标

公允性目标是指监督、鉴证和评价被审计单位的整体财务报表能否按照公认准则的要求如实反映履行受托责任相关的经济信息,并被社会公众认可。该目标包含:①对整体的财务报表审计使用公允性概念,因为财务报表中有很多项目带有主观因素干扰,不能用真实性去评价整体财务报表,而应用公允性概念审查财务报表是否在所有重大方面均能公允反映被审计单位的财务状况、经营成果。②对单项经济事项和交易业务的审计使用真实性概念,即审查该业务的发生是否真实存在、有无差错和遗漏的发生。

2. 合法性目标

合法性目标是监督、鉴证和评价被审计单位在履行受托经济责任过程中发生的财务收支和相关经营管理活动是否符合法律、法规、准则、经济合同或既定标准的要求,是否对所有经营业务的反映和披露都遵循会计准则和相关制度的要求。

3. 有效性目标

有效性目标是指监督、鉴证和评价被审计单位对受托管理使用经济资源的节约程度、经营和管理行为的效率与效果的实现程度,从而提高经济效益和社会效益。

4. 健全性目标(或完整性目标)

健全性目标是指监督、鉴证和评价所提供的反映受托责任的经济信息是否完整,防止遗漏,以及被审计单位履行受托经济责任过程中的组织治理结构、内部控制、风险管理体系是否健全,以防止风险的发生。

5. 遵循性目标

遵循性目标是指审计机构和人员审查被审计单位在经营过程中遵守相关法规、政策、计划、预算、程序、合同等遵循性标准的情况,并发表审计意见。

 延伸阅读

> 不同审计主体在各自的目标描述上具有一定的差异。
> (1)政府审计目标:《中华人民共和国国家审计准则》第六条规定,审计机关的主要工作目标是通过监督被审计单位财政收支、财务收支及有关经济活动的真实性、合法性、效益性,维护国家经济安全,推进民主法治,促进廉政建设,保障国家经济和社会健康发展。
> (2)内部审计目标:《中国内部审计准则第1101号——内部审计基本准则》第二条将内部审计的目标界定为"促进组织完善治理、增加价值和实现目标"。
> (3)独立审计目标:《中国注册会计师审计准则第1101号——注册会计师的总体目标和审计工作的基本要求》规定,审计的目的是提高财务报表预期使用者对财务报表的信赖程度。这一目的可以通过注册会计师对财务报表是否在所有重大方面按照适用的财务报告编制基础编制发表审计意见得以实现。

11.1.5 审计业务分类

对审计业务进行科学分类,以便人们区分、认识各种不同的审计活动,探索审计规律,更好地组织审计工作,充分发挥审计的作用。

1. 按照执行主体分类

审计按照执行主体可以分为政府审计、内部审计和独立审计,三者相互补充、相互协调、相互利用、相互促进。

（1）政府审计。政府审计由政府审计机关和人员依法对政府及其各部门的财政收支，以及国有金融机构和企事业单位组织的财务收支的真实性、合法性和效益性进行监督、鉴证和评价。

由于世界各国在政治体制、经济体制和文化传统等方面存在差异，因此，其政府审计体制也存在较大差异，大体上可以分为立法模式、司法模式、独立模式和行政模式。我国的审计署隶属于国务院，审计的独立性较高、权威性较高。

按照《中华人民共和国宪法》的规定，国务院和县级以上地方人民政府设立审计机关，同时根据《中华人民共和国审计法》的规定，审计署在重要城市设立派出机构。审计署主管全国审计工作。除政府审计外，我国军队系统还有专门的审计机关，配有专职审计人员，政府审计与军队审计合称为国家审计。党的二十大报告指出，"高质量发展是全面建设社会主义现代化国家的首要任务"。这就意味着国家审计机构作为党和国家监督体系的重要组成部分，应该持续加强党对审计工作的领导，主动融入经济社会发展大局，深刻领会党中央重大决策部署的政治意图、战略谋划和实践要求，聚焦主责主业，加大审计力度，紧紧围绕高质量发展、保障和改善民生、防范和化解重大风险、促进权力规范运行等重点领域，加大对重点战略和政策、重点项目和资金的审计力度，不断拓展审计的广度和深度。这样才能充分发挥国家审计在加强我国审计监督、维护国家财政经济秩序、提高财政资金使用效益、促进廉政建设、保障国民经济和社会健康发展等方面的积极作用。

（2）内部审计。内部审计是一种独立、客观的确认与咨询服务，通过采取系统化、规范化的方法对风险管理、内部控制及治理程序进行评估和改善，以增加价值并提高组织的运作效率，从而帮助组织实现目标。

内部审计是部门或单位内部赋予的监督职责，依据内部审计部门隶属于部门或单位内部领导层级的不同，在其管理体制安排上也有不同的类型，如隶属于股东大会、隶属于董事会、隶属于公司管理层、隶属于公司内部某一部门等。内部审计隶属的主管级别越高，其相对独立性和权威性就越高。我国的内部审计由中国内部审计协会组织管理。

内部审计机构表现为一个组织内部设置的审计机构，一般属于本单位的职能部门。我国的国家机关、金融机构、企事业单位、社会团体及其他组织，应当按照国家有关规定建立健全内部审计制度。对于法律法规没有明确要求设立内部审计机构的单位而言，可以根据需要设立内部审计部门，配备内部审计人员。

（3）独立审计。独立审计是由会计师事务所和注册会计师实施的，对被审计单位的经济活动和经济事项的合法性、公允性进行监督、鉴证和评价，并发表审计意见。

注册会计师及其所在会计师事务所的基本职责是：通过接受委托，承办审计业务、会计咨询和会计服务业务等，对业务对象依据执业准则、规则确定的工作程序获取审计证据，发表审计意见，出具报告，充分发挥独立审计在社会经济活动中的鉴证和服务作用，维护社会公共利益和投资者的合法权益，促进经济的健康发展。

2. 按照审计对象分类

审计按审计对象主要分为财务审计、管理审计，另外还有一类是交叉财务与绩效领域的综合审计、财经法纪审计等。

（1）财务审计。财务审计是审计的重要基础和分支，是由国家审计机关、社会审计组织和内部审计机构及其专职人员，依照审计准则和相关法律法规，采用现代审计技术，依法独立地对企业的资产、负债、所有者权益和损益等会计信息的真实性，财务收支业务和相关经济活动的公允性、合法性，进行审查、监督、鉴证与评价，借以揭示错弊，维护财经法纪，促进宏观调控的监督体系。

财务审计包括财务报表审计、财务收支审计、特定项目的财务审计等。

（2）管理审计。管理审计是对受托管理责任进行的鉴证审查活动。它是审计人员对被审计单位的经济管理行为进行监督、检查及评价并深入剖析的一种活动，目的是使被审计单位的资源配置更加富有效率。具体包括业务经营审计、绩效审计、内部控制审计、风险管理审计、公司治理审计、公司战略审计和舞弊审计。

（3）其他审计。

① 经济责任审计。经济责任审计是审计主体授权或委托的，对领导人员任职期间所在部门或单位的财政收支或财务收支的真实性、合法性和效益性，以及有关经济活动应负有的责任所进行的独立的监督、鉴证和评价活动。

② 信息系统审计。随着信息系统的发展，企业的经营越来越依赖于信息系统，信息系统安全导致的信息风险日益增长。由于技术限制等原因，信息的使用者不能自己验证信息的质量，因此需要独立的第三方对信息的保密性与完整性、交易行为的不可否认性、交易对手的身份明示、系统的安全有效等进行鉴证，以合理保护信息使用者的利益。信息系统审计实际上是一种鉴证业务，是对企业的信息系统进行鉴证并发表意见的一种活动。

11.2 审计的监管科技

进入 20 世纪,电子和信息技术的飞速发展改变了社会生活和工作的基础,国家机关的电子政务建设稳步发展,金融、财政、海关、税务等部门,以及民航、铁路、电力、石化等重要行业开始广泛运用现代信息技术进行管理。在会计领域,出现了计算机造假和犯罪。传统的审计方式很难甚至无法揭露信息化条件下的经济犯罪和会计信息失真问题,审计效率和审计质量面临巨大的挑战。

11.2.1 大数据环境对审计的影响

全球信息化程度的加深,移动互联网、电子商务等的兴起,产生了海量的数据。国务院《关于加强审计工作的意见》第十九条明确提出:探索在审计实践中运用大数据技术的途径,加大数据综合利用力度,提高运用信息化技术查核问题、评价判断、宏观分析的能力。

审计机关通过大数据网络可多渠道、便捷、全面地获取审计数据。大数据的应用增加了各种信息系统、数据库和数据内容,进而促进了计算机审计的产生与发展,以及审计的技术方法的变化。

大数据审计是指审计机关依照法律权限采集被审计单位公开的海量数据,利用跨层级、跨地域、跨系统、跨部门、跨业务的全维度数据,开展智能化的数据挖掘与分析,进行综合审计判断,形成审计结论。在大数据审计中,对数据的使用不再针对具体事项,而是贯穿整个审计项目的全过程。

1. 信息系统审计

随着计算机技术的发展,信息系统的应用渗透到了社会各个层面。信息系统的不断发展也逐渐改变了行业的运行方式,成为经济发展的新动力。然而,在网络环境下,信息系统也面临着安全风险。伴随着电子政务和各类信息系统的建设,对信息系统安全性、可靠性的评价也逐渐成为审计的重要内容。

审计署在 2012 年 2 月印发了《信息系统审计指南——计算机审计实务公告第 34 号》,指出:"信息系统审计,是指国家审计机关依法对被审计单位信息系统的真实性、合法性、效益性和安全性进行检查监督的活动。"

1)信息系统审计的定义

信息系统审计与控制委员会将其定义为:"信息系统审计是一个过程,在此过程中搜集和评估证据，以确定信息系统和相关资源是否充分保护资产、维持数据和系统的完整性，能否提供相关和可靠信息，是否能够有效实现组织机构目标、有效使用资源、建立有效的内部控制，以提供运营和控制目标得到满足的合理保障。"

这里可以看出，信息系统审计是一项通过审查与评价信息系统的规划、开发、实施、运行和维护等一系列活动，来确定信息系统运行是否安全、可靠、有效，信息系统得出的数据是否可靠准确，以及数据能否被有效存储的审查和监督过程。

2）信息系统审计的目标

信息系统审计的目标是发现并揭示计算机信息系统设计、运行、管理和维护中存在的问题和风险，明确置信程度，促使其安全有效运行，正确处理业务，提供可靠的财务会计信息。通过评价信息系统本身的结构设计及运行过程的安全性、可靠性，保证对审计对象进行的资产安全、完整和效率的评价是恰当的。

3）信息系统审计的内容

信息系统审计可以分为两大部分：信息系统的内部控制审计和信息系统的应用控制审计。信息系统的内部控制审计内容一般包括以下几方面。

（1）计算机信息系统开发或取得的控制。计算机信息系统取得的方式可以是外部购入，也可以是内部开发，还可以由使用单位提出要求，开发企业针对要求进行开发。计算机信息系统开发一般包括以下几个阶段。

系统调查阶段，主要对系统开发可行性的研究和对系统功能需要的调查。控制要点包括：企业对系统的需求与系统开发能力是否匹配；系统开发成本与给企业可能带来的收益是否相称。

需求分析和初始设计阶段，主要收集、整理企业对信息系统的使用要求。控制要点包括：配备能够达到设计要求的人员、设备及工作条件。

系统开发阶段，主要根据需求进行软件开发。控制要点包括：系统使用者参与整个开发过程，以使开发过程不出现偏离，同时对使用者进行系统的使用培训；书面列出系统的具体要求；在编码前对系统设计进行自行检查；在新系统投入使用之前进行充分测试。

系统实施阶段，主要把开发好的系统投入运行。控制要点包括：明确实施责任；建立执行标准；对初始运行进行有效控制；做好新旧系统转换；新系统投入使用应该由相关人员或部门进行检验和认可。

系统维护阶段，包括日常对软硬件的维护，以及为适应新情况对系统的修改。控制要点包括：建立修改、维护日常规范；确保所有的修改都经授权；明确修改授权制度；保证只有经过授权的修改才有效；应该有一套程序可以在异常情况下通知信息管理部门和最终用户。

（2）计算机信息系统的处理控制。计算机信息系统的处理控制主要涉及对信息系统处理资源的优化和日常信息的控制。

优化资源配置即最大限度地满足使用者目前及未来的使用。控制要点包括：明确系统性质和要求；建立内部管理报告制度、信息设计者与使用者定期沟通制度、定期检验制度、更新审批制度。

日常信息的控制要点包括：建立授权下的正常活动标准；对所有的信息处理功能建立操作规范，包括数据转换和输入规范、计划安排和控制规范、数据资源管理规范、计算机操作规范等；对信息系统的日常使用情况建立记录规范；对硬件、软件及存储介质进行必要的维护。

（3）不相容职务的分离和安全控制。由于在计算机操作中不会留下笔迹等操作痕迹，因此，不相容职务的管理在信息系统中更为重要。要建立一套有效的组织控制结构，以保证不相容职务的恰当分离。

需要分离的职务包括：信息系统使用者与系统开发、支持部门之间的分离；信息系统部门内部的角色分离；使用者内部的角色分离，常见的有授权与执行业务、记录与执行业务、保管与执行业务等。

系统安全的控制包括：接近控制，即严格控制接近系统的人员，保证系统内信息不被滥用和破坏；物理安全控制，即防止设备遭受外力攻击；备份、恢复和紧急处理控制，即系统在使用过程中如果出现断电、设备损坏等紧急情况，使用者能随时备份，并能恢复正常工作。

计算机信息系统的应用控制审计包括输入控制审计、处理控制审计、输出控制审计，以及保持必要的审计线索。

在实际工作中，不同类型的单位有不同类型的信息系统需要审计。比如，对于电子政务而言，要对信息技术的管理控制进行审计；对于基础设施、数据中心、数据通信而言，要对应用控制进行审计；对于信息系统的开发与实施而言，要对符合性信息系统开发或取得进行审计等。

在信息系统审计研究方面，美国率先提出了系统审计，并于1969年在洛杉矶成立了电子数据处理审计师协会（EDPAA）。1994年，该协会更名为信息系统审计与控制协会（ISACA）。

2. 计算机辅助审计

计算机辅助审计技术（computer assisted audit techniques，CAATs）是利用计算机来采集和分析审计数据的技术。CAATs在审计实践中主要用于程序审查和数据分析。

1）程序审查中的CAATs

由于应用程序是计算机系统的核心部分，因此，要在信息技术环境下很好地实现审计目标和控制审计风险，对应用程序的审计检查就显得非常重要。应用程序的审计目标是审查程序控制是否健全、程序的合法性、编码的正确性和程序的有效性等。计算机辅助程序审查主要有以下几种方法。

（1）监测数据法。监测数据法是指由审计人员将预先设计好的测试数据输入被测试应用程序加以处理，并将处理结果与现实计算的结果进行对比分析，从而验证应用程序可靠性的方法。测试数据可以由审计人员自行设计，也可以利用专业软件产生测试数据。测试数据必须包括正常有效的业务数据和非正常无效的业务数据两类。前者用来判断被审计程序对正常有效业务的处理是否正确；后者用于判断被审计程序能否监测出非正常的业务，从而拒绝接受这些业务，并给出错误信息提示。

（2）整体监测法。整体监测法可以在应用系统正常处理业务时，用测试数据对系统进行监测。这就是要在应用系统的文件中建立一个虚拟实体，并让系统处理该实体的审计测试数据。建立测试数据有两种方法：①对被审计单位的现场交易做标记并输入系统，视带标记的交易为测试数据。②自行设计测试数据，并与现场数据一同输入应用系统。

（3）受控处理法。受控处理法是指审计人员通过监控被审计程序对实际业务的处理，来验证被审计程序的处理和控制功能是否恰当有效。

（4）平行模拟法。平行模拟法是指审计人员自己或请计算机专业人员编写具有与被审计程序相同处理及控制功能的模拟程序，用来处理当前的实际业务数据，并对两个程序的处理结果进行比较，以评价被审计程序是否可靠的方法。

（5）程序追踪法。程序追踪法是指当交易通过应用程序流动时，设置一些审计程序段（通常是在应用系统的重要处理发生点），让程序给交易"拍照"，审计人员可以使用追踪程序捕捉交易的前后映像，从而评价交易处理的真实性、准确性和完整性。

（6）嵌入审计程序法。嵌入审计程序法是指在一个应用系统中嵌入审计模块，对该系统的交易进行连续监控，以收集审计证据。审计模块被置于事先确定的点，用以采集审计人员认为重要的交易或事件信息，采集到的信息存放于系统控制审计复核文件（system control audit review file，SCARF）中，审计人员通过审查该文件的信息，提取有关的审计证据。

2）数据分析中的 CAATs

数据库查询语言（structured query language，SQL）等第四代高级程序语言的使用，使审计人员能够方便地获得电算化会计信息系统内部的业务数据并进行分析，从而获得审计证据。运用 SQL 对电算化会计信息系统数据文件进行审计的过程包括如下几个方面。

（1）数据采集。数据采集是指根据审前调查所提出的数据需求，按照审计目标，采取一定的方法和工具，获取被审计单位准确、完整的电子数据的工作。在采集过程中，首先要了解被审计单位使用的数据库类型，如果使用的字段是代码，则要事先询问被审计单位人员，以便清楚具体内容，然后根据实际审计目的选取需要的字段，构建需要的数据文件资料。

（2）数据清理。数据清理是对采集到的被审计单位的原数据进行一系列操作，使之规范化的过程。审计数据来源众多，可能存在各种质量问题，如数据不清洁、不完整，甚至有些数据不真实、错误。引起这些问题的原因也比较多，常见的有：审计软件在系统开发方面可能存在缺陷、被审计单位的信息系统存在缺陷、数据下载转换不当等。

在进行数据清理前，必须对被审计单位和审计机关的信息系统进行检查，然后对冲突数据进行选择，对缺失数据进行修补，最后还要与被审计单位的系统工作人员及会计人员进行交流，以消除理解差异。数据清理的方法包括：利用通用软件提供的功能进行清理；通过 SQL 语句进行清理；利用审计及办公软件提供的功能进行清理。

（3）数据转换。数据转换是指利用专用软件、SQL 语句或编写程序，对清理后得到的数据的存储格式、类型、值域和特殊值等进行转换，得到适合审计分析数据的过程。

（4）数据分析。数据分析是指通过建立审计分析模型对数据进行核对、检查、复算、判断等操作，将被审计单位数据的现实状态与理想状态进行比较，从而发现审计线索、收集审计证据的过程。

11.2.2　人工智能技术对审计的影响

人工智能在审计中的应用是将审计判断规则写入流程自动化技术中，根据被审计单位所处的行业、环境生成所需的决策信息，并具有自主学习和改善提升的能力，实现信息化、网络化向自动化、智能化的转变。主要表现有以下几方面。

1. 数据挖掘

在智能环境下，构建完善的审计数据系统需要整合大量的数据，包括社交媒体、天气、物联网、航拍、新闻稿件，以及其他与内部数据源相关联的数据。这些数据与大数据技术处理的结构化数据的最大差别在于数据量的高频和数据内容的低质，这使得大数据技术很难在某一时点上收集与分析大量数据并进行有效的数据处理。机器学习技术则可以通过实时的数据采集、整理和分析，对此类数据进行较为有效的处理。通过对这些大数据的深度挖掘和分析，可以有效识别异常和风险，提升审计效率，提高审计质量。

2. 分析和识别重大差错

先建立神经网络模型，再取财务报表中若干年的相关数据对模型进行训练，然后用之后的数据对模型进行评价，以判断模型的准确性。这类模型通常被用于帮助审计人员发现可能的重大错报、漏报现象，并对是否进一步检查做出决策。

3. 查找管理层舞弊

在传统的审计工作中，审计人员通常依据被审计单位的实际情况、审计人员的经验、审计法规和原则来判断被审计单位是否存在舞弊。建立人工智能模型之后，审计人员可以通过分析财务报表来发现是否存在管理层舞弊，提升了审计人员的工作效率。

4. 其他应用

人工智能还被用于监测被审计单位内部控制的执行情况，它的语音和面部识别技术被用于监测语音中的欺骗性或面部模式中的紧张性，可以在欺诈面谈中发挥积极作用。同时，有学者提出，可以使用人工智能技术帮助审计人员从海量合同文本中提取有用的信息,以及使用深度学习来补充审计证据,支持审计人员的判断,提高审计自动化的效率和效果。

但人工智能在审计中的应用并不是完美的,一项"人工智能专家系统对审计师判断的影响"研究结果表明,高级专家系统的实施可能改变审计师的判断,从而在无意中损害审计质量。此外,在审计过程中使用人工智能,还可能存在各种偏差。总而言之,人工智能在审计中的应用仍是未来值得深入研究的课题。

专栏11-1

国际"四大"会计师事务所审计业务中的AI应用

国际"四大"会计师事务所积极探索人工智能在审计业务中的应用(表11-1),不断加大在人工智能领域的投资,在审计计划、风险评估、交易测试、分析和编制审计工作底稿等审计实践中,人工智能正被用于审查总账、税务合规、工作文件、数据分析费用合规、欺诈监测和决策等。例如,普华永道(PwC)与H_2O人工智能技术公司合作,研发了一款名为GL的创新机器人,具有AI和机器学习功能,通过对大数据的深度分析,能够帮助审计人员在短时间内了解企业,发现舞弊和异常情况,2017年被《国际会计公报》评为"年度审计创新",该款机器人已在加拿大、德国、瑞典、英国等12个国家的20个审计项目中成功应用。安永(EY)开发了一款基于云计算平台的EY Atlas,将AI融入审计师的支持性环境,这款整合了人工智能和语音识别能力的智能审计程序为员工和客户带来了领先的研究体验。此外,安永还在存货审计业务中使用带有AI的无人机,这使得存货数据收集更加实时、准确。毕马威(KPMG)联合微软和IBM Watson推出了KPMG Clara,这是一个全新的"自动化、敏捷、智能和可扩展"的审计平台,整合了预测分析和认知技术的各种功能,能够实现数据驱动的风险评估。德勤(Deloitte)开发了一款GRAPA的审计专家系统,能够协助审计人员在制定审计风险策略时,高效获取以往审计库中及全球所有同事知识库中的知识和经验,为风险评估提供支持。此外,德勤的Argus是一个智能工具,可以分析、搜索和定位文件中的修订内容,帮助审计人员识别合同中的微小差异，使以往耗时耗力的文本分析工作变得快捷高效。Davenport 和 Raphael 给出了一个德勤"认知审计"策略的例子，该策略的基本思路是"审计流程标准化—标准化流程数字化—数字化流程自动化"，并在审计过程中融入先进的数据分析和数据挖掘技术，最后，利用认知（增强）技术对审计分析和决策系统进行改造。

表 11-1 国际"四大"会计师事务所审计业务中的 AI 应用

不同审计业务中的 AI 应用	好处	挑战	风险价值
风险评估	• 提高效率 • 更大的数据覆盖面	• 可能会传播或放大从审计人员标注的数据中习得的人为偏见	• 公平性 • 数据保护
选择测试的交易	• 可以选择更多的样本或测试完整的交易数据集 • 审计师更加关注异常条目	• 仍然需要审计人员去调查异常情况 • AI 决策的原因可能并不显而易见	• 用户权限 • 期望差距
审计分析	• 更大的数据覆盖面 • 更强的预测分析能力 • 提高对数据的洞察力	• 难以获取优质数据 • 如何以不同的格式提取数据	• 隐私 • 保密性 • 数据保护
编制审计工作底稿	• 重复性/可预测任务的自动化 • 审计师能聚焦其他增值任务	• AI 衍生的决策缺乏可解释性和透明度，这使得判定 AI 决策的合理性成为难题	• 透明度 • 收益
交易测试	• 提高效率 • 重复性/可预测任务的自动化		
监控内部控制	• 对客户进行持续审计 • 实时识别违规事件	• 网络安全风险 • 对隐私的关注 • 对 AI 缺乏信任	• 安全性 • 独立性 • 收益
内部控制评价	• 提高效率 • 对内部控制执行情况进行检查（如使用无人机进行库存检查）		
评估持续经营	• 高效率 • 更大的数据覆盖率	• AI 智能尚无法与人类智能相提并论 • 审计人员可能放弃其专业判断责任	• 问责制 • 责任差距 • 用户权限/自主权
替代审计师判断	• 审计结果高度依赖于职业判断，目前的 AI 只可以处理一些低风险的判断		

资料来源：吴勇，等. 人工智能审计应用的国际进展 [J]. 中国注册会计师，2021（6）：121-126.

11.2.3 区块链技术对审计的影响

区块链技术在审计中的应用是近几年兴起的审计模式，其理论和实践都在探索之中，但该技术对审计业务有着非常重大的意义。

（1）区块链技术可以使审计数据规范化，降低审计成本。通过区块链的去中心化，网络中心服务器的数据处理能力不再是信息传输的门槛，相应硬件和软件的配置要求都有所降低，节省了一部分设备和维护开支。同时，去信任化特征使得系统中的所有数据都是公开、透明的，审计人员更易获得充分、恰当的审计证据，省去了一定的询问、函证程序，降低了审计过程中的成本。

（2）区块链技术可以促成自主审计，提高审计质量和效率。审计的核心是信息的真实性和完整性。区块链的分布式账本技术在很大程度上对数据的真实性和完整性给予了有力保障。区块链的共识机制使网络中的所有节点能够共享数据，确保系统参与者都能认可账本中记录的数据。利用计算机技术可以实现审计的自动化，使内审人员可以监控企业的财务信息，降低了对第三方的依赖。

（3）区块链技术可以使审计摆脱人为的独立性威胁。区块链的不可篡改性使事后的伪造和篡改无所遁形。基于算法自动运行的系统并不具备人类的情感特征，也不会受到亲密关系或外在压力的影响，即使是自我评价也能保持独立。因此，区块链技术可以帮助审计行业摆脱独立性威胁。

区块链技术应用于审计仍然有自身的问题，主要体现在目前国内外还没有统一、通用的技术标准，特别是能够具体到审计项目，并结合项目特点解决某类审计相关问题的操作指南还不成熟，难以在审计项目中发挥实际作用。

专栏 11–2

"区块链 + 审计" 在国内外的发展

区块链审计最先在国外得到了快速发展。日本制定了《区块链审计准则》。国际 "四大" 会计师事务所大力推进区块链审计战略部署。德勤的区块链平台 Rubix 与 BlockCypher、Bloq 等展开合作实验，并于 2017 年加入全球知名区块链组织——以太坊。安永与其他区块链公司合作，于 2018 年开始对外提供区块链审计服务。毕马威和微软合作建立区块链实验室，并加入了区块链华尔街联盟。普华永道与 Blockstream 联合开发了区块链的应用。

我国审计署也已开始研究和运行区块链审计，用区块链的链式结构存储和验证数据，各级审计机构区块匹配了时间戳，其公链就是审计的数据源。我国首个区块链试验区于 2018 年 10 月在海南成立,"链上海南"助力海南数字治理和审计监督体系。

资料来源:刘光强. 基于区块链审计的智能审计研究 [J]. 商业会计, 2021 (13): 4-14.

11.2.4 云计算对审计的影响

在 2015 年的政府工作报告中,我国首次提出了"互联网+"的概念。"互联网+"下的审计方法将现代化高新网络信息技术与审计方法相结合,借助云计算的方式,建立"云审计"的模式或理念。

云计算通过强大的数字分析手段,将存储在云端的审计信息进行外化。云审计平台的最大优势在于实时性、共享性和全面性。云计算在审计业务上的应用有两种观点:①云计算利用强大的计算能力为用户服务,允许用户在没有接触到相关知识及设备操作的情况下,通过互联网获取需求的服务。②在已有的云平台上融入审计模型,按照已有的审计模型对被审计单位的数据进行测试,以实现传统向智能化的转变。

总体来说,在云计算系统的体系架构中,资源层是核心,应用管理层是关键。近年来,审计署通过开展各级审计机关金审工程的建设,逐步建设完善了审计信息化应用系统、审计信息化数据库、国家审计数据中心等软硬件环境和基础平台的搭建,提出探索构建国家电子审计体系的工作目标。

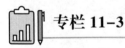
专栏 11-3

金审工程

金审工程是中国政府审计信息化建设项目的简称,对外交流的英文名称为 "China's Golden Auditing Project"。2002 年 7 月,国家发展和改革委员会(时称国家计划委员会)批复了审计署申请的金审工程一期项目,成为列入国家基本建设投资计划的第一个电子政务建设项目。2002 年 8 月,《中共中央办公厅、国务院办公厅关于转发〈国家信息化领导小组关于我国电子政务建设指导意见〉

的通知》（中办发〔2002〕17号）确定，金审工程被列为国家电子政务重点启动的12个重要业务系统之一。

自20世纪80年代以来，政府审计遇到了维护国家经济建设秩序和适应信息化的双重挑战。1998年，时任审计署审计长李金华向全国各级审计机关郑重提出："审计人员不掌握计算机技术，将失去审计的资格。"之后，李金华又相继提出，审计机关的领导干部不掌握信息技术将失去指挥的资格，审计机关的管理人员不运用计算机技术将失去任职的资格。在国务院领导的高度重视和亲切关怀下，审计署党组做出了建设审计信息化工程的战略决策，于1999年开始编制审计信息化发展规划，并按国家基本建设项目程序组织实施。

依据《中华人民共和国宪法》和《中华人民共和国审计法》赋予审计机关的职能，为了在信息化条件下有效履行审计监督职责，审计署确定了金审工程建设的总体目标，即用若干年时间，建成对依法接受审计监督的财政收支或财务收支的真实、合法、效益，实施有效监督的政府审计信息系统。

中国政府审计信息系统（government audit information system, GAIS）的建成标志为"六个一"，即：一个满足现场、联网审计需要的审计实施系统；一个满足业务、管理和支持领导决策相融合的审计管理系统；一个满足审计业务管理需要的数据中心；一个满足各级审计机关信息资源共享的网络系统；一个确保对内对外的安全系统；一个确保系统运行和不断完善的服务系统。GAIS的建设要求是融入世界审计职业组织的IT审计潮流，融入国家电子政务系统，各国各级审计机关和审计人员融入GAIS。

金审工程实施"预算跟踪＋联网核查"审计模式。逐步实现审计监督的"三个转变"，即从单一的事后审计转变为事后审计与事中审计相结合，从单一的静态审计转变为静态审计与动态审计相结合，从单一的现场审计转变为现场审计与远程审计相结合。增强审计机关在信息网络环境下查错纠弊、规范管理、揭露腐败、打击犯罪的能力，维护经济秩序，促进廉洁高效政府的建设，更好地履行审计的法定监督职责。

金审工程由审计署统一规划，实行中央和地方审计机关分级建设。审计署实行统一规划、统一指导、分期建设、分步实施的建设原则。

根据金审工程的总体目标和总体框架要求，确定6个方面的建设内容和建设规模。

一、应用系统

（1）审计管理系统（auditing management system）是审计机关管理审计业务和行政办公的信息系统。审计管理系统具有审计业务支撑、审计办公管理、领导决策支持、审计信息共享等管理内容和技术功能，以审计计划项目信息为先导，对审计项目的实施信息、结果反馈、业务指导、公文流转、审计决策等各环节进行全面管理和技术支持，形成审计业务、管理、决策的一体化。

（2）审计实施系统（auditing implementation system）是审计机关利用计算机技术开展审计项目的信息系统。根据审计实施方式的不同，审计实施系统规划为以下两类。

①现场审计实施系统（auditor office）是审计人员实施就地审计方式的信息系统。现场审计实施系统的业务功能规划为可以提供对财政、行政事业、固定资产投资、农业与资源环保、社会保障、外资运用、金融、企业和领导干部经济责任等审计项目的专业审计功能技术支持和扩展。其技术功能规划为具有数据采集、数据转换、审计抽样、审计分析、审计取证、审计工作底稿编制、审计报告和统计汇总、审计项目质量控制、审计信息交互共享等技术功能的支持和扩展。现场审计实施系统基于对各行业审计数据采集转换的向导和模板，基于审计准则和专业审计指南的向导模板，基于审计师经验的总结提炼并编制成系统可以识别和执行的计算机审计方法，基于审计抽样理论和实务向导，基于审计中间表和审计分析模型等构件技术的支持，并辅以相应的专业审计功能，实现对各专业审计项目的业务支持和知识共享。

②联网审计实施系统（on-line auditing system）是审计机关实施联网审计的信息系统。联网审计是对需要经常性审计且关系国计民生的重要部门和行业实施"预算跟踪＋联网核查"模式的计算机审计。联网审计以确定的采集周期在线获取对方系统中的审计所需数据，进行实时的审计处理，及时发现问题并及时反馈，督促被审计单位及时规范管理。该系统采用动态、远程审计的方式，达到事中审计的效果和效益，并对积累的历史数据进行趋势分析和预测评价，提出审计评价意见和审计建议。

二、信息资源

为满足审计业务和管理，尤其是联网审计实施的需要，规划建设审计署数据中心，建立审计信息资源目录体系、信息交换标准体系，加强审计业务和管理的数据建设。

三、网络系统

按照国家电子政务网络规划的要求，规划了审计内网、审计专网和审计机关门户网，完成了审计署特派办局域网改造，实现了审计署机关与派出审计局的城域连接，与京外特派办和部分省级审计机关的广域连接，与国务院办公厅、中办机要局的密级网络通信系统连接。

四、安全系统

根据国家保密和国家电子政务安全规划的要求，结合审计系统实际，确定审计内网运行涉及国家秘密和机密的信息，审计专网运行审计工作内部的信息，审计机关门户网运行公开披露的信息，规划建设中央审计机关和省级地方审计机关的审计内网和审计专网、地市级和县级审计机关的审计专网。

五、运行服务体系

建立金审工程运行维护服务体系，建立金审工程服务网站和呼叫中心，受理各级审计机关的运行服务需求。

六、人员培训

建立全国审计系统的计算机基础知识初级培训、计算机中级水平培训。

金审工程的定位分别是：一期重装备（主要是部署应用系统，完成网络基础设施建设等）；二期重覆盖（初步建成联网审计实施系统和审计数据中心等）；三期重能力（即综合分析能力、指挥能力、管理能力等）。

2005年11月，金审工程一期项目顺利通过国家发改委的验收，成为通过验收的第一个"金字工程"。全国各级审计机关对中软开发的金审工程应用系统已经进入全面应用阶段，这不仅加强了审计管理工作，而且现场审计实施系统和联网审计实施系统在全国的重大审计案件中发挥了重要作用，审计覆盖率提高了20%～40%，现场审计时间缩短了3/4，审计人员投入减少一半以上，审计质量和审计效率得到了飞跃式的提升。金审工程一期建设项目基于对既有软件成果的全面梳理、总结和提炼，有效避免了未来各级审计业务应用系统开发的重复建设，为在审计机关全面推广应用创造了有利条件；该项目的实施有效地提高了审计管理应用信息化的覆盖率，在加大查处违纪违规力度、揭露腐败和打击犯罪、为国家减支增效等方面均发挥了重要作用，提升了审计服务能力。

> 2007年4月，国家发改委批复包括审计署和29个省的金审二期项目建议书。2007年12月、2008年7月，国家发改委分别批复了金审二期中央本级建设部分可行性研究报告和初步设计。经过3年的建设和将近1年的试运行，中央本级和地方的建设任务均已完成，并投入使用。2012年7月30日，金审二期竣工验收大会在审计署举行，经专家组综合评定和验收委员会讨论，金审二期顺利通过竣工验收。中央本级建设项目在管理制度、标准规范、应用系统、信息资源、主机系统、网络、安全、运维、科研课题、信息化培训、知识产权11个方面共取得了100项建设成果。审计署牵头编制的会计核算软件数据接口国家标准、审计署组织制定的各类专业审计数据规划和数据库建设规范，为全面有序地开展计算机审计提供了重要的技术标准支持。审计管理系统、现场审计实施系统、联网审计系统在中央本级和地方审计机关的推广应用，提高了审计机关的管理水平、计算机审计能力和审计工作的效能。同时，运维服务体系保障了审计信息化系统的安全持续运行。
>
> 金审一、二期建设侧重发挥"免疫系统"的揭示功能，金审三期注重发挥抵御和预防功能，加强审计指挥控制。金审三期的建设范围包括37个省级审计机关和大部分市、县级审计机关，预计总投资20亿元，其中审计署5亿元、地方审计机关15亿元。
>
> 资料来源：https://www.audit.gov.cn。

本章小结

1. 审计是指为了鉴证有关经济活动和经济现象的认定与所制定标准之间的一致程度，客观地收集和评估证据，并将结果传递给有利害关系使用者的系统过程。

2. 审计关系是指审计活动所涉及的审计人、被审计人和审计委托人之间的责任关系。其中，审计人是第一关系人，即审计机构和审计人员；被审计人是第二关系人；审计委托人是第三关系人。委托人与被委托人之间是受托经营责任关系，委托人与审计人之间是受托监督责任关系。

3. 独立性、客观性、公正性是审计的3个基本特征。其中，独立性是保证审计客观性和公正性的前提，也是审计的根本属性。审计目标包括公允性目标、合法性目标、有效性目标、健全性目标和遵循性目标。审计业务按执行主体分为政府审计、内部审计和独立审计。按审计业务领域分为财务审计、管理审计和交叉类审计。

4. 大数据对审计的影响主要体现在其改变了审计对象、审计内容和审计方法。这主要体现在大数据的应用增加了各种信息系统、数据库和数据内容，进而促进了计算机审计的产生与发展，以及审计技术方法的变化。

5. 人工智能在审计中的应用是将审计判断的规则写入流程自动化技术中，根据被审计单位所处的行业、环境，生成所需的决策信息，并具有自主学习和改善提升的能力，实现信息化、网络化向自动化、智能化的转变，具体体现在数据挖掘、识别重大差错、发现舞弊等方面。

6. 区块链的去中心化、开放性、信息不可篡改性等特征在审计中的应用，可以规范审计数据，提高审计的质量和效率，降低成本。

7. 云审计平台的最大优势在于实时性、共享性和全面性。云计算在审计业务上的应用有两种：①云计算利用强大的计算能力为用户服务。②在已有的云平台上融入审计模型，按已有的审计模型对被审计单位的数据进行测试，以实现传统向智能化方向的转变。

 即测即练

 复习思考题

一、名词解释

审计　审计目标　大数据审计　计算机审计　信息系统审计

二、问答题

1. 审计目标有哪些？能否在一次审计中实现多个审计目标？
2. 理想的内部审计体制有哪些？为什么？
3. 独立审计是否需要政府监管机构对它进行监管？
4. 信息系统审计包括哪些主要内容？
5. 大数据对审计业务有哪些影响？
6. 你认为人工智能会取代审计人员吗？为什么？
7. 除了本章所提及的内容，你认为新兴科技技术还会给审计带来哪些改变？

参考文献

[1] 叶忠明. 审计学原理[M]. 2版. 大连：东北财经大学出版社，2019.

[2] 张庆龙. 政府审计学[M]. 2版. 北京：中国人民大学出版社，2021.

[3] 许闲. 合规与监管科技[M]. 北京：中国金融出版社，2021.

[4] 吴勇，等. 人工智能审计应用的国际进展[J]. 中国注册会计师，2021（6）：121–126.

[5] 刘光强. 基于区块链审计的智能审计研究[J]. 商业会计，2021（13）：4–14.

[6] 甘肃省审计厅. 大数据在林业资源审计中的应用实例（一）[EB/OL]. [2021-8-18]. http：//sjt.gansu.gov.cn/sjt/c108758/202108/1778603.shtml.

[7] 中国连锁经营协会. 步步高：大数据审计建设中的探索案例[EB/OL]. [2019-11-29]. http：//www.ccfa.org.cn/portal/cn/xiangxi.jsp?id= 441151&type= 10004.

第 12 章 其他国家的监管科技实践

🔍 章首导言

本章我们应该带着几个问题来阅读：①监管科技在欧美、亚洲等主要国家的发展现状、经验和问题。②主要国家监管科技技术的应用比较。③各国监管科技的异同和给我们的启示。

互联网金融和金融科技的快速发展使得现有的监管理念、监管手段、监管规则和监管协调难以为继，倒逼金融监管体系进行深刻变革。近年来，世界上许多国家在监管科技领域进行了大量的探索和实践，如英国的监管沙盒、新加坡的《金融科技监管沙箱指南》、美国的《金融科技监管白皮书》和《金融科技保护法案》以及韩国的金融政策路线图等。

🔍 学习目标

1. 了解监管沙盒的资格标准和运行流程，归口管理的理念与实践。

2. 熟悉美国、英国、欧盟、新加坡、中国等国家对区块链、API、云计算、人工智能和大数据等监管技术的应用。

3. 掌握英国、新加坡、美国等国家的监管科技实施理念与实践模式。

能力目标

1. 了解英国的监管沙盒理念和美国的归口管理理念,能够与我国的监管科技实践进行对比。

2. 熟悉区块链、API、云计算、人工智能和大数据等监管技术的应用与风险管理,能够分析各国监管技术应用的联系与区别。

3. 掌握英国、新加坡、美国等国家的监管科技实践模式,能够熟练分析各国监管科技模式的应用背景。

思政目标

监管科技的发展与实践有利于提高监管效率,降低系统性金融风险,党和政府一再强调以不能发生系统性金融风险为政策底线,培养学生的风险意识、责任意识和底线意识,了解金融科技、监管科技的发展前沿。

本章知识结构图

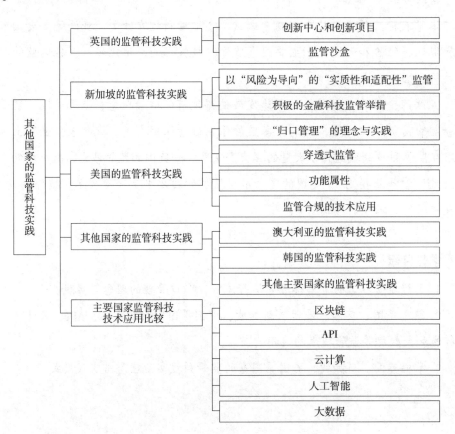

导入案例

SEC 综合运用多种监管科技项目，监测市场不当行为

关于股票市场的实时监控，SEC 引入了市场信息数据分析系统，通过云计算技术对股票市场上的大量数据进行处理和分析。MIDAS 可以以微秒级的时间粒度收集全国 13 个股票交易所中的大约 10 亿条交易记录。

关于监测和调查内幕交易，SEC 建立了高级关系交易执行度量调查系统及异常交易和链接分析系统。对于连续内幕交易而言，ARTEMIS 通过将超过 60 亿条的电子股票、期权交易记录和账户持有人数据与其他数据源结合的方式纵向分析交易者之间的模式和关系。

关于监测财务报告中的欺诈行为，SEC 开发了公司发行人风险评估系统。该系统包含约 200 个指标，能监测由 7 000 家公司证券发行人提交的财务报告中可能存在的异常行为。

关于投顾不当行为监测，SEC 开发了基于 ADV 表格的欺诈预测器，用于预测投顾是否可能违反《联邦证券法》。通过解析 ADV 表格，将其预处理为可用文本块，采用无监督的 NLP 技术生成最能描述每个文档中单词的主题，随后基于过去投顾注册的数据集，采用监督学习算法将注册人标记为不同等级。

资料来源：巴曙松，熊邦娟，朱元倩. 美国监管科技发展现状及经验 [J]. 中国金融，2020（10）：78-80.

思考：

1. 结合美国监管科技采取的一系列创新措施，我国的监管科技应如何创新？
2. 数据是监管科技发展的基础，思考我国的数据和监管科技在发展上面临的挑战。

金融科技作为现代金融体系不可或缺的关键要素，是当前金融市场创新的主导驱动力之一，也是各个经济体、金融业核心竞争力的着力点。如何在金融创新、金融风险与金融监管之间取得动态平衡，一直是各国金融监管当局的重要政策考量。一方面，金融科技的发展催生了许多新型的金融风险，包括信用风险、技术风险、信息披露风险及系统性风险等，这些新型金融风险传播速度快、传导路径复杂和更加难以甄别。另一方面，金融市场、金融产品和金融体系的跨界化会导致监管边界的模糊和重叠，难以实现产品基因界定和监管标准认定，易导致监管空白和监管真空。

本章对英国、新加坡、美国、澳大利亚和韩国等国的监管科技探索与实践进

行分析和阐述,通过总结各国监管科技的经验和启示,厘清监管科技的问题和关键,指导我国监管科技的实践和未来发展的方向。

12.1 英国的监管科技实践

英国在监管科技的探索之路上一直走在前列。首先,FCA 通过和银行合作,探索如何使用监管科技来提高监管报告的准确性。其次,通过使用标准化的流程数据,在银行间打造分享监管相关问题的交流平台,共享优势经验。再次,通过使用相关技术来发现银行机构发生全球重大性风险的可能性,提高国家应对新技术带来的破坏性创新挑战的水平。最后,通过提供基础化、自动化的相关建议,指导金融参与者自主完成授权的业务流程。测试使用 NLP 和人工智能技术解释金融工具市场指令Ⅱ法规的可能性,并自动构建和管理合规计划。

12.1.1 创新中心和创新项目

英国伦敦是全球金融中心,聚集着大量的金融机构,也是许多金融创新的发源地。随着金融科技的蓬勃发展,为更好地支持金融科技公司的发展,同时把控金融创新的边界防范风险,早在 2014 年,FCA 就通过设立创新项目(project innovate)来促进行业发展,其内容包含:①通过对话的形式了解市场需求。②为监管对象提供自动化的合规指导与建议。③广泛听取"产学研"机构的意见,通过合作和技术共享完善监管科技。④实施监管沙盒,提供更好的发展环境,同时检验新技术的实用性。⑤鼓励国际合作,共同探讨行业标准。⑥启动全球金融创新网络(GFIN),与国际上 29 家金融监管机构及相关组织合作支持金融创新,为金融科技提供多个司法辖区试点,鼓励本土公司拓展海外市场,并帮助其进入英国的海外公司。

为促进有效竞争和创新,帮助金融机构更好地满足监管要求和降低合规成本,英国政府在其 2015 年的预算报告中宣布,FCA 将与英国审慎监管局(PRA)合作,支持采用新技术来促进金融监管,即所谓的 RegTech。FCA 与数十家科技公司、金融机构、咨询公司和学术机构进行了广泛接触,对英国监管科技的需求、创新现状和面临的挑战形成了初步共识。

2015 年 11 月,FCA 发起倡议,呼吁各利益相关方就监管科技的开发和应用提供投入支持。同时,倡议中明确了 FCA 的职责,具体包括:①提供监管专业知识——

明确金融科技公司如何才能符合英国的监管要求。②为金融科技和金融服务提供创新环境——确定合适的新兴领域和主题，促进加速器项目、学术界、金融科技公司、金融机构和 FCA 之间的合作。③发布标准和指南——为金融机构运用监管科技提供清晰的目标和预期，以形成相关标准和最佳实践。④解决准入、创新和应用的障碍——识别准入、创新和应用监管科技所面临的障碍，并尽可能解决这些障碍。该倡议大大调动了业界对监管科技的热情。截至 2017 年 4 月，FCA 共收到 350 多份来自业界的回复。

2016 年 4 月，FCA 首次举办了 TechSprint 技术创意活动。活动的重点是鼓励金融机构利用新技术向弱势消费者提供普惠金融服务。此后，FCA 就不同的主题举办了多次 TechSprint。2016 年 11 月，FCA 举办了题为"解锁监管报告"的研讨活动，邀请了银行、大型科技公司、初创金融科技公司及学术界人士，讨论如何利用新技术来降低监管报告的成本，提升效率和有效性等问题。

在过去的 3 年中，FCA 在与业界充分交流的基础上，多次发布发展监管科技的年度计划。例如，其 2017—2018 年的重点工作为通过科技手段提高监管报告的效率和有效性，扩大金融服务覆盖面，运用技术开展实时监控，在加强合规的同时降低成本。其 2018—2019 年的重点工作包括：在新的领域（如 ICO 和分布式账本技术）支持企业开展创新项目；利用沙盒项目的经验教训，降低创新企业进入市场的壁垒；打造全球沙盒；进行监管科技的高级分析实验，包括通过各种新技术自动监测互联网上未经授权的商业活动、测试高级 NLP 技术和语义语言模型，以实现自动化等。其 2019—2020 年的工作将围绕 3 方面展开：改进行业与监管机构之间的数据交换方式，特别是以机器可读和可执行的形式传递信息；提出新技术解决方案，在反洗钱和金融犯罪合规方面取得更优、更高效的成果；扩大与弱势消费者相关的早期活动，探索技术，帮助企业和消费者实现积极的财务成果。

2018 年 2 月，FCA 发布了《关于利用技术实现更加智能的监管报送的意见征询报告》。在这份报告中，FCA 在综合业界意见的基础上，提出了"创建机器可理解和机器可执行的监管报送系统"的设想。这个设想是将 FCA 和 PRA 提出的部分监管报告要求以机器可读的语言（machine readable language）来表述，当机器理解了这些监管要求之后，就可以自动从金融机构的数据库内采集数据，形成监管机构所需要的报告。新模式可能会大大降低合规成本，并提高数据的质量。在发布征询报告之后，FCA 获得了 58 份反馈意见，组织了 8 次与业界交流的圆桌会，并决定将系统的名称改为"数字监管报告系统"(digital regulatory reporting system)。

12.1.2 监管沙盒

监管沙盒是英国监管科技领域的另一个重要创新。FCA 于 2015 年 11 月正式发布了《监管沙盒指引文件》，提出了监管沙盒的意义与实施要求。2016 年 5 月，FCA 开放了沙盒监管测试报名。在前两期的招募中，累计接收了 146 家企业申请，正式进入测试环境的企业有 49 家。参加测试的企业包括科技公司、银行等机构，具体业务包括区块链、大数据和分布式账本技术在支付、财富管理、证券交易和借贷等领域的运用。通过打造一个"宽松版"的监管环境和"缩小版"的真实市场，在风险可控的基础上给予企业创新空间，可以有效实现监管机构和创新主体的良性互动，使监管与创新协同发展。企业在获批后可以在沙盒中对其创新性产品、服务和业务模式进行为期 3~6 个月的测试，FCA 全程进行监督和合规辅导，并对结果进行评估审核，判定其是否能投放市场。在测试过程中，监管机构能够提早介入创新业务，及时发现风险点，落实了包容监管；企业获得了容错、试错的安全空间，降低了合规成本。

1. 监管沙盒的资格标准运行流程

（1）申请的资格标准及工具。明确申请资格标准能够保证监管沙盒运行的质量与安全，保证该项目在创新与监管中是真正为了保护金融消费者的权益。为此，英国监管当局制定了 5 个监管沙盒准入标准。除此之外，FCA 还分别对这 5 个监管标准确立了积极指标与消极指标。申请监管沙盒的资格标准如表 12-1 所示。

表 12-1 申请监管沙盒的资格标准

资格标准	核心问题	积极指标	消极指标
测试范围	是否需要提供英国金融服务市场中受监管业务或支持受监管业务的创新	创新原则上针对英国市场	创新可能不在英国使用
真正的创新	创新是市场上的新产品或是截然不同的产品	市场上几乎没有已经建立的可比较产品	1. 市场上出现了很多类似的产品 2. 看起来像人为产品差异化
消费者利益	创新是否直接或者通过激烈的竞争为消费者带来可识别利益的良好前景	1. 创新可能会为消费者带来更好的利益 2. 已确定消费者可能面临的风险，并建议消费者缓解风险 3. 创新将有效促进市场竞争	1. 对消费者、市场、金融体系会在一定程度上造成不利影响 2. 似乎在规避法律监管

续表

资格标准	核心问题	积极指标	消极指标
需要沙盒测试	是否真的有必要在沙盒中测试创新	1. 由于这项创新可能不适应现有的监管框架，因此，可能会很难将创新推向市场 2. 没有其他方法能达到测试目标 3. 测试可能会比较昂贵	1. 测试对解决测试目标而言，不是必需的 2. 无需金融行为监管局即可完成测试 3. 专司这个项目的主管或者团队已经可以给出测试答案
准备好测试	是否准备好与真实的消费者一起在市场环境中进行监测	1. 已经制定了明确的目标、参数来进行测试 2. 目前已经进行了测试 3. 拥有在沙盒中进行测试的资源 4. 有足够的措施保障消费者，并能够提供补救	1. 测试的目标或计划不够确定 2. 几乎没有做过测试 3. 没有测试完成所需要的资源 4. 不能为消费者提供充分的保障或补救措施

资料来源：FCA 官网。

根据测试产品的属性，FCA 为部分测试提供了辅助测试工具，主要包括：①有限制的授权（restricted authorisation）。除豁免外，要在英国开展受监管的活动，均需得到 FCA 的授权，为简化测试流程，该监管机构为企业量身定制了授权流程。②个人指导（individual guidance）。FCA 可以提供专门指导。③适当的放弃和修改相应的规则（waivers or modifications to our rules）。除了国内法律和国际法外，监管机构为达到测试目标可以放弃和修改曾经的规则。④无强制行动函（no enforcement action letters）。特殊情况下，对一些监管当局能够接受的问题可以不予以处罚。⑤非正式引导（informal steers）。FCA 会对测试者进行一些非正式的引导。

（2）监管沙盒的操作流程。监管沙盒的操作流程主要包括：①由企业向 FCA 提出申请，即提交一份建议书，并在建议书里表明其解决问题的方案及满足测试的标准。②由 FCA 进行审核，通过审核的企业会"一对一"确定工作人员，并进行沟通与测试。③企业与 FCA 确定一种测试方法，包括测试参数、结果度量等。④开始测试。⑤根据③确定的内容进行测试与管控。测试后，企业需制定出一个测试的结果报告，并交由监管当局审核。⑥审核通过的公司自行决定是否提交新的议案，并经批准后推向市场。

2. 监管沙盒的实践情况

截至 2019 年，英国监管沙盒已经进行了五组。第一组于 2016 年 7 月开始，FCA 收到 69 份申请，18 家企业进入测试，涵盖电子货币平台、智能投资顾问程序、支付平台、个人或商业身份认证等领域。第二组于 2017 年 1 月开始，一共收到 77 份申请，最终测试了 24 家，包括保险理财、利用人工智能为中小投资者提供风险管理和分析、跟踪人道主义资金、为中小企业提供信用担保等领域。第三组收到 61 份申请，18 家企业获得通过，包括以区块链技术为基础的支付服务、保险、监管科技、生物识别等领域。第四组收到 69 份申请，审核通过 29 份，包括利用分布式记账平台允许小公司筹集资金、在区块链上使用智能合约等领域。第五组收到 99 份申请，并对其中 29 组进行了测试，主要集中于期望在批发和零售银行业开展业务的公司。在五组测试过程中，FCA 一直与被测试公司保持良好的合作与沟通，商讨沙盒测试的方法，以建立对消费者的保护措施。

在英国开始推行监管沙盒不久，FCA 的高管在"创新金融全球峰会"上向与会嘉宾介绍了沙盒监管这一新模式，并得到澳大利亚、新加坡、马来西亚、印度等国家的响应。

综上所述，经过近几年的探索，英国政府和监管当局在与科技界和金融业界不断交流、互动的基础上，已经逐步厘清监管科技运用的几个主要领域。这些领域包括利用新技术帮助监管机构提高监管效率（如用机器阅读金融机构提交的文件、直接调取金融机构的交易数据等），降低金融机构的合规成本（如通过科技手段实现合规流程的自动化、自动起草符合监管规则的交易合同等），通过技术手段高频监控金融风险（如将 KYC、AML 流程电子化，监测和制止非常规交易等）等。

12.2　新加坡的监管科技实践

新加坡以开放的态度应对金融科技的发展。为了支持金融科技企业的创新，MAS 采用了类似英国的监管沙盒制度，即在限定的业务范围内，简化金融科技的市场准入标准与门槛，允许机构将各种金融科技创新业务迅速落地。随后，根据这些业务的运营情况决定是否推广。这种方式能够让金融科技企业在相对宽松的环境中进行业务创新。这项监管制度不是强制性的，而是支持性的。

12.2.1　以"风险为导向"的"实质性和适配性"监管

创新是金融科技发展的基础，过早、过严的监管均会阻碍金融科技的发展。MAS 深知此中道理，故而未过早、过严干预，在监管过程中始终不使监管早于创新。

但是，这并不代表要放任金融科技自由发展，而是采用实质性原则和适配性原则，即在金融科技发展的同时，金融监管紧跟其后，不使监管早于创新，但也不使监管与创新脱节，意味着金融风险一旦发生或显现，监管会立马跟上。这种监管方式体现了：①监管"不缺位"，金融科技是一个新的金融范式，其危险性难以预估，故而不能完全放任其发展。②监管"要到位"，即不仅要求有监管，而且要时刻盯紧风险，不将监管流于形式。③监管"不越位"，监管应注重防范影响金融稳定、与一般投资者利益相关的重大风险，而不是因为科技发展可能带来业务模式的"颠覆"或利益分配的重新洗牌。

因此，新加坡的金融科技监管是一种动态性监管，紧跟创新，紧盯金融风险的发生，能有效预防与治理金融科技带来的系统性风险。另外，这种动态性的监管方式不仅体现在监管与创新的"步速"上，在监管的尺度上也很好地运用了适配性原则，即监管的尺度始终与金融科技的风险相一致。以众筹为例，MAS 对一般众筹平台的监管要求较低，因为一般情况下，众筹平台不允许吸收资金，投资者也仅限于合格投资者，但当众筹平台开始为筹资者向一般投资者筹集资金时，则需要获得 MAS 的相关牌照，并遵守最低资本等相关规定。

12.2.2 积极的金融科技监管举措

监管当局清醒地认识到，金融科技的进步使得金融行业越来越复杂，金融科技的创新发展是否符合金融监管的规定也更加不明确。为了应对金融科技发展带来的创新挑战，MAS 主张积极、宽容地推动金融科技监管。成立专门机构是新加坡监管金融科技的一项重要手段。2015 年 6 月，新加坡启动了"智慧金融中心"创建计划。之后，为制定与金融创新相关的监管政策和发展战略，MAS 专门成立了金融技术和创新团队。2016 年，新加坡还成立了金融科技署，专门为金融科技企业提供一站式服务。

1. 新加坡版监管沙盒

新加坡在监管方式上紧跟英国，很快出台了《金融科技监管沙盒指南》，以鼓励并尝试利用创新性技术提供金融产品或服务的解决方案。沙盒是这种监管理念的体现。对于进入沙盒的金融科技企业而言，MAS 将减少对它们的一些监管要求，比如，它们在资金、流动性、履历上不需要完全符合规定，以此支持它们在沙盒内进行技术实验。金融科技企业在沙盒中可以测试技术和商业模式。从沙盒"毕业"

后，它们要继续发展或扩大业务，就必须满足所有监管要求并获得执照。金融科技企业是不能够永远在沙盒中的，如果在沙盒测试结束后，它们没能满足所有监管要求，那么就说明它们"失败了"。新加坡的监管沙盒相比于其他国家的监管沙盒，其独特之处在于允许任何感兴趣的金融机构或公司进行沙盒测试。在退出机制方面，也规定了更为细致的条款。

2019年8月，MAS推出了快捷沙盒（sandbox express）。快捷沙盒是预设好的沙盒，适用于那些不需要进行太多额外定制的业务活动，能让企业更快捷地测试创新金融产品和服务。合格的快捷沙盒申请者可在21天内开始测试风险较低或较容易理解的业务活动，最多可持续9个月。在初始阶段，保险经纪行业、汇款行业的企业，以及获得认证的市场运营商可以申请参加快捷沙盒。这项新政策旨在为金融科技企业提供更多的时间来克服业务和技术挑战，并让MAS应对潜在的监管挑战。

2. 其他监管措施

在具体领域，MAS推动设立了一个全球性的开放架构平台——API Exchange（APIX），以支持东盟及世界范围内的金融创新和包容性发展。在全球APIX市场上，金融机构和金融科技公司可以轻松、经济、高效地建立联系。新加坡推出的"乌宾计划"（Ubin project）在探索区块链和分布式账本技术，进行支付和证券的清算和结算时，取得了不错的成就。

新加坡建立了电子KYC平台，采用信息数据库和政府对接，并与银行分享客户信息。这个KYC平台涉及整个基础架构平台，包括数字身份认证、安全性的API等。同时，新加坡在2017年7月10日启动Pay Now体系，该体系允许客户和银行连接，客户通过ID、移动电话和银行账户进行映射，直接进行支付或转账，这个模式堪比支付宝或Apple Pay。新加坡鼓励银行业快速跟随科技发展，及时更新系统，在开放式架构上进行创新，从而更有开放性，最终提供更好的服务。

监管科技有助于实现数据可视化。数据本身并不等于有效信息，部分复杂的数据需要进行处理，将其变成易于解读的指标或图表，以便监管当局决策。MAS通过仪表盘（dashboard）和网络图（network graphs）等来呈现成像化数据，从而增加了数据的可读性。

新型冠状病毒感染疫情暴发后，新加坡积极发挥监管科技在数据收集领域的优势。MAS借助NLP系统、机器学习等处理来自新闻及数据库的信息，通过分析消费者的等待时间、本地人口密度、高峰时段等信息，识别消费者密度较高的金融机构网点，并优先检查这些机构是否切实执行了保持社交距离的要求。在监管执行领域，疫情暴发后的居家令、封锁措施等逐步出台，监管机构进行现场检查的难度加大，因此需要充分利用监管科技，以确保有效监管。MAS 运用大数据及 NLP 系统，收集分析来自媒体新闻、价格指数、信用评级、投资分析报告的综合信息，对市场及金融机构的情况进行实时跟踪，有效确保对金融机构的监督、对信用风险的监测和预警。

12.3 美国的监管科技实践

2008 年，作为美国第四大投资公司的雷曼兄弟公司申请破产保护，引发了全球"金融海啸"，也影响了此后近 10 年的世界经济。为了避免系统性金融危机的再次发生，美国开始着手实施一系列"严监管、强管控"的监管措施，包括对金融体系进行改革。但从 20 世纪二三十年代的金融危机开始，美国经历了长达数十年的分业监管模式。即使近些年因发现分业监管难以适应混业经营现状而进行了一系列监管框架改革，但分业经营模式仍未从根本上改变。

相比英国，美国金融领域的限制性监管依旧较强。在"多部门、严监管"的金融监管体系之下，并未像英国那样致力于创新监管体系和理念，而是选择了"归口管理"。

12.3.1 "归口管理"的理念与实践

归口管理不创立一种新监管机构或模式，而是将金融业务按照一定的标准进行分类，归入现有的金融监管框架之中进行统一管理。同样，在金融科技的监管中，也按照这种方式实施归口，对监管的模式则未做出实质性的创新，主要考虑有：①美国认为金融科技的发展仍未能跳出金融的本质，科技只创新了金融产品和服务的形式。②金融科技属于新兴领域，在宏观和微观层面上会对金融体系造成什么样的影响还不清楚，且对这一领域的研究也尚未透彻，不宜过早地进行监管，否则可能会阻碍创新。③美国传统的金融服务较为健全，正常的金融需求基本上可以通过传统的金融方式实现。

金融科技的具体监管主要集中在市场借贷、分布式记账技术、移动支付、数字财富管理等领域。在市场借贷领域，市场借贷者可能需要遵守与银行和证券有关的联邦和州法规。首先，除国家信用合作社管理局（NCUA）外，金融存款机构的监管者有权监管和审查第三方提供的某些金融服务。其次，对于那些通过与联邦监管的存款机构达成协议，以向金融消费者提供服务的贷方而言，还有可能受到金融存款机构的监管机构的审查。存款机构的监管机构也提供了存款机构应遵守的第三方指南或卖方风险管理指南。再次，考虑到州层面的监管机构已有能力监督贷方，通常情况下，某些直接向消费者或企业提供贷款的贷方需要获得许可并在提供贷款服务的每个州进行注册。此外，市场放贷人可能要遵守《联邦消费者保护法》。最后，除非有豁免的规定，否则，SEC 也会监管市场贷方的证券公开发行行为。在分布式记账技术领域，美国联邦政府和州政府均采用了多种监管手段和监管方法。但是，目前的分布式记账技术仍需要继续被开发研究，以使法律法规能够更好地了解该技术并对其进行监管。另外，分布式记账技术的产生较为前沿，是否需要制定新的法律法规尚不明确。但这并不代表美国政府放任其发展。在归口管理模式下：向虚拟货币交易所等货币服务提供开立账户的金融存款机构的反洗钱监管由美国联邦储备委员会（FRB）、美国信用社管理局（NCUA）、货币监理署（OCC）等部门负责；金融消费者投诉、与虚拟货币交易相关的知识教育等由金融消费者保护局（CPFB）负责；与虚拟货币有关的证券交易和投资顾问行为由 SEC 负责监管。

在移动支付领域，其监管也包括各种联邦政府和州政府的监管。目前，联邦储蓄机构、联邦存款保险公司和货币监理署等 3 个联邦监管机构被授权审查和监管移动支付提供商向联邦保险部门和储蓄机构提供的某些服务。金融消费者保护局负责对金融消费者的权益进行保护，以及对为消费者提供产品和服务的实体进行执法检查。非银行金融产品和服务提供商，包括移动支付提供商和预付卡提供商，可能会受到美国联邦贸易委员会的执法约束。此外，在各州已经获得货币服务业务经营资格的移动支付提供商还要受到州级监管机构的监管。

在数字财富管理领域，SEC 负责监管投资顾问，包括提供数字财富管理平台的金融科技公司。该监管机构要求数字财富管理公司遵守与传统投资顾问相同的法规，并要求管理超过 1.1 亿美元资产的数字财富管理公司注册为投资顾问。此外，证监会对投资顾问的监督通过审查从事投资顾问业务的金融科技公司向客户披露的信息，来评估它们是否遵守联邦证券法，并调查和制裁违反证券法的行为。对于管理客户资产不足 1 亿美元的投资顾问公司则由州证券监管机构进行登记和监督，如果这些公司登记，则证监会可以对那些拥有任何数额资产的公司采取执法行动。美国金融业监管局（FINRA）还对使用数字投资建议工具向客户提供投资服务的经纪自营商拥有监管权力。美国商品期货交易委员会（CFTC）拥有对大宗商品交易顾问的监管权，该机构的官员表示，符合规定的数字财富管理公司将履行与其他传统大宗商品交易顾问相同的监管和合规义务。最后，数字财富管理公司还要受到联邦贸易委员会的消费者保护法的约束。

12.3.2 穿透式监管：有序实施"归口管理"基础

美国的金融监管机构极其复杂，仅在联邦层面就有十几个，此外还有 50 个州政府及一个哥伦比亚特区政府的监管者。面对如此复杂的监管体制，"归口管理"的有序实施得益于良好的穿透式监管实践。目前，尚未对穿透式监管（look-through supervision）的定义形成统一认识。就"look-through"一词而言，它来源于美国的《1940 年投资公司法》和《1940 年投资顾问法》的穿透条款。

一般情况下，金融穿透式监管是指通过外在看本质，通过金融产品和服务的外在了解该金融产品和服务的本质属性，将整个金融环节穿透起来看，减少监管真空和监管重叠的情况，并按照"实质重于形式"的原则确定监管主体和监管规则。

12.3.3 功能属性："归口管理"的分类原则

美国在 1929 年的大萧条期间颁布了《格拉斯－斯蒂格尔法案》，开启了分业监管模式。在这种模式下，容易形成"自成一体"的监管局面，各监管之间也容易形成"监管真空"。但随着经济的逐步发展，混业经营越来越明显，以机构属性进行分类的机构监管越来越难以适应新的监管需求。为了解决这种弊端，1995年，哈佛大学的罗伯特·默顿（Robert C.Merton）教授提出，金融监管模式应根据金融体系的基本功能来确定，以实现跨领域、跨机构、跨产品的监管协调。这是一种完全不同于传统的以金融机构性质进行划分，从而确定监管边界的新的监管理念。

1999 年，美国颁布了《金融服务现代化法》（*Financial Services Modernizationact*），该法案放宽了对金融交易过程中的一些限制，尤其是该法案消除了银行机构与包括证券机构、保险机构在内的其他金融公司之间的一些障碍。此后，以"被监管机构的属性"确定监管机构转变为以"金融机构行为的属性"来确定。到经济危机爆发前，美国已经完成了这种从"机构监管模式"到"功能监管模式"的转变。

目前，美国在金融科技监管方面即采用该模式，即将金融科技涉及的业务按照"实质重于形式"的原则进行性质确认。以虚拟货币为例：为该服务提供账户开立的存款金融机构应当履行反洗钱义务，这一部分归美国货币监理署、联邦存款保险公司、美国联邦储备委员会等部门监管；涉及的金融消费者投诉，对消费者进行风险安全教育则归金融消费者保护局监管；涉及的虚拟货币形式的证券交易及投资顾问行为则归 SEC 监管。

12.3.4　监管合规的技术应用

自 2008 年金融危机之后，美国开始利用监管科技解决数据质量低下、信息资源贫乏、金融和非金融风险隐患等诸多问题，应用范围和需求不断扩大。监管合规的应用主要体现在业务战略的自动制定和优化、运用数字化解决方案并减少操作失误、加强金融犯罪侦查和欺诈监控等内部控制、降低运营成本、提高服务质量等方面。目前，美国的多家监管机构已开始与科技公司合作，以减少向公众提供金融创新的时间和成本，鼓励相互之间的协调和信息共享，共同应对监管技术解决方案，加强投资数据新技术的开发，以期更有效和准确地进行调查，并发现可疑交易。

金融机构监管合规对 RegTech 的需求日益增大：① RegTech 运用新技术形成优化解决方案，有助于金融机构更好地识别、监控和减轻业务及操作的合规风险，如识别违反反洗钱规定（BSA/AML）的行为。②美国的监管规定越发复杂，合规已不仅是运营总监和合规总监的责任，信息安全总监、执行总监、财务总监及前台高管等都是计划和执行合规规定的重要角色。例如，美国劳工部关于扩大投资咨询受托人的受托新规对销售、运营、报告和记录保存等多方面进行了规定，需要利用 RegTech 形成跨部门的优化解决方案。③许多监管机构的规定基于某些特定的数据、流程或管理结构，运用 RegTech 解决方案可以减少合规上的重复性工作。例如，美联储对大型金融机构的综合资本评估和压力测试的规定，均侧重于对资本充足率、资本分配计划进行评估。

现阶段，RegTech 在监管合规方面的应用体现在技术促成的流程效率、数据的分享和聚合、依据数据形成见解和利用平台发展等4个领域。

金融机构对RegTech的应用范围不断延伸。①用于自动制定、优化商业战略。金融机构逐步利用RegTech解决方案，通过自动化管理方式制定业务和发展策略。例如，利用多源数据更好地对客户和交易方进行信用分析，避免对方信用违约。②利用数字化解决方案接替某些工作。例如，利用人工智能、云计算和大数据等技术使许多劳动密集型工作实现自动化。③用于削减营运成本，提高服务质量。利用RegTech解决方案的一致性，减少人工流程和人类偏见，为客户提供舒适快捷的数字体验，大幅降低成本和提高效率。④运用解决方案减少操作失误、加强金融犯罪侦查和欺诈监控等内部控制。例如，提示录入的错误信息和数据、分析法务/监督缺口。根据德勤的报告，在可预见的未来，RegTech能够在管理信息、交易报告、互动监测、培训、风险数据仓库及案例管理等领域发挥巨大作用。

美国许多金融机构已开始内部研发或联合科技公司设计RegTech解决方案。例如，摩根大通每年在技术上的投资占到年收入的8%~9%，已与300多家新技术公司开展合作，通过探索在50多项新技术上的运用来提高合规效率和盈利能力，技术成功率超过30%。

大数据和高性能计算机等新技术的发展使监管部门得以分析以前不可穿透的信息集（包括自由格式的文本等非结构化的信息集）。SEC已引入一系列新科技来提高监管效率，如利用机器学习的方法分析注册申请人填报的描述性披露信息，以更全面地对申请人的行为进行预测，特别是对其潜在欺诈和不当行为的市场风险进行评估。首先，采用主题建模（topic modeling）方法在所有注册申请人的大量描述性披露中识别与不同主题相关的单词和短语，并同时生成在每个特定文件中发现的主题分布结果。其次，利用NLP技术进行情感分析，评估每个文件的音调，如识别具有负面或混淆音调的申请人。最后，使用机器学习算法将主题和音调"信号"映射到已知的风险等级（如申请人的审查结果或过去违规情况）中。此过程可以应用于不同类型的披露及独特类别的注册人，其结果将帮助SEC调查和检查人员确定审查方向。

1. 反洗钱视角的美国监管科技应用

近年来，美国从国家监管层面采取了一系列的创新举措，提出了监管科技的发展设想：①货币监理署在2016年成立创新办公室，直接与金融科技和监管科技等创新公司沟通合作，沟通金融创新。实际上，美国的金融科技公司经营的业务与银行机构相似，因此获得特殊的银行牌照，受到与银行同样的监管。②负责商品期货与期权市场监管的商品期货交易委员会成立"实验室"，加强监管部门与金融创新行业的联系，通过与监管科技和金融科技公司的合作，使用区块链技术实现企业合规报告的收集和监管报告的分发。③消费者金融保护局建立"催化剂项目"，类似于英国的监管沙盒，该组织向金融科技和监管科技公司颁布不行动函，减少创新业务面临的监管不确定性，有利于监管层了解创新业务，从而为监管科技公司提供良好的政策环境，以支持其最大限度地创新。

2. 区块链的监管科技应用

美国纳斯达克，基于区块链的私人证券交易 LINQ。美国纳斯达克交易所早在 2015 年年底就试水发挥交易所的一线监管功能。基于区块链对非上市公司在 IPO 前的股票所有权进行监测、记录、存储。通过使用分布式账簿将企业股票发行、增资配股、分红等信息转化为数字化的形式记录上链，目的是提供证券发行和转让的全部历史记录，并提高可审计性。LINQ 是一个开源的区块链分布式数据库，可为其他公司提供可供接入的接口，保证股票在发行过程中权属清晰、公开透明、数据可查。LINQ 还为公司发行股票提供登记和公示，在总 IPO 阶段发行和转让信息上链，全网节点确认并更新，通过设计好的合约发布权属证书，提高证券市场的透明度。

12.4 其他国家监管科技实践

12.4.1 澳大利亚的监管科技实践

澳大利亚证券和投资委员会（ASIC）组建了由行业人士、技术公司、学术界、咨询机构、监管部门和消费者保护机构共同组成的监管科技行业联络小组，旨在共同研讨、建立和完善监管科技体系，促进监管科技长期发展。ASIC 成立创新中心，将金融科技业务纳入监管体系。2017 年 2 月，ASIC 在悉尼和墨尔本举办了"首届监管科技圆桌会议"，讨论建立监管科技行业联络小组提案，推动监管科技行业发展，降低各项监管成本，减少潜在风险。

尽管创业生态系统较小，但澳大利亚仍拥有 Simple KYC 和 Red Marker 等快速发展的 RegTech 创业公司。Simple KYC 被设计为运营供应链风险，旨在简化和巩固公司用户培训进程和监管部门的繁重合规要求。Red Marker 专注于第三方风险，确保财务计划师在与用户交流，特别是通过社交媒体交流时能够合约。

事实上，监管者也需要加入 RegTech 领域。为了应对该领域不断增长的活跃度，澳大利亚证券和投资委员会已经创建了一个专业小组，以最好地实现运营，并促进监管和科技交互上的内部创新。除"沙盘执照协议"外，这是对澳大利亚证券和投资委员会首创提议的运用新金融科技关联 RegTech 创业公司的补充。目前已经向公众公开征求意见，并有可能允许创业公司在没有限制性要求的情况下测试其产品，同时允许资深投资者加入并为公司的未来发展而努力。其他政府部门同样展开了行动。澳大利亚储备银行计划推出新的支付平台，澳大利亚税务办公室推出一个单触点工资单系统。

监管科技在数据实时监测上的应用主要在证券交易领域。比如，澳大利亚证券和投资委员会通过市场分析及情报平台（MAI）对一级及二级市场的股票、衍生品的交易等进行实时监测。该平台一方面可在发现异常交易时立即预警，预警后工作流程自动暂停，并进入调查分析阶段，以查找异常交易的源头；另一方面，可基于实时监测积累的历史数据，利用大数据技术对整个市场的交易进行分析，从而识别是否存在系统性风险，帮助监管当局提出政策建议。

12.4.2 韩国的监管科技实践

2017 年 1 月 5 日，韩国金融服务委员会发布了《2017 年金融政策指引》（*Financial policy direction for* 2017），核心内容之一就是"通过金融改革和创新推动经济复兴"，并首次提出计划在 2017 年年中推出监管沙盒机制试点，减轻金融科技创企的监管负担。2018 年 1 月，韩国金融服务委员会发布《2018 年金融科技政策路线图》（*Financial policy roadmap for* 2018），重申将继续坚持推进监管沙盒。2018 年 12 月 7 日，韩国国会正式审议通过《金融创新支援特别法》（*Financial innovation support act*）。该法案于 2019 年 3 月正式生效，为韩国金融科技监管沙盒的设立奠定了法律基础。

韩国金融科技监管沙盒为期两年，入选企业将有机会在豁免某些监管条例的前提下开展业务试验。根据规定，有意参加该计划的企业必须先提交入选申请、相关风险与消费者保护计划。一旦出现危害消费者权益或威胁金融稳定的不可逆事件，入选机构的沙盒资质将被取消。如果入选企业面临法律诉讼，则证明其无意或不会造成危害的举证工作将由被诉讼企业承担。2019 年 4 月 17 日至 2019 年

7月25日，韩国金融服务委员会分别公布了6批监管沙盒名单，累计共有42家企业和机构入选。

12.4.3 其他主要国家的监管科技实践

从监管端角度来看，监控科技在数据采集上，通过虚拟助手采集大量的交易信息，有效提高了监管的针对性和渗透性，降低了监管成本，提高了监管效率，压缩了监管套利空间，形成了实时监控报告，并辅助国家进行宏观和微观审慎监管。①数据的收集、整合与报送。例如：爱尔兰金融科技公司Vizor满足保险公司偿付能力标准Ⅱ的数据收集要求；奥地利央行和7家大型银行集团合作建立了一个自动报告平台，通过央行设立的数据自动报表平台，达到提高数据质量和数据提交效率的目的；卢旺达国家银行通过自己研发设立的电子数据仓库，从超过600家金融机构的IT系统中直接抓取数据，抓取频率一般为每24小时一次。各金融机构需按照统一的规范导入数据，并放置于其IT系统的特定区域，以供卢旺达国家银行在需要时抓取。通过这种方式，数据的质量和一致性有所提高，有助于降低手工报送数据带来的操作风险。②风险监测、分析与报告。各国使用监管科技有利于对监管套利进行具体的风险监测、分析和指导，促进金融科技产业的孵化与发展。③微观和宏观审慎监管。各国监管机构结合本部门的工作职责，积极探索微观金融风险，识别宏观金融风险，通过监测房地产的广告数量预测房价，通过及时推送信息预测通胀、形成数据可视化信息，突出潜在的金融稳定问题。例如，意大利、荷兰央行均通过机器学习分析企业的资产负债表及支付数据等信息，实现对贷款违约率的预测及异常交易的预警，提高微观审慎监管的能力。美联储、欧洲央行及英格兰银行通过对高频数据自动生成的分析结果绘制热图（heat map），用以反映宏观金融稳定状况。

监管科技在改善监管当局的微观审慎及宏观审慎监管方面发挥作用。宏观层面，意大利央行通过研究推特上反映出的情绪预测未来的零售存款走势。

12.5 主要国家监管科技技术应用比较

金融科技的蓬勃发展使得监管科技在金融领域具有足够的发展动力和施展空间。目前，监管科技在各国监管机构和金融机构的应用主要体现在区块链、API、云计算、人工智能、大数据等方面。

12.5.1 区块链

区块链是具有去中心化、无法篡改、实时动态在线等特征的共享数据库，其在金融监管、风险控制等领域的应用前景可期。如表 12-2 和表 12-3 所示：①区块链凭借自身优势与金融监管相结合，其实际应用取得了一定成效。②区块链在国内外的金融机构具有广阔的发展前景。

表 12-2 主要国家/地区区块链的金融监管实践应用

国家/地区	应用情况
美国	利用区块链弥补供应链的金融缺陷，在数字资产交易方面利用区块链的存证功能实施监管
英国	把区块链应用于金融科技监管沙盒。在监管沙盒这个独立的空间内，金融科技企业可以对其创新的金融产品、服务、商业模式和营销方式进行一系列的测试
欧盟	将区块链应用于股票市场监管，及时、准确地对异常、可疑的交易进行检查，维护股票市场乃至整个金融市场的稳定
中国	大力发展区块链，促进金融机构与监管机构的信息交流；利用区块链的去中心化特征，有效解决"信息孤岛"问题

表 12-3 主要国家/地区金融机构的区块链应用

国家/地区	应用情况
美国	尝试通过区块链提高交易所的流程效率，缩短获取数据的时间
英国	重点发展区块链中的加密货币技术，已初具规模且处于领先地位
欧盟	利用区块链提升金融市场的功能潜力，大力发展数字货币
中国	区块链在资产证券化、数字票据、应收账款管理等业务领域的运用效果显著

12.5.2 API

API 通过与其他软件程序进行连接，实现信息开放与数据互联互通。监管科技公司提供 API 服务，监管机构与金融企业借助 API 进行信息交流，金融企业可通过 API 自动向监管机构提交风险数据，监管机构则利用 API 对金融机构进行指导，最终实现监管效率的提高和合规成本的降低。可见，API 实现了金融机构与监管机构的数据交互，并自动生成合规报告或 EAG，指导金融机构达到合规要求。API 在主要经济体监管领域的应用情况大致相同，均为实现自动数据交换和生成合规报告。

如表 12-4 所示，主要国家/地区 API 应用于开放银行情况。商业银行推进开放银行建设，旨在实现商业银行的产品、服务、数据等对外部场景开放，为监管机构对银行业实施监管提供便利。API 促使开放银行与监管机构进行信息和数据的交互，帮助监管机构直接获取合规监管所需的数据。

表 12-4 主要国家/地区 API 应用于开放银行情况

发展方式	国家/地区	银行数据和活动类型		
		产品信息、服务费	账户信息	资金转账
市场驱动的合作	美国	√	√	
	中国	√	√	√
	阿根廷	√	√	√
API 标准化	新加坡	√	√	√
	日本	√	√	√
治理框架	澳大利亚	√		
对第三方进行正式监管	欧盟		√	√

12.5.3 云计算

云计算能够快速、准确地分析数据，并由此得以很好地被应用于监管科技。如表 12-5 和表 12-6 所示：①云计算技术可帮助监管机构分析风险数据，提高监管效率。②云计算技术可帮助金融机构了解最新监管政策和合规要求，为金融业的高效运转提供技术支持。

表 12-5 主要国家云计算的金融监管实践应用

国家	应用情况
美国	利用云端储存、收集、保管金融数据，在便于监管机构查阅的同时降低监管成本
英国	云计算技术应用率较高，可协助监管机构进行智能监管
德国	利用云计算技术搭建信息共享平台，便于监管机构获取数据
中国	互联网企业利用云计算技术促进金融数据的开放，协助监管机构进行监管

表 12-6 主要国家金融机构的云计算技术应用

国家	应用情况
美国	银行应用云计算技术建立个人征信查询平台，帮助开展信贷业务
英国	多家银行利用云计算技术的云储存功能，以"云"取代传统的数据中心
德国	利用云计算技术按需计算资源、制定定价策略
中国	银行业加快建设金融服务云平台，多个国有大型银行已初具规模

12.5.4 人工智能

人工智能是研究、开发用于模拟、延伸和扩展人的智能的理论、方法、技术及应用系统的科技。如表 12-7 和表 12-8 所示，从全球范围来看，目前人工智能技术在金融机构和监管机构已获得广泛应用。

表 12-7　主要国家人工智能的金融监管实践应用

国家	应用情况
美国	开始尝试利用人工智能技术进行证券交易监管，有效克服人工监管的弊端
加拿大	利用人工智能技术加强对保险业的监管，保护投保人和保险人的利益
新加坡	利用人工智能技术对证券交易风险进行识别，有效打击金融犯罪活动
中国	多地建设金融风险监测预警平台，利用人工智能技术识别金融风险

表 12-8　主要国家金融机构的人工智能技术应用

国家	应用情况
美国	人工智能技术充当客户的数字金融助手，实现交易搜索的数字化和可视化
加拿大	将人工智能技术应用于保险的承保、费率定价和被保险人的信用风险评估
英国	运用人工智能技术开展投资顾问业务，针对客户的风险偏好、财务状况及理财目标，提供智能化的投资管理服务
中国	将人工智能技术运用于征信、保险等金融服务领域

12.5.5 大数据

大数据涵盖从交易信息到交互信息，从结构化到非结构化的各种新类型数据、分析方法、新思维认知等。大数据技术解决方案在数据检索、数据处理等方面具有先天优势。如表 12-9 和表 12-10 所示，大数据技术解决方案：①能帮助监管机构快速处理来自金融机构的海量风险数据，提高监管效率。②能帮助金融机构高效处理客户信息，根据客户需求提供针对性服务。

表 12-9　主要国家的大数据金融监管实践应用

国家	应用情况
美国	借助大数据技术建立金融机构与监管机构之间的交流机制，直接让监管机构加快数据处理速度，提高监管效率
英国	政府注重利用大数据技术采集和处理反洗钱数据，有效预防和打击洗钱犯罪活动
新加坡	政府主动建立大数据库，便于监管部门监管金融业务
中国	将大数据技术运用于证券交易信息的分析、排查，精准打击证券市场内幕交易

表 12-10　主要国家金融机构的大数据技术应用

国家	应用情况
美国	应用大数据技术开展个人征信查询，在信贷业务中发挥助贷作用
英国	将大数据技术运用于保险、证券等行业的数据分析
新加坡	应用大数据技术分析金融市场行情，调整金融服务策略
中国	银行业利用大数据技术开展精准营销等

本章小结

1. 英国的监管机构设立创新中心，实施了创新项目和英国版的监管沙盒，同时大力发展监管科技市场，创新监管科技产品，为各国的监管实践和科技应用提供了有益借鉴。美国的监管机构基于"归口管理"的理念与实践，按照"归口管理"的分类原则，对金融机构实施穿透式监管，同时推动大量监管合规技术的实际应用。新加坡借鉴英国的监管沙盒模式，大力发展新加坡版监管沙盒，对金融机构进行实质性和适配性监管。其他国家根据各自国家的情况，实施了各有特色的监管科技模式。

2. 美国、英国、欧盟、新加坡、中国等在区块链、API、云计算、人工智能和大数据等监管技术的应用上各有侧重，但都很重视这些监管技术的应用和风险管理。

即测即练

复习思考题

一、名词解释

监管沙盒　穿透式监管　归口管理　实质性和适配性监管

二、问答题

1. 英国的监管沙盒有哪些特点？
2. 美国"归口管理"的主要思想是什么？
3. 英国与美国监管科技的异同有哪些？

参考文献

[1] 马骏,刘嘉龙,徐稼轩.英国在监管科技领域的探索及对中国的启示[J].清华金融评论,2019(5):37-39.

[2] 白儒政,马强伟,王晶.监管科技的国内外发展现状研究[J].金融科技时代,2018(8):79-81,84.

[3] 代冬凤,梁钰敏,宋立志.RegTech在国外的应用实践及对我国的启示[J].金融科技时代,2017(10):41-43.

[4] 赵爱珍.国外监管科技经验借鉴与启示:基于反洗钱视角[J].青海金融,2020(1):32-37.

[5] 益言.监管科技发展的国际经验及启示[J].中国货币市场,2021(5):66-70.

[6] 黄震.区块链在监管科技领域的实践与探索改进[J].人民论坛(学术前沿),2018(12):24-32.

[7] 巴曙松,熊邦娟,朱元倩.美国监管科技发展现状及经验[J].中国金融,2020(10):78-80.

[8] 黄震,张夏明.金融监管科技发展的比较:中英两国的辨异与趋同[J].经济社会体制比较,2019(6):43-52.

[9] 杨东.监管科技:金融科技的监管挑战与维度建构[J].中国社会科学,2018(5):69-91,205-206.

[10] 鲁篱,田野.金融监管框架的国际范本与中国选择:一个解构主义分析[J].社会科学研究,2019(1):72-85.

[11] 邹伟康,于海纯.美国金融监管框架的重构:路径与趋势[J].金融论坛,2019,288(12):3-13.

[12] 白士泮.新加坡如何监管金融科技[J].中国金融,2017(23):84-85.

第 13 章　监管科技面临的挑战与展望

🔍 **章首导言**

监管科技的发展是把"双刃剑"。通过本章的阅读和学习，了解监管科技在快速发展过程中带来的一系列问题和挑战，了解监管科技的未来发展方向和应用的重点领域。

21 世纪以来，我国金融行业迎来爆发式增长，金融业产值占 GDP 的比值迅速超越欧美诸多发达国家，金融体系的"虚胖"和低效催生了金融变革和金融科技创新。金融科技作为一种"破坏性创新"，其框架本身蕴含着"变革""替代性潜力"和可能引起监管反思的"结构性冲击"三大特征，这促使金融监管走向以数字化、智能化、实时性、预测性和共享性为特征的监管科技变革。虽然当前的监管科技发展还处于起步阶段，但在提高监管效率、降低监管成本、提升监管机构能力方面发挥了较大的作用，同时也带来了诸如法律法规滞后、标准混乱、信息不对称、软件缺陷、反垄断、隐私保护和技术风险等诸多挑战。

🔍 **学习目标**

1. 了解"数据孤岛"、大数据全息画像等的含义。
2. 熟悉监管科技快速发展中面临的问题和风险。
3. 掌握监管科技面临的挑战。

能力目标

1. 了解相关概念后,能够和监管科技的发展过程联系起来。
2. 熟悉监管科技面临的问题,能够提出相应的对策。
3. 掌握监管科技面临的挑战与展望,能够和监管科技的热点联系起来并进行分析。

思政目标

1. 培养学生正确掌握金融科技技术和工具,不钻监管漏洞。
2. 勇于创新并拓展金融科技和监管科技的应用技术和场景。

本章知识结构图

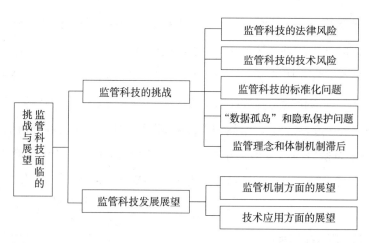

导入案例

阿里被罚 182.28 亿元,蚂蚁上市强制暂停

阿里作为我国最大的电商品牌,一年的销售额能达到千亿元,并因此将马云推上了"中国首富"的宝座。然而,阿里在被市场监管部门调查后却被罚了 182.28 亿元,如此巨额的罚款在我国简直是空前绝后。

此次阿里被罚的原因是实行垄断行为。据悉,阿里自 2015 年开始,在电商交易平台上实施垄断行为,对平台内的商家实施"二选一"行为,即商家只能选择阿里以及阿里提供的平台,不能在其竞争交易平台上开店或促销,否则将对该商家进行罚款,甚至是取消该商家开店的机会。2021 年 4 月 10 日,市场监管总局依法对阿里做出行政处罚，罚款 182.28 亿元，是阿里巴巴 2019 年在我国境内销售额的 4%。

在阿里被市场监管调查后，蚂蚁金服也被调查，并被紧急叫停。蚂蚁金服的贷款业务在这几年快速发展，名为科技公司，实际却在干着金融行业的事，蚂蚁金服从原来的 30 亿元到如今的贷款金额 3 000 亿元，资产放大了 100 倍，杠杆率超过了 10 倍，而我国的杠杆率要求不超过 4 倍。

资料来源：顾学华. 强监管下金融科技何去何从？——蚂蚁上市搁浅的教训与启示 [J]. 财会通讯，2021（14）：88-92.

思考：

1. 在蚂蚁金服暂停上市这件事上，如何看待金融创新和金融科技监管的关系？
2. 传统上对商业银行的监管政策是否适用于对金融科技公司的监管？应该如何创新？

金融科技深刻地改变了金融行业，大大提高了金融交易的效率，降低了金融交易的成本，同时产生的外溢风险也给金融安全带来了严峻的挑战，倒逼监管升级。相对于传统监管而言，监管科技最大的技术优势就是能够通过实现监管敏捷化、实时化、智能化、标准化达到有效提高监管效率、降低合规成本的目的。目前，国内的监管科技仍处于起步阶段，虽然存在诸多问题和挑战，但是其发展前景十分乐观。

本章着重对监管科技在发展中存在的技术风险、法律风险、标准化、反垄断等问题进行分析，同时又对监管科技的未来发展前景进行展望。

13.1 监管科技的挑战

监管科技改革不仅体现在方法和工具手段的更新，更突出监管理念的革新。目前，大多数监管科技方案都遵循着"由点到面"的发展路径，深耕一个小领域内的合规解决方案，然后逐步扩展至其他领域，缺乏系统化、整体性的监管科技创新方案，这主要是因为监管科技的应用面临着来自法律、技术、管理等诸多方面的问题和挑战。

13.1.1 监管科技的法律风险

早在 2016 年，我国央行就制定出台了《中国人民银行金融消费者权益保护实施办法》，要求金融机构采取有效措施，确保个人金融信息安全，至少每半年排查一次个人金融信息安全隐患等。2017年6月实施的《中华人民共和国网络安全法》就我国企业数字化转型过程，明确了监管机构应尽的数据保护义务及信息泄露后的法律责任。若网络运营者未尽保护义务，则监管机构将根据相关规定罚款警告，情节严重的将被责令停业整顿、关闭网站、吊销相关业务许可证等。2019年，我国央行制定了《金融科技（FinTech）发展规划（2019—2021年）》，对2019—2021年金融科技工作的指导思想、基本原则、发展目标、重点任务和保障措施进行了全面规划。2020年，商务部制定了《全面深化服务贸易创新发展试点总体方案》，对北京、天津、上海、重庆、海南等28地开展深化服务贸易创新试点，进一步推进服务贸易改革、开放、创新，促进对外贸易的结构优化和高质量发展。除了《中华人民共和国网络安全法》是人大立法外，上述其他要不属于部门行政规章，要不属于规划文件，法律效度和强制性均不足。另外，上述文件虽然针对个人金融信息安全、隐私保护和金融科技的应用、发展等做了一些规定和规划，但缺乏对监管科技发展过程中出现的问题进行整体性的考虑和法律上的顶层设计。

现行监管科技、法律法规的滞后，将会出现一系列的发展问题。

（1）容易引发金融机构的道德风险和监管套利。①相关法律法规的缺失导致金融科技在某些领域和机构野蛮发展。典型的如前几年的P2P网贷平台，从2007年开始，短短几年就发展到几千家平台，由于缺乏法律层面的顶层设计和有效实质的监管，因此致使各种平台泥沙俱下、良莠不齐，后来演变成整个行业的"爆雷"，给广大投资者带来了巨额的损失。②相关法律空白或缺失导致头部金融科技企业"虚胖"和大型互联网平台反垄断监管等问题。首先，部分金融科技巨头利用高杠杆率疯狂地攫取利润，给社会带来了巨大的风险隐患，极可能成为金融危机爆发的因素之一。其次，科技创新需要良好的土壤和环境。现在，巨头们利用自己的市场垄断地位和资本力量，构筑高耸的"护城河"，轻而易举地"杀死"有创新能力的小公司，直接扼杀社会的整体创新能力。最后，金融科技巨头利用自身的垄断低位，消灭竞争，攫取高额利润，降低全社会的福利和市场效率，使整个社会付出巨大的代价。

（2）容易诱导监管机构设租寻租、滥用职权，对金融机构的正常经营和业务创新产生消极影响。①现有法律和管理制度不健全、相对滞后，为贪腐利益勾兑提供了可乘之机。金融监管部门的腐败问题与监管权力的运行特点、体制机制等直接相关，尤其是金融监管属于特殊的行政权力，金融监管机构对金融资金的审批、金融资源的分配都具有相当的话语权，导致在调查取证上难度较大，因此，近年监管者"被俘获"的现象频出。②由于无法可依，监管部门可能由于担心风险而刻意压制金融机构的正常业务创新或者由于缺乏经验导致监管政策出台在创新之前，成为我国金融发展的羁绊。

由于无章可循或监管法律规定不清晰，金融科技公司的创新和应用存在诸多障碍和挑战。在金融消费者权益保护方面，我国金融市场存在巨大的"长尾客户"需求，怎样保护金融消费者的公平授信机会，防止金融科技杀熟和"信息茧房"，目前虽然开始着手出台相关制度，但相关的金融机构对此问题的关注仍然不够。在数据方面，法规不完善，现有监管科技缺乏数字化监管协议，以及监管约束机制和法律标准，数据运用上也存在法律盲区和空白，有些法规政策可能成为信息共享的障碍，自动化系统的可信可控问题无法保证。在金融科技公司严格信息披露的义务和纠纷时的争议解决机制方面，在对金融机构跨地区和跨境联合科技监管方面以及数字货币监管等方面，迄今都还没有出台相关的制度和法律。此外，监管当局和公众越来越关注各类监管政策的非经济效应，如收入分配、服务可及性、隐私保护等。

13.1.2 监管科技的技术风险

由于监管科技使用技术手段防控风险、满足监管合规要求、提升监管效能，因此，技术风险是其天然属性。但是，监管科技作为一项新技术，尚未完全成熟，存在一定的技术困境。要发现和修补复杂系统中的技术风险绝非易事，需要进行大量反复的试验和边界测试，还要避免人为研发过程中存在的道德风险问题。监管科技的技术风险主要体现在硬件风险、数据风险、算法风险、软件风险和投资成本风险等方面。

以硬件风险为例，硬件设备可能会发生故障或算力、存储量不足等风险。如计算机的计算能力面临上限，且需要解决数据质量等问题。监管科技需要处理大量的数据，特别是在涉及股票和衍生品交易时，如果计算机的算力无法满足数据处理的要求，将会耗时耗力，无法发挥监管科技的优势。另外，新兴技术快速迭代，监管机构的新技术应用能力不足。随着金融机构合规科技的应用推广，风险监测手段日益更新，上报的数据量不断增长，监管部门受限于金融监管的智能化水平，缺乏配套系统支持，无法实现快速的、针对全量数据的排查。

以数据风险为例，基础数据支撑不够，应用效果有待提升。从实践来看，可供监管机构利用的数据数量和质量都存在不足。基于金融大数据的预测模型的具体步骤可以分为3个过程：学习过程、测试过程和应用过程。以预测贷款人是否逾期这一机器学习任务为例：首先需要获得历史贷款数据，其中既要包括逾期的人员，又要包括没有逾期的人员；其次将这一数据分为训练集和测试集，训练集用来训练模型，并得到相应参数；最后用测试数据检验预测能力的高低，进而调整参数，以得到最好的模型。金融大数据的训练数据的代表性可能存疑，这是因为金融科技公司和金融机构都有其特定的客户群，其大数据分析模型往往基于特定的应用场景。此外，非结构化数据来自非传统的数据，如社交媒体等，这导致数据质量参差不齐，在运用、处理时需要加以甄别，以确保分析结果的准确。

以算法为例，算法并非完全技术中立性，其本身蕴含价值判断，在金融监管机构及相关工作人员研发监管科技系统及相关程序的过程中，要警惕算法是否掺杂了自身歧视或与法律规则相冲突的含义。①监管科技的算法系统依赖于基本信息，而这些信息暂时还需要人工输入，极易因输入者的理解、历史和文化的偏见，对数据的正确性产生一定的干扰。②是否基于金融科技的模型只要预测表现好就行，不用关注、探寻不同经济金融特征与预测目标之间的因果关系，忽略了模型结果实际存在的主观性。③金融科技虽然可有效运用于人工报告和合规程序数字化等领域，但如何保证代码和背后算法的监管是一个亟待解决的技术问题。④模型和系统无法涵盖系统性风险发生的全部相关因素，这是造成诸如"黑天鹅事件"无法提前进行预测的主要原因。⑤复杂软件中的技术缺陷较为隐蔽，暴露的周期相对较长，且监管政策的技术中立性得不到保障，存在道德风险，可能对消费者造成不公平的情况。如何确保约束算法的机制和法律标准仍是一个世界性的难题。

专栏 13-1

"大数据杀熟"与"信息茧房"

从技术实现上讲，"大数据杀熟"是平台滥用支配地位对用户的数据进行收集、分析和算法推送的过程。平台根据用户信息分析出用户的消费习惯和喜好、经济状况、地区、年龄等状况，为用户精准画像，给不同的消费者以不同的价格，而消费者往往很难察觉平台的价格歧视，也没有能力去辨析。技术发展为收集、利用数据提供了便利，大数据分析对人类生活有一定的益处，但也带来了问题。技术本身对人类发展有利，但也可能会被别有用心的人利用。"大数据杀熟"利用技术手段进行欺诈经营，侵害了消费者的个人信息权、知情权、选择权，构成了价格欺诈、经营欺骗。遏制"大数据杀熟"，要从技术和法律法规等方面加以引导，对收集和处理用户信息进行有效监管，提高对大数据收集和利用行为的监管能力，保护用户信息安全，保护用户的知情权、公平交易权，打击制裁侵害消费者权益的违法行为，把大数据应用引向对社会发展有益的方面。

互联网为我们快速获取信息创造了便利，与此同时，它也可能于无形之中诱导我们进入信息密闭的空间。"信息茧房"是指人们关注的信息领域会习惯性地被自己的兴趣所引导，从而使自己的生活桎梏于像蚕茧一般的"茧房"中的现象。"信息茧房"的实质就是信息消费的个人化、消费内容的重复化、消费群体的割裂化。"信息茧房"可能带来个人认知窄化、族群极化、虚假信息泛滥、影响社会稳定等结果，因此，针对"信息茧房"进行管理和优化显得十分重要。由于用户数量众多且调整难度大，因此，打破"信息茧房"的尝试就集中在信息供给侧——媒体与平台，尤其集中于平台算法机制方面。平台算法的优化只是减轻信息茧房，平衡"信息茧房"的因与果，无法消灭"信息茧房"。

软件和系统的正确是保证监管科技顺利实现的关键，为实现此目标，需要大量的实验和边界值测试，需要耗费大量的人力、物力、时间和精力。然而，由于监管科技应用中的算法缺陷不可避免，因此存在较大的软件风险。首先，一旦存在算法缺陷的"标准化"方案被使用，监管机构就很难有效发现和控制金融机构的风险，而金融机构依据存在算法缺陷的标准调整业务，其合规成本也会增加。其次，如果存在算法缺陷的"标准化"方案被推广，则软件风险会因"羊群效应"而波及整个金融行业，从而引发系统性风险。最后，如果金融机构为实现技术套利而刻意执行存在算法缺陷的监管标准，且由单个机构的微观行为扩展至整个行业的宏观行为，势必放大软件风险并最终导致"合成谬误"。

监管科技的研发和应用具有较高的外部性，其中负外部性主要体现在科技快速发展所增加的监管成本,但纳税人不一定要为这部分监管成本全部"买单",而且地方财政或金融监管部门是否愿意承担高昂的研发成本和维护成本较难预料。鉴于此,建立一个合理的成本分担机制是保障监管科技持续健康发展的重要因素。监管科技的成本不仅包括研发成本、系统平台建设成本,还包括后期的合作与协调成本。建立跨系统、跨部门的监管平台,搭建全国范围的数据集合和挖掘分析系统,监管部门与金融机构均面临投入成本高、技术难度大的问题。与金融科技"自下而上"的发展路径不同,监管科技走的是"自上而下"的发展路径。政府部门和监管机构如何布局监管科技顶层设计,是监管科技产业能否健康发展的一大挑战。对于金融机构来说,存在高额的开发成本和风险,通常对系统升级都较为谨慎,一般都是对原有系统进行小幅度的升级和改造。更重要的是,就提高监管有效性而言,监管科技本身的价值存在不确定性。目前的监管科技运用,大多旨在提高完成现有监管任务的效率和质量,并没有从根本上提高对银行脆弱性评估的前瞻性和有效性,也没有显著提高监管者对系统性风险的识别、监测和防范能力。

13.1.3 监管科技的标准化问题

对于发展监管科技而言,无论是满足国内的金融监管需求,还是参与全球的监管科技体系建设,发展规则和技术标准的制定是不可或缺的。监管科技的基本路径是实现监管端和金融机构端的数字化互联互通,主要着力点在于监管流程数字化、数据识别与分析运用、数据加密传输技术等。

由于监管科技起步不久,因此,当前世界上的许多国家对金融监管数据标准的制定尚未形成统一、全面、完整的标准化体系。我国当前的金融监管数据也未实现标准化,金融业信息综合统计在 2017 年才正式推行。随着我国金融业对外开放的程度不断深化,这一需求更加迫切。从目前发展来看,监管科技发展还处在无序发展阶段。在数据层面,合规数据报送尚未有统一标准;在平台建设方面,没有统一的互联标准和接口规范。比如,当前针对银行业、保险业、证券业的监管,均设立了不同的监管平台,且各平台的技术标准不一致,数据指标和维度也缺乏标准化定义,这增加了数据的整合难度,不利于提高监管效率和风险识别能力。

监管机构和各金融机构"各自为政",导致风险数据标准不统一,不利于监管机构风险防控工作的开展:①监管机构制定的标准易脱离实际,而金融机构往往按照各自理解的合规标准开展业务活动,难以及时发现并规避、控制风险。②造成金融机构的风险数据失去可比性,从而使金融机构无法准确了解自身开展的业务在行业内的风险情况。此外,监管科技的标准化方案对技术的安全性要求较为严格。有些方案在大规模应用之后,技术风险和负面影响可能会比在个别系统应用时还要大。为此,标准化方案的推广使用和技术安全性在大规模推广前必须经过充分的市场检验、科学论证和实践验证,这通常需要花费很多的时间。

在具体推进数据标准化的过程中,鉴于监管科技"自上而下"的产业特征,需要政府和市场协同推进,建立政府和市场共治的新型标准体系,这既包括数据技术标准,也包括产品服务类数据标准和运营管理类数据标准。目前来看,建立人工智能、区块链、大数据、云计算等技术标准,规范整个金融系统的数据信息标准和平台互联接入,建立以金融管理部门为中心、以金融机构为节点、以数据为驱动、具有星型拓扑结构的技术监管框架还具有相当大的困难和挑战。

13.1.4 "数据孤岛"和隐私保护问题

党的十九届四中全会首次公开提出数据可作为生产要素,并按贡献参与分配,这反映出数字经济是当今国家经济发展极为重要的支柱,有效的数据生产是推动很多新兴产业发展的基础。监管大数据平台中的数据既作为生产要素,又有其经济属性,通常涉及个人隐私和企业商业秘密。监管大数据平台必须建立多维度、全方位的"防护栏",对数据进行授权访问,借助技术手段防止数据泄露,并对离线数据的使用进行跟踪管理。

由于部分监管当局是依赖云计算、云存储等技术或依托第三方公司来推进监管科技的,而数据资产具有可复用的特性,数据被滥用、被盗用的情况不易被发现,因此存在网络安全风险、数据安全及保密性问题。同时,监管数据云存储服务的高度集中化意味着一旦主要企业出现问题,发生事故导致数据丢失,将给监管带来巨大影响。此外,监管机构在通过监管科技获取部分底层数据时,可能需要解决相应的法律问题。比如,奥地利央行在利用监管科技实现数据推送时,在设计架构中特别剔除掉了对商业敏感数据的采集,以确保符合法律规定。

数据共享和隐私保护问题也成为摆在公众和监管机构面前、亟待妥善解决的关键问题:①出于商业竞争、市场份额和成本控制的需要,金融机构缺乏共享数据的内在主动性,尤其是头部的金融科技企业,通过体系化的社交软件、购物软件、甚至是支付软件,掌握了大量的消费者原始数据,在一定程度上已形成数据垄断。②监管机构和金融机构在数据的理解、管理、规范标准等方面难以实现集成和统一,客观上导致了数据碎片化、条块化,降低了金融监管的效率,也拖慢了大数据的产业化进程。此外,由于具备云计算和数据挖掘等技术支持,监管科技公司会在提供服务的过程中获取大量有价值的数据信息,这会导致新型的"监管俘获"风险,从个人信息泄露的角度损害金融消费者的合法权益。如何实现监管科技的数据保护机制设计和数据基础设施建设,是监管科技解决方案开发设计和推广应用的挑战之一。

 专栏 13-2

银行如何做好个人金融信息保护

随着数字化转型的持续纵深推进,银行在个人金融信息保护方面的形势将日趋严峻,挑战将日益增大。银行需要综合运用多种手段,以更加切实有效的方式强化个人金融信息保护,破解数据要素在运用中的业务痛点和技术难点。

在个人信息保护方面,2012 年全国人大在法律层面明确了个人信息的定义,2020 年《中华人民共和国个人信息保护法(草案)》(简称"个保法草案")公开征求意见。我国在逐步建立和完善相关法律法规,既有国家层面的统一推进,也有各主管部门的并行推进;监管趋向严格,执法惩处力度加大,对行业自律的要求逐步提高;个人用户的信息保护意识越来越高;个人信息保护向数据治理转变,涉及的领域愈加多元和深入。

一、银行一直注重个人金融信息保护

在数字化转型发展中,银行的个人金融信息保护既属于管理范畴,也属于技术范畴,保护体系有 3 个共性特征:①在组织机制上,强化全行统筹管控,建立多位一体、职责明确的保护机制。②在防护策略上,聚焦客户隐私维护,坚持个人金融信息收集和使用的"合法、正当、透明、必要"原则。③在金融科技上,注重技术防控,打造全领域、纵深化的防控体系,在网络通信、系统应用、数据分析挖掘等各层面均有防控措施。

主要的管理举措包括：①协同的管控架构。银行的保护组织架构由业务、科技、内控和风险等部门组成，通过跨条线、跨部门协作，形成多位一体、职责明确的个人金融管理信息保护组织架构。②完善的制度规范。全面遵循法律法规和监管要求、顶层设计整体策略，细化个人金融信息分级分类标准，并从业务和科技层面出台具体的工作办法，明确职责分工和管理要求，并在系统建设和业务运营的过程中内化、固化各项保护和要求。③主动的发展模式。随着新技术、新业务、新场景的不断涌现，个人金融信息保护逐渐由"以系统为中心"向"以数据为中心"转变，各大行积极应变，保护策略与时俱进，保护举措主动调整。④最小的使用范式。厘清业务发展与个人金融信息保护的关系，建立清晰明确的调用系统权限对应关系，确保收集的个人信息和使用的系统权限最小。⑤持续的员工教育。为确保人这一信息安全最关键的因素，避免因员工的"不知""无畏"引发泄露事件，通过手册编制、案例教学、在线员工培训等方式，持续组织开展安全意识培训，并将安全教育纳入强制学习计划，强化合规意识。⑥透明的告知体系。主动向客户明示采集与使用个人数据的目的、方式、范围和规则，同时全面细化隐私政策，确保无免除自身责任、加重客户责任、排除客户主要权利的条款，保障个人客户的知情权。设计灵活的授权及撤销机制，确保不存在强制捆绑授权行为，保障客户持续拥有自主选择权。

具体的技术举措包括：①全生命周期的纵深防护。建立覆盖个人金融信息采集、加工、传输、存储、使用、销毁等全生命周期、动态灵活的安全技术保障体系，通过在网络、系统、终端、应用等不同层面，分别部署异构网络安全防御系统和工具，并集中纳入统一管控，防止金融信息等核心数据资产被窃取，持续完善数据防泄露体系的建设，实现重要文档加密、邮件过滤、终端防护等多层次、立体化的访问控制和数据保护。②便捷、实际的可控运用。面向主要的使用主题和使用部门，依托桌面云、本地虚拟化等技术，为数据应用提供在线安全访问、安全传输、访问控制、数据防泄露、安全清理销毁等"一站式"功能，构建安全、便捷和封闭的数据使用环境。③外部数据的严密防护。在与政府机关、行政事业单位及各类商业机构的合作中，依法合规获取的个人金融信息均按照集中管理、最小授权的原则进行管控。数据通过企业级外部数据接入平台——点接入，由统一的数据应用平台进行集中加工、存储、管理和复用，确保安全可控。④常态监控的预防防护。加强数据使用行为监控审计，运用安全态势感知大数据分析技术,主动发现和追溯数据泄露,及时采取有效控制措施;运用技术、管理、教育综合手段,防控内部违规查询、打印等使用个人金融信息的行为;持续开展数据安全评估,做好各项预防工作。⑤与时俱进的创新防护。顺应后疫情时代金融全面线上化的趋势,深入分析客户行为和风险偏好,借助大数据、机器学习、生物识别、NLP等新技术,对线上线下高风险交易进行实时监控与处置,覆盖交易的事前、事中、事后全流程。

此外,银行近年来一直持续在海外布局,高度注重全球的个人金融信息数据保护。在全面梳理境外机构所在国家和地区的数据安全和个人信息保护监管法规的基础上,形成全球监管合规库,制定适合各境外机构的数据安全和个人金融信息保护基线。同时,针对部分国家数据本地化、个人信息加密存储等法律要求,因地制宜、因行施策,通过加密回传、加密集中处理或本地部署海外专用核心系统等多种方式,有效遵循各国的监管要求。

二、银行个人金融信息数据保护面临的挑战

未来,随着银行数字化转型的持续纵深推进,数据要素的价值创造作用将更加凸显,个人金融信息保护面临的风险与挑战也将史无前例。

1. 金融加速线上化,带来泄露新风险

随着银行业的全面数字化,特别是后疫情时代,"零接触"的全面线上金融成为各大行标配,数据泄露的风险敞口也在激增。同时,相比传统封闭式架构,基于移动互联网的线上金融势必采取开放式架构,而开放式架构的不足客观存在,更易成为攻击目标。技术在促进业务创新的同时,也应直面新技术的两面性,如云平台数据汇集使单体风险演化为系统风险,大数据时代的个人隐私数据易被滥用等需要被重点关注。另外,银行致力于发展场景金融,银行场景与外部场景环环相扣,其中的个人金融信息数据保护成为发展的防线,也是底线。此外,近年来,金融机构容易成为主要攻击目标,攻击者从炫耀技术到诈骗勒索,目的不一,攻击防范的复杂严峻可见一斑。

2. 运营加速互联网化,带来集中新挑战

依托数据要素经营的未来银行必须合规合法地整合多方、海量、高维、异构的数据,并采用数字化的运营模式,及时了解经营管理的状态,降低经济环境不确定性带来的风险,降低市场与周期波动带来的风险,降低客户需求变化带来的风险。数字化运营的内生需要必将加大数据的集中程度,同时也将带来更大的泄露风险。当前,很多银行都在全力推进数据中台、数据湖建设,但是,传统的授权模式、多头的流出途径、复杂的交换渠道也需要配套做彻底的改变,需要技术、思维与管理"齐头并进",以化解与之相伴相生的个人金融信息数据集中泄露的风险。

3. 监管加速完善趋严,提出防护新要求

从2018年欧盟《通用数据保护条款》(GDPR),到《中华人民共和国个人信息保护法》《中华人民共和国数据安全法》等纳入全国人大立法议程,再到《信息安全技术个人信息安全规范》《个人金融信息保护技术规范》的相继出台,全球个人金融信息安全保护司法与监管持续完善,并不断趋严。根据新的司法与监管要求,数据权益代表了数据的权利和利益,贯穿在数据流转的整个生命周期,同时,数据生产者跟数据消费者之间的合作关系由过往很多时候默认的买卖关系转变为租赁关系,这就意味着,即使数据被授权使用,数据所有者依然既是拥有者也是生产者,从来没有放弃对自己数据的权利。在数据已成为银行重要生产要素,并成为智能化发展基石的情况下,这些改变势必对个人金融信息数据保护提出新的要求。

13.1.5 监管理念和体制机制滞后

由于监管科技起步不久,因此,监管机构和监管者大多的监管理念落后,存在"重金融监管,轻金融产品、服务和消费者权益保护"的思想桎梏,在监管者和被监管者之间尚未形成有效的沟通机制:①监管沙盒的试错空间不应以侵害消费者权益为代价,要强调审慎经营的业务范围,严格信息披露的义务和纠纷时的争议解决机制。②我国金融市场存在巨大的长尾需求,迫切需要完善金融消费者权益的保护机制,但相关机构对此问题的关注仍然不够。监管科技包含"合规"和"监管"两方面,监管部门、金融机构都有各自发展监管科技的需求。在认知层面,监管部门和金融机构的行为驱动力存在差异,甚至存在矛盾。发展监管科技既要满足金融机构应对监管和降低合规成本的目标要求,又要避免金融机构利用技术手段规避监管甚至进行监管套利等行为;既要满足监管部门丰富监管手段和提升金融监管水平的目标要求,又要避免监管部门出现使用成本高、利用率低等问题。因此,在监管科技发展过程中,要明确各参与主体的不同需求及发展应用监管科技的目标,在对立统一中协调各方共同应用监管科技。

监管科技是新事物,未完全建立起统筹协调监管科技发展的体制机制:①在金融科技发展过程中,金融机构与金融科技公司提供的金融服务同质化,参与主体多元化,金融业务之间交叉渗透、边界模糊,使金融风险更具扩散性,更易造成系统性风险,不利于统筹发挥监管科技防范系统性金融风险的作用。②监管政策的一致性和连续性有待提高。监管制度框架的衔接需要强化,监管的适度弹性有待提高。监管部门之间的合作需要加强,金融科技监管涉及较多政府部门,协调不同部门和保障协调的持续稳定需要制度层面予以保障。但目前的金融科技监管退出机制、消费者保护等制度薄弱,与科学规范的监管协调距离尚远。③监管机构与被监管的金融机构存在严重的信息不对称问题。金融机构普遍利用金融科技和监管科技开展业务,其向监管机构提供的数据在真伪性、全面性等方面无法得到充分保证,监管机构明显处于信息劣势。④分业监管与金融科技混业经营错配。当前,金融监管体制以机构监管为主,而金融科技发展重构金融产品和服务,分业监管无法解决金融科技监管重叠、监管空白等问题。

监管政策的透明度和公平性有待加强。监管政策的高透明度和公平性是保证政策有效实施的重要前提。现代金融日趋复杂,如何将传统的监管原则和经验与最新的监管技术相结合,整合技术和现有的监管框架和机制,进一步深化监管体制框架的趋同和监管灵活性,是一个技术难题。协调金融技术嵌入的监管框架与其他公共政策框架和机制也是重点。当前,监管科技对各行业及金融内部各子行业的渗透和转化程度不同,如何分步合理地运用监管科技制定更高层次的制度,协调金融监管框架和其他公共政策的结合,实现与其他经济部门的联系和结合,也是迫切需要关注的焦点。另外,目前的监管框架缺乏灵活性。由于资源有限及文化、地域等原因,仍可能保留相当数量的传统的金融服务形式,如何加强监管政策的灵活性,也是未来需要关注的重要课题之一。

监管科技推广存在内部阻力,缺乏长期发展的驱动力。金融机构的目标是实现利润最大化,监管科技在某些规则上和金融机构的驱动力存在不一致的情况,且金融监管机构独立开发监管科技的相关技术存在诸多困难。从监管机构角度来看:①监管科技的研发缺乏完善的制度保障,会对监管科技和应用工作的整体质量和服务性能造成一定的负面影响。②与金融机构相比,金融监管机构人才结构不合理,高级人才和复合型人才数量不多,且存在较大的流失风险。从金融机构角度来看:①监管科技在金融机构的深入应用,甚至是提供监管科技底层技术的开发可能会造成监管套利风险，导致现有金融业务脱离监管。②金融机构和监管机构在掌握监管科技相关的核心算法和相关规则上存在差异，会使监管机构对金融风险的识别与应对变得迟缓，不利于金融市场的稳定和可持续发展。从监管技术提供商的角度来说，很容易催生"既当运动员，又当裁判员"的现象，监管技术提供商有可能转变为"隐性监管者"，尤其是在用技术语言解读相关监管规则时，很可能存在新型道德风险和监管套利风险，内在原因是监管激励内部化，为自身开辟"后门"，导致此类金融科技公司处于监管机构的"非辐射范围"。近年来，我国发布的金融市场监管规则的总体数量虽然很多，但存在不同监管规则相互重叠、相互交错等问题，技术提供商很难从整个行业的角度分析和提供共同的解决方案，而且监管目标、监管理念、监管手段、监管文化等方面的差异，会给技术提供商和方案使用方造成巨大的困扰，降低金融机构接受和使用监管科技的动力。

除了上述5个风险和挑战外，还存在诸如监管科技操作风险不可避免、专业人才不足、金融大数据要素在不同维度之间打通融合难度大，以及我国监管沙盒模式的优化与完善等问题。

13.2 监管科技发展展望

监管科技是新时代下金融监管和科技创新的产物，要以监管为本、技术为底、制度为基，三者共同助力金融科技背景下的金融监管变革与重构。未来的金融监管，监管科技必然贯穿于金融监管体系升级的全流程，重点是提升金融监管的实时性、精准性和穿透性。"十四五"期间是我国监管科技发展的关键时期，监管科技的监管机制、技术应用等方面必然将有很大的进步和发展。

13.2.1 监管机制方面的展望

1. 监管科技的制度化进程加快，行业标准体系建设日趋完善

在金融科技发展迅猛、金融行业经营环境发生深刻变化的背景下，随着监管端运用的不断深化，监管科技的制度化进程也在推进，尤其是在涉及消费者权益保护、隐私和安全问题、反垄断和算法腐败、数字货币监管、金融大数据的共享和应用等时，相关的标准体系都会陆续颁布和实施，在监管科技的应用范围、应用形式等方面会做出明确规定。同时，赋予监管机构在法律允许的范围内监管金

融机构的一定权力，维护金融行业安全。

技术标准是监管科技发展和创新的核心。未来会制定监管科技标准的统筹和规划，建立政府主导的跨行业数据信息的公共基础设施平台，建立人工智能、区块链、大数据、云计算等技术标准，规范整个金融系统的数据信息标准和平台互联接入，打破不同机构和地区间的数据壁垒，探索跨区域的数据信息交换和共享。建立以金融管理部门为中心、以金融机构为节点、以数据为驱动、具有星型拓扑结构的技术监管框架。

2. 监管科技走向金融监管的全链条运用

目前，监管科技运用于监管事中阶段较多，即对监管数据的自动化采集和对风险态势的智能化分析运用日益成熟。例如，奥地利中央银行在奥地利报告服务有限公司通过搭建基础数据立方进行数据自动化采集与推送；澳大利亚证券和投资委员会通过建立市场分析和情报系统提供实时监控。

同时，各国、各组织也在不断加强监管科技在监管事前、事后阶段的运用，包括：事前将监管政策与合规性要求"翻译"成数字化监管协议，并搭建监管平台提供相关服务；事后利用合规分析结果进行风险处置干预、合规情况可视化展示、风险信息共享、监管模型优化等。例如，FCA正在探索利用NLP和人工智能技术对欧盟《金融工具市场指令Ⅱ》（MiFiD-Ⅱ）进行法规解释，FINRA通过市场质量报告卡审查和分析成员在贸易报告、最佳执行、公司报价和卖空等方面的合规性。

3. 监管端与合规端合作发展监管科技成为主要路径

监管机构与银行等金融机构、金融科技公司合作研发是一大趋势。除了自身建立金融科技部门、加强技术研发外，金融监管机构也在寻求与银行等金融机构、金融科技公司合作的研发模式，在这种模式下，能在一定程度上节省研发成本，同时，由于金融监管机构运用监管科技的重要目的就是提升监管效率，更有针对性地对被监管机构进行监督管理，因此，在与被监管机构进行合作的过程中，也更容易发现其存在的问题，并有针对性地、及时地进行指导，帮助其做好合规端的监管科技建设。例如，纳斯达克和花旗集团合作，宣布共同创建一种新的全球性支付解决方案。花旗集团通过 CitiConnect®forBlockchain 连接平台与纳斯达克金融组支持的 LINQ 平台之间的链接自动处理跨境支付。这就是利用两个机构的特色监管科技平台，开创一个机构银行间的问题解决方案，有力地提升监管效率。

4. 监管科技在监管决策中的作用需要明确

通过监管科技收集、分析数据得出的监管报告在监管决策中究竟是以什么性质、作用呈现，需要进一步明确。例如，卢旺达国家银行将自动监测形成的监管数据与内部系统数据结合起来，为监管者和决策者提供信息，荷兰银行、MAS运用可视化工具将大量的、密集的、复杂的数据以一种容易理解的方式呈现给监管者。那么，这些报告仅仅是作为一种辅助性的参考材料，还是作为监管者做决策时的必要因素，抑或是对其可信度采取一种什么样的判断方式，需要继续明确。否则，可能造成投入与产出不成正比，影响监管科技作用的发挥，不能真正提高监管效率。

5. 从"技术辅助"走向"智能监管"

目前，监管科技在我国发展得如火如荼。从中央到地方监管部门，从顶层设计到具体实践，都透露出了对监管科技的重视。2018年8月，证监会正式印发《中国证监会监管科技总体建设方案》，为监管科技提供了一个官方的且颇为详细周密的设计蓝图。各地金融办也在加强监管科技部署，取得了重大突破。需要明确的是，现阶段，虽然很多监管科技都以"智能监管"为主，但从实际情况看，离真正意义上的"智能"还有不小距离，仍属于"技术辅助"的范畴——不是AI，而是智能助理（intelligent assistant，IA）。①真正做出监管决策的是人，而不是机器，机器提供的结果只起到参考作用。也就是说，既可以完全采纳，也可以部分采纳，还可以不采纳。②监管人员根据监管目的调用相关功能，获取相关分析结果，而不是由机器自主调用和分析。可以肯定的是，监管引入的科技元素和智能元素是大势所趋，最终的智能监管也完全可以期待，而科技和智能的参与程度是在法律上值得探讨的问题。监管科技的运行始终要在金融监管的法律框架内进行，既要遵循监管的基本法律原则，又要以监管的法律为根本，还要明确相应的权利、义务和责任。

6. 对传统监管问责机制形成挑战

传统金融监管强调监管的程序正当原则，这在金融监管的检查过程中体现得尤为明显，如《中华人民共和国证券法》规定，进行监督检查或者调查，其监督检查、调查的人员不得少于2人，并应当出示合法证件和监督检查、调查通知书或者其他执法文书。监管的依据和结果也需要公开，如《中华人民共和国证券法》规定：国务院证券监督管理机构依据调查结果，对证券违法行为做出的处罚决定应当公开。但在监管科技中，尤其是在发展到智能监管阶段时，监管行为是通过机器学习等"自主执行"做出，容易引发对监管者"不作为"或"乱作为"的质疑。也就是说，传统的监管对于监管科技中的某些行为具有不适应性，因此有待重新考虑科技的开发者和使用者（监管者）如何分配权利和义务。2018年12月，证监会发布《证券基金经营机构信息技术管理办法》，其中第六条规定："证券基金经营机构应当完善信息技术运用过程中的权责分配机制，建立健全信息技术管理制度和操作流程，保障与业务活动规模及复杂程度相适应的信息技术投入水平，持续满足信息技术资源的可用性、安全性与合规性要求。"该《办法》提出了信息技术运用过程中的权责分配要求，可以看作是对未来监管方运用监管科技发出的一个"先声"。

13.2.2 技术应用方面的展望

要真正发掘监管科技的潜能，推动大数据技术和人工智能在监管领域的应用，就必须从如何提高监管者对银行和银行体系脆弱性评估的前瞻性和有效性入手，提高监管者对系统性风险的识别监测和防范能力。监管科技的主要探索方向包括以下几个方面。

1. 区块链技术成为监管科技的重要组成部分

要使区块链技术在金融监管领域（如智能合约、智能监管报告等）得到进一步的开发与运用，就需要把区块链作为现有监管的辅助工具，作为建立信任机制的工具，而不是作为底层工具。例如，FCA在未来计划实施的一个项目，志在调研区块链技术运用于自动化监管和合规的可能性。IBM已经与外汇市场基础设施公司CLS合作，创建了一个名叫Ledger Connect的平台，这是为金融服务机构专门设计的概念平台。它的目标是将区块链技术运用于多种金融领域。截至目前，包括巴克莱银行和花旗银行在内的多家金融服务机构都参与了这一概念平台的验证和测试。

2. 监管科技运用中的数据治理有待加强

数据是监管科技的基础，在监管科技中运用的数据可能来自监管机构内部，也可能来自被监管机构。例如，卢旺达国家银行采用"数据进栈"方式，通过"电子数据仓库"从商业银行、保险公司、小微金融企业、养老基金、外汇机构、电信运营商等被监管金融机构的IT系统中抓取数据。在这样的过程中，哪些数据能抓取，哪些数据不能抓取，谁有权利抓取，抓取后如何使用，运用在哪些范围，是否涉及企业商业秘密、公民个人信息，采取了哪些数据泄露防范措施，都需要通过一定的法律或规章制度进行规范和保障，而目前的数据权属、使用问题仍是一个难题，需要进一步加强研究与确认。

3. 绘制被监管机构的全息画像

监管大数据应用应该使监管者能够对被监管机构形成实时、多维度、全方位的了解。这些信息通常是碎片化的，存在于不同的数据库和信息系统中，既有结构化的报表数据，也有非结构化的信息（如市场分析报告）；既有机构定期报送的风险数据和财务指标，也有来自市场的实时交易数据；既有关于机构自身的信息，也有其关联方（包括股东、主要客户、交易对手等）的信息。监管大数据平台应能够对这些数据信息进行及时收集、集中处理、结构化展示，使监管者能够实时、真实、全面地掌握被监管机构的财务、风险、公司治理和业务发展状况。除了增加对被监管机构的了解外，多渠道、不同层面的信息汇聚使监管机构能够对被监管机构报送的监管数据、风险治理水平和合规状况进行交叉验证，以缓解与被监管机构之间的信息不对称问题。此外，监管人员的日常监管活动中有大量的与准入相关的事务性工作。在监管大数据平台上，监管人员可以快速调阅有关被监管机构财务、风险、股东及关联方和机构合规情况的信息，这将大幅提高准入工作的效率，减少监管的人工成本。

4. 对被监管机构的风险预警

在监管大数据的基础上，监管者可以通过多种方式对被监管机构的风险进行前瞻性识别、监测和预警。①异常值分析。针对被监管机构的不同维度数据和指标变化进行历史趋势分析，并与同质同类的机构进行对标分析，以迅速发现异常值，自动生成预警信号。②市场行为分析。通过对被监管机构的市场行为进行分析，包括交易对手选择、金融产品定价、授信客户迁移等，与模型数据库中的机构行为模式进行对比分析，判断被监管机构是否存在脆弱性或管理上的缺陷。③市场信号分析。通过对各类市场的信号（包括股票、债券等相关证券的交易价格和流动性）进行分析，以及对各类非结构化信息的分析（包括市场分析、新闻报道、社交媒体评论等），挖掘市场信息的风险发现作用，通过分析市场观点的变化判断机构脆弱性变化。④主要客户分析。通过对银行机构主要客户的财务和风险状况（包括市场违约、税收变化、环保和行政处罚情况等）进行分析，以判断对其提供融资的银行是否具备相应的风险抵补能力（包括利润水平、拨备和资本充足情况等），并对相关银行机构进行预警。

5. 对系统性风险的监测

应用监管大数据对金融机构间资金链的分析，绘制金融体系的结构关联图（包括影子银行体系的结构图），帮助监管人员判断，一旦高风险机构出现流动性危机或清偿性问题首先可能受到波及的机构范围。这样，监管人员就可以提前采取监管措施，有效阻断风险在金融体系内的传递。在此基础上，可以定期绘制金融体系"风险热图"，通过对被监管机构的脆弱性进行分析以及机构之间的关联状况，确定需要重点关注的、具有系统性风险的脆弱性机构，以确保监管者能及时采取相应的监管措施。利用知识图谱、可视化、机器学习等新技术，对金融体系的结构及其变化进行更为精准的描述。这样就可以通过对风险事件的分析及对金融体系结构性变化的捕捉，建立金融体系脆弱性分析框架，识别与金融体系脆弱性相关的结构性因素，在衡量金融体系复杂性、关联度、集中度等方面确定可操作的量化指标，作为系统性风险监测的前瞻性指标。通过识别金融体系结构性变化与系统性风险之间的关系，监管者可以从宏观层面识别、监测和防范系统性风险，把政策着力点放在金融体系结构本身，而非仅限于对单家机构的干预。只有政策目标更为明确，宏观审慎政策的考量才能更为精准，以避免金融机构承担不必要的监管成本。这样的结构化分析有助于对层出不穷的金融创新的外部效应进行评估，评估相关业务对系统性风险的影响，鼓励有益的金融创新，以提高金融体系的运作效率和服务实体经济的能力。

6. 对监管绩效进行评价

监管大数据和监管科技可以更好地帮助监管机构建立和完善监管绩效评价体系。一个完整的监管绩效评价体系应包括对以下 4 类指标的分析：监管资源投入、监管活动、监管产出和监管结果。目前，大多数监管当局对监管资源投入（包括不同层级和业务部门的财务预算、员工数量等）和监管活动（包括风险监测报告的数量、监管行动投入的时间及人数、现场检查次数和投入人数、与银行进行监管会谈的次数等）都有比较详细准确的统计；不少金融监管当局对监管产出类指标（包括监管活动的质量评价）也进行定期评估。监管绩效评价体系建设的难点在于将前 3 类指标与监管结果，也就是银行和银行体系脆弱性的变化进行有效连接。通过监管大数据平台的建设，监管机构至少可以在两个方面改进监管绩效评价：①对所有监管活动的实时记录和数据进行处理,更好地对监管活动和监管产出进行追踪审计。②对银行和银行体系的脆弱性变化进行更精准、更及时的分析,更好地将监管活动与监管结果联系起来,以便对监管活动是否达到预期效果进行更准确的评估。监管绩效评价体系的完善可以从3个方面提高监管效能:①在强化监管问责方面,监管机构可以更好地判断,在应该采取监管行动时,相关监管者是否采取了相应的措施,这些措施是否达到预期效果。②在完善监管手段方面,监管机构可以通过分析不同情形下监管措施的有效性,总结改进监管工具和手段。③在监管技能培养方面,在监管绩效评价体系中形成典型案例,有助于监管经验的积累和传承,使监管人员通过结构化的学习方法,更快地掌握必要的监管技能。

本章小结

1. 监管科技的快速发展,也出现了一系列的问题和风险,具体表现在监管科技的法律风险、技术风险、标准化问题、"数据孤岛"与隐私保护、监管理念与体制机制滞后等,这些给监管科技的进一步发展带来了挑战。

2. 监管科技的发展一日千里,未来的监管科技发展必须理顺监管体制机制,使之更适用于未来的金融科技发展;同时,未来的监管科技发展技术运用应该更关注于区块链应用、数据治理、绘制被监管者全息画像、风险预警、系统性风险监测和监管绩效评价等方面。

即测即练

复习思考题

一、名词解释

算法腐败 "数据孤岛" "大数据杀熟" "信息茧房" 智能监管

二、问答题

1. 为什么要对大型互联网平台进行反垄断监管?
2. 如何解决金融科技公司的数据共享和隐私保护问题?

3. 智能监管的主要特点有哪些？

4. 监管科技应用发展的未来趋势有哪些？

参考文献

[1] 范云朋，尹振涛. FinTech 背景下的金融监管变革：基于监管科技的分析维度 [J]. 技术经济与管理研究，2020（9）：63-69.

[2] 许多奇. 从监管走向治理：数字货币规制的全球格局与实践共识 [J]. 法律科学（西北政法大学学报），2021，39（2）：93-106.

[3] 刘春航. 大数据、监管科技与银行监管 [J]. 金融监管研究，2020（9）：1-14.

[4] 杨东. 监管科技：金融科技的监管挑战与维度建构 [J]. 中国社会科学，2018，（5）：69-91，205-206.

[5] 王静. 监管科技发展的内在驱动力及相关问题研究 [J]. 新金融，2019（6）：47-52.

[6] 何海锋，银丹妮，刘元兴. 监管科技（SupTech）：内涵、运用与发展趋势研究 [J]. 金融监管研究，2018（10）：65-79.

[7] 尹振涛，范云朋. 监管科技（RegTech）的理论基础、实践应用与发展建议 [J]. 财经法学，2019（3）：92-105.

[8] 何海锋. 监管科技具有八大发展趋势 [J]. 国际融资，2022（5）：12-15.

[9] 刘志云，刘盛. 金融科技法律规制的创新：监管沙盒的发展趋势及本土化思考 [J]. 厦门大学学报：哲学社会科学版，2019（2）：21-31.

[10] 王静. 全球金融科技发展动因及监管科技发展趋势 [J]. 证券市场导报，2018（2）：10-16.

教师服务

感谢您选用清华大学出版社的教材！为了更好地服务教学，我们为授课教师提供本书的教学辅助资源，以及本学科重点教材信息。请您扫码获取。

❯❯ 教辅获取

本书教辅资源，授课教师扫码获取

❯❯ 样书赠送

财政与金融类重点教材，教师扫码获取样书

 清华大学出版社

E-mail: tupfuwu@163.com
电话: 010-83470332 / 83470142
地址: 北京市海淀区双清路学研大厦 B 座 509

网址: http://www.tup.com.cn/
传真: 8610-83470107
邮编: 100084